ВЯЧЕСЛАВ ПЬЕЦУХ ЦИКЛЫ

Москва
«Культура»
1991

ББК 84Р7
П 96

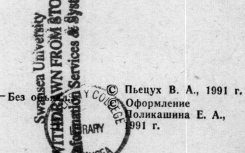

П $\frac{4702010206-002}{Б59(22)-91}$ Без объявл.

ISBN 5-8334-0002-3

БАСНИ В ПРОЗЕ

ПОТОП

Это удивительно, но если наш современник нынче на что и жалуется, так, главным образом, на однообразие бытия. Это потому удивительно, что на самом деле теперешняя жизнь поразительно интересна, и в другой раз какое-нибудь ерундовое, мизерное событие вдруг откроет такие веселые горизонты, что даже сделается тревожно, не по себе.

Скажем, в одной чудно́й организации, которая занималась то ли пропагандой передового опыта, то ли нормированием труда, то ли чем-то еще в этом роде, и поэтому называлась из ряду вон длинно и невразумительно, как-то прорвало водопровод. Чудная организация располагалась в бывшем Китай-городе, в одном из переулков, в полуподвале старинного дома, и, стало быть, нет ничего мудреного в том, что тут ни с того ни с сего прорвало водопровод.

Накануне часть сотрудников переехала в новое помещение, отвоеванное где-то в районе площади Ногина, и к тому моменту, когда прорвало водопровод, в полуподвале оставались только инструктор Малолеткова, заведующая хозяйственной частью Зинаида Косых и весь сектор систематизации в следующем составе: завсектором Журавлев, инженер Страхов, чертежник Лыков, нормировщик Клюшкин, инспектор Спиридонов, технолог Зюзин. Завсектором Журавлев, сидевший справа у двери, сразу за шкафом с деловой перепиской, был крупный, лысый, массивноносый мужчина лет пятидесяти или около того, страдающий хроническим насморком и поэтому всегда имеющий при себе огромный носовой платок, скорее похожий на полотенце. Инженер Страхов был, напротив, маленький, сухонький человек, несколько ребячливый с виду, носивший большие роговые очки, которые он постоянно трогал. Чертежник Лыков представлял собой нескладного тридцатилетнего парня с неизменным злорадно-веселым выражением на лице, казавшимся отчасти придурковатым. О нормировщике Клюшкине трудно сказать более того, что это сердитый пожилой дядька, без малого старикан. Инспектор Спиридонов был тонкий, юркий мужчина с высокой шевелюрой и подбритыми, какими-то подленькими усами, носивший прозвище Вечерний Студент, или просто Студент, так как он восьмой год учился на вечернем отделении в Губкинском институте, который в обиходе называется «керосинкой». Технолог Зюзин, между прочим, замечательный тем, что он немного говорил по-японски, относился к той человеческой категории, какую составляет люд, так сказать, среднеарифметический, то есть в крайней степени неприметный. Наконец, Косых с Малолетковой обе были плотные, ладно скроенные бабенки с какими-то собачьими, замученными глазами.

Народ все это был, как говорится, простецкий и частью случайный, то есть кто с посторонним специальным образованием, кто совсем без него, и числился среди инспекторов, технологов, инженеров и так далее, собственно, потому, что ведь нужно же как-то обозначить причастность человека к общественному труду. Между собой в секторе особенно не дружили.

Ровно в девять часов утра, когда все уже были в сборе, зашли показаться Косых с Малолетковой, и чертежник Лыков принялся по обыкновению оттачивать карандаши, в потолке вдруг что-то подозрительно зашелестело, забулькало, заурчало, и примерно через минуту на бумаги инспектора Спиридонова плюхнулась первая увесистая капля, которая произвела поцелуйный звук. Вслед за сигнальной каплей дробно заморосило, а в четверть десятого пошел натуральный дождь. Впрочем, лило не со всей площади потолка; в ширину потоп обрушился ровнехонько на проход между столами, а в длину захватил промежуток прохода от тумбочки, где хранилась справочная литература, до двери, обитой коричневым дерматином; по периметру же свод только подернулся изморосью, как вспотел.

Когда еще только дробно заморосило и ни с того ни с сего повалил духовитый пар, все в крайнем беспокойстве повскакали со своих мест, так как работники сектора были люди нездоровые, преимущественно гипертоники, а Косых с Малолетковой даже проворно вскарабкались на клюшкинский стол, свалив с него несколько папок, пластиковый стаканчик для карандашей, коробку из-под скрепок и дырокол.

— А-атлична! — воскликнул Лыков. — Вот это, я понимаю, охрана умственного труда!

— Ну при чем здесь охрана умственного труда?! — сказал завсектором Журавлев. — Любишь ты, Лыков, огульно критиковать! Вот, положим, вскочит у тебя прыщ на носу: кто в этом виноват — обмен веществ или советское здравоохранение?

— Советское здравоохранение, — сердито пробурчал Лыков.

Журавлев вытащил из кармана пиджака свое полотенце, высморкался, протер другим концом лысину и сказал:

— Так и тут: дело отнюдь не в слабой охране труда, а в изношенности водопроводных коммуникаций. Этому водопроводу, наверное, двести лет, и если бы он не тек, то было бы даже странно.

— В Риме есть водопровод, которому две тысячи лет, — сказал Спиридонов, — и ничего, работает, как часы.

— А у меня дома водопроводу без году неделя, потому что мы только что заселились, — вступила Зинаида Косых. — И что же вы думаете: течет!

— Они, наверное, трубы делают из картона, — на язвительной ноте заметил Зюзин.

— Присматриваюсь я к жизни и замечаю, — сказал инженер Страхов, поправляя свои очки: — Все как-то хиреет — от водопроводных труб до интеллигенции.

— Что правда, то правда, — поддержала его Малолеткова и настороженно скосилась на потолок. — Вот возьмем мою кошку: положенный срок ходила она, я извиняюсь, беременная, потом исчезла рожать, а денька через три как ни в чем не бывало возвращается без котят... Бросила, гадюка такая, своих котят!

— Про котят это, конечно, очень интересно, — сказал нормировщик Клюшкин, — но, с другой стороны, нужно как-то выходить из создавшегося положения, а то потонем здесь к чертовой матери, вот и все.

Действительно, с потолка продолжало лить, стоял душный пар, почему-то припахивавший валенками, на полу уже образовалась сплошная лужа, и в конце концов все вынуждены были по примеру Косых с Малолетковой устроиться на столах. Картина вышла забавная и немного сказочная, неземная: огромный Журавлев, даже устроившись на столе, умудрился придать своей позе нечто руководящее, деловое; Вечерний Студент, то есть инспектор Спиридонов, скособочившись, принялся за бумаги; технолог Зюзин забрался на стол с ногами, притулился к стене и вперился в потолок; чертежник Лыков сидел, что называется, по-турецки; на столе, стоявшем в левом дальнем углу, собрался целый экипаж, так как на нем разместились нормировщик Клюшкин, Малолеткова и Косых; инженер Страхов по-ребячьи болтал ногами. Сквозь теплую, пахучую дымку эта картина виделась одновременно и ожившим анекдотом и каким-то бесовским фризом на современную тему, а тут еще Малолеткова зачем-то включила свет, и в картине немедленно появилось нечто от неприятного сновидения.

— А чего тут особенно думать, — не отрываясь от бумаг, сказал Спиридонов, — нужно просто послать кого-нибудь за сантехником, и он перекроет воду.

— Так ведь пока до двери доберешься, нитки сухой не останется! — сказал Зюзин, вытаращая глаза.

— Тем более что ноль градусов на дворе, — заметила Малолеткова. — Пока туда-сюда, в сосульку превратишься, не то что схватишь, я извиняюсь, воспаление придатков или другую какую-нибудь болезнь.

— У нас вода не по Бойлю — Мариотту застывает, а при минус четырех, — объявил инженер Страхов и тронул свои очки.

— А-атлична! — воскликнул Лыков. — И тут у нас непорядок!

После этих слов наступило довольно продолжительное молчание, озвученное мерным шумом воды, которая настойчиво сеяла с потолка. Наконец Журавлев сказал:

— В конце концов производственная дисциплина есть производственная дисциплина. Вот я сейчас просто-напросто распоряжусь, кому идти за сантехником, и пусть кто-нибудь попробует заикнуться! Ваш выход, товарищ Зюзин!

— Интересно, а почему я?

— Попрошу без дискуссий. Ваш выход, товарищ Зюзин!

— Ну, Александр Иванович, это уже называется — волюнтаризм. Все-таки мы не в казарме, верно?

— Послушайте, товарищи, у меня имеется предложение, — сказала Зинаида Косых. — Давайте как-нибудь разыграем, кому идти.

— Например, можно кинуть на пальцах и посчитаться, — предложил нормировщик Клюшкин.

— От этого тезиса попахивает подворотней, — отозвался Журавлев и высморкался в свое полотенце.

— Хорошо, — сказал Спиридонов, откладывая бумаги, — давайте придумаем какое-то интеллектуальное соревнование. Предположим, кто меньше всех назовет городов на А, тот и отправится за сантехником.

— Больно ты умен! — сказал Лыков. — Мы тут не помним, как в школе дверь открывается, а ты нам предлагаешь это... интеллектуальное соревнование. Конечно, ты нас забьешь!

— Ну, это не обязательно, — сказал Зюзин. — Другой закончит один техникум и два института, а все равно дурак дураком.

— Гм! — произнес Спиридонов и отвернулся к окну, за которым то и дело мелькали ноги прохожих.

— Вот был у меня в жизни один интересный случай, — продолжал Зюзин, поудобнее притуливаясь у стены. — Этот случай как раз и говорит нам о том, что лучше одна башка на плечах, чем четыре образования за плечами.

Но сначала нужно отметить, что я долго искал свое место в жизни. Был я плотником, официантом, матросом, проводником на маршруте Москва — Владивосток, дворником, шофером, а в семьдесят девятом году даже работал в научной экспедиции на Памире. Эта экспедиция искала снежного человека.

И вот как-то в Гарме, в чайхане, я познакомился с мужиком, который мне раз и навсегда доказал, что лучше одна башка на плечах, чем четыре образования за плечами.

Этот мужик был шофер, на этом мы и сошлись.
Он все возил — от овец до боеприпасов и, между
прочим, два раза в месяц, или, может быть, чаще,
возил дизельное топливо на высокогорную сейсмостанцию, которая была где-то у черта на куличиках, — где именно, я не знаю.

Так вот, сидим мы с ним в чайной и беседуем на
отвлеченные темы: он мне про землетрясения, я ему —
про снежного человека. Но потом ему чего-то надоело
талдычить про землетрясения, он так довольно зло
на меня посмотрел и вдруг говорит:

«Дармоеды вы. То есть и ты, и все твои ученые —
дармоеды».

«Это почему же?» — спрашиваю его.

«Потому что все равно вы не найдете снежного
человека, жила у вас не та».

«А ты, — говорю, — почем знаешь?»

«Знаю!»

Этот мужик с такой, я бы сказал, железной уверенностью произнес свое «знаю», что у меня под
ложечкой засосало. Думаю: точно ему что-то известно про снежного человека! Кумекаю: как бы мне
его расколоть? Ведь какой это был бы весомый
вклад в биологическую науку, если бы мы через этого шофера вышли на снежного человека! Естественно, я поставил вопрос ребром:

«Хоть ты что, — говорю, — а секрет открой!»

К моему удивлению, он только с полчаса покобенился для приличия и после этого говорит:

«Ну, так и быть, — говорит, — для милого дружка и сережка из ушка. Только ты мне взамен организуешь в своей экспедиции противотуманные фары
и новый карданный вал».

Денька через три я ему свободно организовал
противотуманные фары и новый карданный вал. Засели мы с ним в чайхане, взяли ящик пива, маленькую тележку соленых сушек, и я, как говорится, беру
быка за рога. Спрашиваю его:

«Что ты конкретно можешь сказать про снежного
человека?»

Он в ответ:

«Конкретно могу сказать, что я с ним время от времени выпиваю...»

Нет, вы погодите ржать, это сейчас вам смешно, а мне тогда было категорически не до смеха. Шутка сказать: передо мной сидел человек, который время от времени выпивает с загадкой века!

Ну, слово за слово — вытянул я из него такую историю... В один прекрасный день, когда этот шофер вез дизельное топливо на высокогорную сейсмостанцию, он остановился на перевале, чтобы закрыть капот. (Они там в гору постоянно ездят с открытым капотом, а то двигатель перегревается.) Так вот, остановился он на перевале, закрыл капот, присел на обочину покурить и вдруг замечает в стороне от дороги огромные человеческие следы. Если бы это были следы ботинок, то ясно, что тут прошел какой-нибудь спец по землетрясениям, который носит шестидесятый размер, но в том-то все и дело, что это были следы от босой ноги. Походил шофер вокруг, походил, но в этот раз снежного человека не обнаружил.

В другой раз неподалеку от того самого места он опять встретил знакомый след и сделал вывод, что снежный человек появлялся здесь более-менее регулярно. Тогда этот шофер решил его приманить и тут проявил такую замечательную смекалку, которую не дает никакое образование: он решил приманить его на спиртное, рассудив, что хоть он и снежный, а все-таки человек. Водку и «чернила» он сразу отверг, потому что их запах мог навсегда отпугнуть снежного человека, а сделал ставку на «Донское игристое», которого тогда было в Гарме хоть залейся. Метрах в пятистах от горной дороги, за косогорчиком, он оставил на видном месте две бутылки «Донского игристого» и уехал.

На другой день приезжает — угощение не тронуто. На третий день приезжает — угощение не тронуто. На пятый день приезжает — угощение не тронуто. На десятый день приезжает — в бутылках пусто. В общем, он много раз повторял эту операцию и в конце концов добился того, что загадка века стала поджидать его у дороги: сидит себе на камушке, в руках тара.

С тех пор этот шофер с ним время от времени выпивал. Пили они исключительно «Донское игристое», хотя шофер один раз попробовал спровоцировать его на «Московскую» и «чернила», — снежный человек понюхал это дело и скорчился лицом, дескать, как это только вы, ребята, пьете такую гадость...

— А рассказывал этот шофер, какой он был из себя? — поинтересовалась Зинаида Косых.

— Обязательно, — сказал Зюзин. — Такой же, говорит, человек, только покрытый шерстью и по-нашему ни бум-бум. Пить он еще здоров: этот шофер уже в полном раскладе, а ему хоть бы что.

В тот же день, когда я выведал у шофера про снежного человека, являюсь я к начальнику нашей экспедиции и говорю:

«Так и так, — говорю, — я вышел на мужика, который лично знает снежного человека».

Уж очень мне захотелось вставить перо нашим профессорам.

Начальник, хоть и не то, чтобы мне поверил, но все же попросил его с этим шофером познакомить. Я их, конечно, свел. Наш начальник собственными ушами выслушал шоферскую историю и сказал:

«Раз такое дело, то вы, товарищ, во имя науки обязаны нам помочь».

«Это как?» — спрашивает его шофер.

«А так: подсыпьте снежному человеку в «Донское игристое» снотворного порошка — мы его и возьмем».

Шофер ухмыльнулся и говорит:

«За кого держишь, гражданин начальник?!»

— Так! — сказал завсектором Журавлев. — Вместо того, чтобы опрометью бежать за сантехником, Зюзин нам рассказывает анекдоты!

— Действительно, товарищи, — отозвалась Малолеткова, — надо что-нибудь предпринять. Ведь еще полчаса, и можно будет купаться.

Инспектор Спиридонов, который всегда болезненно откликался на шутки, касающиеся высшего образования, видимо, решил показать, что, несмотря на занятия в «керосинке», он тоже не лыком шит, и вдруг начал молча расшнуровывать свои туфли. После того, как туфли и носки были сняты, Спиридонов до колен закатал штаны, накинул на голову пиджак и под водопроводным дождем зашлепал по воде к двери.

— Наконец-то нашелся один настоящий мужчина! — сказала Зинаида Косых, на что Спиридонов ответил всем своим видом: «Это еще сравнительно чепуха».

Дойдя до двери, Спиридонов пнул ее раз, другой, но она что-то не поддавалась. Дверь то ли забухла, то ли на нее приосела подмокнувшая стена, то ли сломался замок, а может быть, она по каким-то таинственным причинам бросила открываться, как это иногда бывает с московскими окнами и дверьми. Спиридонов толкнул дверь еще раза два и печальным шагом вернулся на свое место.

— Шутки шутками, товарищи, — сказал Страхов, — а положение становится угрожающим.

— А-атлична! — воскликнул Лыков. — В восьмидесятых годах двадцатого столетия посреди Москвы тонет целый сектор инженерно-технических работников, и будто бы так и надо!

— Что бы ни случилось, друзья, — сказала Малолеткова, — будем сохранять мужество. Тем более я не верю, что мы можем вот так запросто потонуть.

Спиридонов, сидевший на своем столе в закатанных штанах, босой и без пиджака, подумал, что это Малолеткова ставит его в пример, и напустил на лицо равнодушное выражение.

Журавлев высморкался.

— Я не перестаю удивляться на наш народ, — заявил Страхов, поправляя свои очки. — Воды почти уже по колено, а он отказывается тонуть... Потонем, товарищи! Еще как потонем!

— Главное, спокойствие, — сказал нормировщик Клюшкин. — Спокойствие, презрение к опасности, и победа будет за нами. Например, к тебе подступают с ножом к горлу, а ты: «Пошел вон, дурак!» Вот был со мной, дай бог памяти, в 1961 году один интересный случай. Точно, это было в 1961 году, потому что, как сейчас помню, только-только пошли новые деньги. Я как раз в ту пору начинал свою трудовую биографию. Работал я одновременно и подручником каменщика, и каменщиком, и землекопом, и маляром — тогда еще не было такой резкой специализации.

Дело было в мою первую трудовую получку. Получил я, значит, получку и сразу пошел в сберкассу. Мы с бригадиром даже по этому поводу ни грамма не выпили, потому что бригадир мой был гипертоник, а я это дело сызмальства игнорирую. Значит, получили мы получку и в разные стороны: кто на танцплощадку, кто в поликлинику, а я прямым ходом в сберкассу, класть получку на книжку, потому что по обоюдной договоренности с родителями я решил копить деньги на мотороллер.

А пришел я в сберкассу, надо сказать, к закрытию. В очереди передо мной стояло только человека четыре, и больше не было ни души. И вот, когда до конца рабочего дня оставалось минут пятнадцать, вдруг заходят в сберкассу несколько подозрительных мужиков. Не то чтобы у меня на уголовников глаз наметанный, не то чтобы я тогда был особенно трусоват, но тут во мне что-то ёкнуло. Почему-то я сразу смекнул, что они сейчас будут сберкассу грабить. И точно: мялись эти мужики, мялись, а потом один из них, уже пожилой, прислоняется спиной к входной двери, вынимает ТТ и спокойным голосом говорит, как будто остановку объявляет:

— Спокойно, граждане, это налет. Если кто вякнет — изрешечу.

Хотя в его голосе было еще какое-то идольское выражение, точно он или шутит, или ему действительно неймется кого-то изрешетить. Значит, объявил этот мужик про налет, и у всех присутствующих душа, понятное дело, в пятки: обмерли все, боимся дышать. Тем временем двое других уголовников подходят к кассиру, наставляют на него револьверы, а который из них молоденький — говорит:

— Руки за голову!

Вы, наверное, не поверите, но кассир на него ноль внимания, фунт презрения. Мужичок это был, как сейчас помню, довольно немолодой, прямо будем говорить — старичок. И вот поди ж ты: такое самообладание под дулами револьверов! Но это еще что; он потом запер все ящички, а ключ положил в карман. И глядит, понимаете ли, на уголовников невинными глазами, как будто ничего особенного не случилось.

Молодой уголовник ему опять:

— Я же тебе сказал, гад, руки за голову!

А кассир в ответ:

— Может быть, еще и ноги за голову?

Тут эти два уголовника даже несколько растерялись. Который молодой от растерянности оглянулся на того, что стоял у двери, на пожилого, — видно, он был у них заводила. Пожилой подсказывает:

— Он, наверное, смерти не боится.

— Ты что, старый, смерти не боишься? — говорит за ним молодой.

Кассир отвечает:

— Смерти только сумасшедшие не боятся. Смерти я боюсь, это я вас, сукиных детей, не боюсь. Я же насквозь вижу, что вы за компания — измайловская шпана.

Тут молодой обиделся.

— Ты чего, — говорит, — старый хрен, выступаешь?! — И к пожилому: — Хряк, чего он выступает?! Гад такой! Можно, я его замочу?

Заводила отрицательно помотал головой и сказал кассиру:

— Ты, старый, кончай тут вола тянуть. Тем более что на все про все нам остаются считанные минуты. По нашим подсчетам, вот-вот менты будут тут.

— На этот предмет можете не беспокоиться, — говорит кассир. — У нас пятый день сигнализация не работает. Тем не менее имейте в виду, что народных денег вы не получите ни под каким видом. Я народные деньги буду отстаивать до последнего издыхания. Какие, понимаете, прохиндеи!..

Мы, то есть которые вкладчики, от этих слов, прямо будем говорить, немного оцепенели; мы такой отчаянной храбростью были прямо поражены. Ведь у кассира только и оставалась надежда на сигнализацию, а он откровенно признался, что она не работает пятый день!

Потом молоденький говорит:

— Я тебя, кассир, в последний раз спрашиваю: отдашь деньги или нет?

Кассир:

— Даже не заикайтесь!

— А я говорю, отдашь!

— Ни за какие благополучия! Я врагам народа сроду не потакал.

Тут в разговор вступил пожилой.

— Ты, — говорит, — старик, отвечай за свои слова. Какие мы враги народа, мать твою так?! Мы, что ли, твои деньги берем? Мы деньги государственные берем. А у государства с этим делом довольно просто: сколько захочет, столько и напечатает. Так что про врагов народа ты немного загнул.

— Никак нет! — говорит кассир. — Именно что вы матерые враги народа, и я прямо удивляюсь, как вы дожили до сорокачетырехлетия Октября. Что же касается государственных денег, то это вредная демагогия, поскольку государство — это мы.

— Слушай, Хряк, — вступил молодой, — я предлагаю сворачивать эту бесплодную дискуссию. Я сейчас данного кассира все-таки пристрелю. Тем более что он обзывает нас последними словами!.. Его слушать, это надо иметь ангельское терпение!

Заводила сказал:

— Нет уж, давайте разберемся! Я не могу оставить этот вопрос открытым, я сейчас старикашку разоблачу. Ты, — говорит, — дед, в общем-то, нас неправильно понял. Если ты думаешь, что мы просто явились грабить твою сберкассу, ты глубоко ошибаешься. Скажу больше: мы вообще в завязке, а сберкассу пришли брать исключительно потому, что новые деньги вышли. Ведь интересно же, ты посуди: вышли новые деньги, а мы их еще в руках не держали...

Значит, кассир на эти слова ответил новым разоблачением, уголовники, в свою очередь, тоже начали чего-то там развивать — короче говоря, началась беседа, пожилой заводила даже свой пост оставил. Самое интересное — некоторые вкладчики тоже приняли в ней участие. Но я, это будем прямо говорить, потихонечку улизнул.

Уж не знаю, чем у них там закончилось, но на другой день я опять пришел вкладывать деньги на мотороллер, хотя уже и с опаской — не под закрытие, а под обеденный перерыв. Все тихо, спокойно.

Нигде ничего не побито, плакаты висят на своих местах, финиковая пальма в кадке, народ толпится, кассы стучат, а мужественный старик пересчитывает купюры...

— Вообще это жуткое дело, сколько сейчас всякой нечисти развелось, — сказал Спиридонов. — Вот вы не поверите, но у нас на одиннадцатом этаже одно время жил настоящий шпион по фамилии Иванов. Весь подъезд знал, что он шпион, а ему хоть бы что!

— Наверное, он был не шпион, — предположила Зинаида Косых, — наверное, это его соседи оклеветали.

— Да нет же, самый настоящий шпион! Я один раз выносил ведро — у нас мусоропровод на лестничной клетке — и своими глазами видел, как к нему заходил связной. Связной говорит: «Арктика!» Иванов ему: «Антарктика!»

— И все-таки странно, что фамилия у него была Иванов, — заметила Малолеткова.

— Ну конечно, — откликнулся Лыков, — вы бы хотели, чтобы он жил в Текстильщиках под фамилией Резенфорд!

— Я одного не понимаю, — сказал Журавлев. — Чего органы-то смотрели?!

Спиридонов пожал плечами.

— А может быть, он был и не шпион, может быть, его действительно соседи оклеветали...

— Знаете, что я сейчас скажу?! — сказала Зинаида Косых, восторженно поблескивая глазами. — Совсем мы с вами, граждане, очумели! Зачем нам, спрашивается, бежать за сантехником, когда имеется телефон?! Снял трубку, набрал номер аварийной службы водопровода — и все дела!

— Действительно, товарищи, как это мы сразу не сообразили? — сказал Страхов и тронул свои очки.

— Это нас водопровод доконал, — сказал Зюзин. — В мирное время мы бы сразу сообразили.

Вслед за этим примечанием наступила короткая пауза, в течение которой все, пригорюнившись, похоже, подумывали о том, чем же в конце концов закончится история с наводнением. Впрочем, с потолка сеяло уже мелко, в двойном свете похоже на грибной дождь, но на полу вода стояла так высоко, что ножки стульев скрылись наполовину. В проходе плавали папки, какие-то серьезные бумаги, невесть откуда взявшийся окурок сигары, коробочка из-под скрепок, чья-то пудреница, похожая на экзотического моллюска, а в районе шкафа с деловой перепиской покачивались на мелкой волне лыковские домашние тапочки, клетчатые, с помпонами.

— Слушай, Лыков, давно хочу тебя спросить, — сказал Спиридонов. — Почему ты носишь на работе домашние тапочки?

— У него подагра, — ответила за Лыкова на сострадательной ноте Зинаида Косых.

— Скажите, пожалуйста! — продолжал Спиридонов. — При таком скромном происхождении такая аристократическая болезнь. Сигара, случаем, не твоя?

Между тем завсектором Журавлев, по-птичьи уставясь в телефонный справочник, набирал номер аварийной службы водопровода. Было занято; было занято так настойчиво, бесперспективно, что минут через десять Журавлев свирепо швырнул трубку на рычаги.

— Я, между прочим, один раз развелся из-за телефона, — объявил Страхов. — Приезжаю в командировку в Каменец-Подольский, начинаю названивать домой, как и что, а у меня дома к телефону все время подходит какой-то черт. В конце концов ему надоело мне отвечать, он и говорит: «В ванной твоя Надежда, перезвони». Ну, естественно, сгоряча мы потом с Надеждой Павловной развелись...

— Это еще что! — сказал Спиридонов с силой. — Я со своей женой развелся из-за политических разногласий — вот это да! Да было так... Сразу после Нового года познакомился я с одной потрясающей девицей, и, прямо скажу, она меня закружила...

— Не ожидала я этого от вас, — вставила Малолеткова и таинственно улыбнулась. — Не ожидала.

Спиридонов иронически махнул на нее рукой.

— Ну так вот. Закружила меня эта девица, стал я через день являться домой к утру, а дело было, должен заметить, как раз в разгар англо-аргентинского столкновения. Ума не приложу, какая муха меня укусила, но чтобы как-то самортизировать первый удар, я прибегал к следующему приему: едва только жена открывает дверь, я ей: «Как там ситуация на Мальвинских островах?»

Жена первое время этому вопросу очень удивлялась: для нее был загадочен такой политический результат моего загула. Но потом это перестало помогать, и, конечно, дома у меня начался Содом и Гоморра.

Недели через две случайное чувство меня отпустило. Прихожу я как-то домой, а жена меня спрашивает:

«Что это ты сегодня не интересуешься про Мальвинские острова? Там как раз за истекшие сутки произошли исключительные события».

«А ты откуда знаешь?» — спрашиваю ее.

«В «Известиях» прочитала».

«Очень, — говорю, — интересно! Сколько лет с тобой живу, а это, наверное, первый случай, когда ты газету используешь, фигурально выражаясь, по назначению. С удовлетворением констатирую этот факт».

Жена в ответ:

«Ты во всем виноват. Как придешь домой с третьими петухами, так сразу спрашиваешь про Мальвинские острова. Я, конечно, заинтересовалась».

Я говорю:

«Короче, профессор: что там произошло за истекшие сутки?»

«За истекшие сутки, — говорит, — англичане высадили десант и сейчас продвигаются к Порт-Стэнли».

«Ну, — отвечаю, — достукались аргентинцы! Я всегда утверждал: Англию на фу-фу не возьмешь, сначала научись воевать, а потом уж суйся. Тем более что идеологическая сторона конфликта какая-то темная, кто из них прав, кто виноват — это покрыто мраком».

Жена говорит:

«А я целиком на стороне аргентинцев. Что ж им, по-твоему, оставалось делать? Смотреть, как англичане попирают международное право? Ведь нужно же было как-то вернуть свои исконные земли, верно?»

«Так ведь это, Анюта, — говорю, — получается интервенция! Ведь двести лет уже, как англичане отвоевали у аргентинцев Мальвинские острова, — это же не шутка! Это то же самое, как если сейчас Швеция пойдет на нас войной за Ленинградскую область!»

«С одной стороны, Витя, конечно, так, но, с другой стороны, зачем равнять нейтральную Швецию с английским империализмом? Потом: мы с татаро-монголами за родимую землю пятьсот лет воевали, верно? Значит, когда речь идет об освободительном движении, время не в счет. Били захватчиков и будем бить!»

«Так! — говорю, причем уже сам на взводе. — Понимаешь, Анюта, если по-твоему рассуждать, то нужно по новой перекраивать карту мира. Ты понимаешь это, садовая голова! А между тем только потому до сих пор не разразилась третья мировая война, что после второй решили: каждый остается при своих деньгах».

«Ну, я не знаю! — говорит жена. — С одной стороны, ты прав, а с другой, не прав. Вообще ты, по-моему, что-то путано излагаешь».

Тут я, конечно, взъелся.

«Да нет, это ты путано излагаешь! «С одной стороны, с другой стороны!..» Тебя полчаса послушать — успокоительное нужно пить!»

«А ты чего, собственно, выступаешь-то?! — говорит жена. — Ты чего выступаешь-то, недоумок?!»

Я, честно говоря, в крик:

«Ах ты, — кричу, — такая-сякая! В политике ни в зуб ногой, а еще обзывается!..»

Одним словом, из-за Мальвинских островов начались у нас с ней скандалы. Всю зиму мы так с Анной провоевали. Придем с работы, поужинаем и за старое. Положим, я заведу:

«Как хочешь, Анюта, а я не перестаю удивляться на твою жесткую позицию в вопросах войны и мира. Конечно, разные бывают войны, бывают и справедливые, даже насущные, но при данном раскладе фишек — я имею в виду наличие ядерного оружия — любой международный конфликт может закончиться космической катастрофой. Поэтому трезвые политики всегда ставят интересы человечества выше всяких узкогосударственных интересов. Это не то что поджигатели англо-аргентинского конфликта, у которых без малого не дошло до применения ядерного оружия из-за пяти квадратных километров песка и щебня».

Жена, положим, на это возражает:

«Когда речь заходит о национально-освободительном движении, то тут нужно идти напролом, невзирая ни на какие космические катастрофы. А ты, Витя, как в жизни ни с чем пирожок, так и в политике ни с чем пирожок».

«Почему это, — спрашиваю, — я в жизни-то ни с чем пирожок? Какие у тебя имеются доказательства?»

«Доказательств у меня, — отвечает, — вагон и маленькая тележка. Кто, например, прошлым летом проморгал моющиеся обои? Кого обдурили в смысле расширения метража? Кому по полгода долги не платят?»

Понятное дело, после таких обвинений мы скатываемся на личности — и пошло! Таким образом каждый день, без отгулов и выходных. Главное, ведь мы с ней двенадцать лет прожили — и ничего, а тут гляжу: ну чужой человек, жесткий какой-то, некоммуникабельный!..

Провоевали мы с ней целую зиму, а весной отнесли заявление на развод. Я думаю, это был первый в истории человечества развод из-за политических разногласий.

— А-атлична! — воскликнул Лыков.

— Что отлично-то?! — спросил его Спиридонов.

— А то отлично, что ты, Студент, все наврал. Я же знаю твою Аньку: безвредная баба, воды не замутит. Вы небось развелись из-за того, что ты просто-напросто загулял.

— У меня тоже сложилось такое впечатление, — сказала Зинаида Косых, — что мы имеем дело с игрой фантазии.

— Я голову даю на отсечение, что мы с Анной развелись из-за политических разногласий! — запротестовал Спиридонов.

— Вообще-то по нашей жизни все может быть, — задумчиво сказал Страхов. — Чем она, впрочем, и хороша.

— То, что наша жизнь — дай бог каждому, никто и не отрицает, — согласился Зюзин. — Но врать все-таки не годится.

— Да не врет он, — вступился за Спиридонова нормировщик Клюшкин. — Куда ему соврать, он что, сочинитель, что ли? Он — пролетарий умственного труда. Я, например, сяду письмо писать тетке в Волоколамск, и то весь пóтом изойду, не то что историю сочинить.

— Тем более что когда дело касается супружеских отношений, возможны самые неожиданные повороты, — сказал Журавлев и высморкался в свое полотенце. — Этот тезис я могу подтвердить следующим примером... Знал я одну супружескую чету: она — плотненькая обаятельная женщина, полевод, он — первый пахарь района, но со странностями мужик. Например, он давал электричество. Как, положим, электростанции дают электричество, так и он давал электричество. Бывало возьмет в руки лампочку от карманного фонарика, а она горит... Или подсоединят его к амперметру — стрелка показывает наличие тока... Впрочем, это мелочь, так сказать, нонсенс по сравнению с тем, что он учудил после того, как жена его бросила и ушла. Дело в том что в связи с уходом жены этот пахарь захватил самолет сельскохозяйственной авиации.

Чего она от него ушла — неизвестно, видимо, он ее своими странностями довел до точки кипения, однако антагонизм между ними, наверное, сложился такой, что обычными средствами тут было не обойтись.

Сразу после того, как ушла жена, первый пахарь района прихватил кое-какое снаряжение, взял дробовик и отправился на стоянку самолетов сельскохозяйственной авиации, которая в то время опыляла у них сады. «Кукурузник» он захватил без особых хлопот: припугнул дробовиком экипаж и запер его в кабине. После этого он начал располагаться: постелил матрас, вынул провизию, коробку патронов, книжку от скуки — он вообще рассчитывал на продолжительную осаду. Экипаж, конечно, тут же сообщил по рации о налете, и через какие-нибудь полчаса самолет уже окружили милиционеры. По такому небывалому случаю на место происшествия прибыл сам начальник районного управления внутренних дел, майор, а может быть, подполковник.

Я думаю, что если бы самолет захватил простой уголовник, то его пристрелили бы, и дело с концами, но тут ситуация эклектическая: знатный пахарь, гордость района, с самим Никитой Сергеевичем по петушкам. Поэтому начались переговоры. Из преамбулы выясняется, что пахарь не освободит самолет до тех пор, пока к нему не вернется его жена. Майор, а может быть, подполковник пришел в смятение, но все-таки говорит:

«Что это вы себе позволяете, гражданин?! Какой, понимаете ли, волюнтаризм!.. Вы отдаете себе отчет, что это уже будет государственное преступление?»

«Знать ничего не хочу! — отвечает пахарь. — Вернется жена домой, тогда и получите «кукурузник».

«Ну, это уже ни в какие ворота не лезет! — говорит майор, а может быть, подполковник. — Вы давайте как-нибудь самостоятельно улаживайте свои семейные дела. При чем тут, собственно, сельскохозяйственная авиация?»

Однако пахарь стоит на своем, да еще пугает, что если выйдет не по его, то он расстреляет экипаж, а потом наложит на себя руки.

Ну, видит милиция — делать нечего. Посовещались и поехали за женой. Вечером подвозят ее к самолету. Она говорит своему преподобному пахарю:

«Вылазь, сукин сын! Так и быть, возвращаюсь к тебе на продолжение мучений. Видно, такой мой крест».

— М-да!.. — произнесла Малолеткова и строптиво сложила губы.

— И в этом случае я ничего сверхъестественного не вижу, — сказал нормировщик Клюшкин. — Подумаешь, «кукурузник» человек захватил! Я вот в прошлом году проиграл в «петуха» шесть миллионов рублей, и то ничего.

— Ну, это ты, положим, загнул, — сказал Зюзин.

— А вот и нет! — парировал Клюшкин. — Шесть миллионов как одну копеечку проиграл! И проиграл-то часа, наверное, за два, самое бóльшее за три, потому что у нас были оголтелые ставки.

— Ну и как же ты эти шесть миллионов отдал? — поинтересовался Лыков.

— Я их вообще не отдал, это будем прямо говорить, не отдал — и все! Как же можно отдать шесть миллионов?! И тот мужик, которому я их проиграл в «петуха», тоже понимал, что денег ему не видать как своих ушей. Но расстроился он, конечно, страшно. «Дай, — говорит, — я тебе хоть по морде съезжу!» И я отлично его понимаю, потому что, с одной стороны, он вроде миллионер, а с другой стороны, ему не на что похмелиться. Хотя этот мужик сантехником работал, фактически при деньгах.

— Кстати, о сантехниках, — встрепенулся Журавлев и взялся за телефон.

Опять он минут десять набирал номер аварийной службы водопровода, но на этот раз ему удалось прорваться.

— Алё! — диким голосом закричал Журавлев в телефонную трубку. — Аварийная служба? Тут у нас, понимаете ли, беда: затопило целое служебное помещение.

— ...

— А тогда почему у вас всю дорогу занято?

— ...

— Вообще-то религиозными вопросами нужно заниматься в неслужебное время! — отрезал Журавлев, положил трубку и высморкался в полотенце.

— Ну и что? — спросило его сразу несколько голосов.

— Они принимают вызовы только в ночное время.

— А-атлична! — воскликнул Лыков. — Значит, в дневное время можно беспрепятственно погибать.

— В дневное время нужно обращаться в жилищно-эксплуатационную контору по месту жительства.

— А тогда почему у них всю дорогу занято? — спросил Клюшкин.

— Это они просто трубку сняли, потому что у них проходил атеистический семинар.

— Ну что же, товарищи, будем звонить в контору, — сказала Зинаида Косых и деятельно вздохнула. — Против бейдевинда не попрешь.

Журавлев поерзал на столе, взял в руки телефонный справочник, нашел номер конторы и стал звонить.

— Но все-таки я хочу заметить, — продолжала Зинаида Косых, — что какой-то странный у нас народ. Люди тонут, а у них атеистический семинар! Или вот еще такой случай... Есть у меня приятельница в деревне, которая находится поблизости от нашего садового товарищества «Бережки». Я у нее молоко беру и вообще. Так вот эту женщину однажды премировали бесплатной туристической путевкой в Чехословакию. И вы представляете: она еще сомневается — ехать или не ехать! Казалось бы, пользуйся улыбкой судьбы, собирай быстренько чемодан, а она еще думает, ехать или не ехать...

«Чего тут думать-то? — говорю. — Конечно же, надо ехать!»

А она отвечает:

«Вам, городским, хорошо рассуждать, у вас всего и забот, что белье в прачечную отнести, вам хоть на Северный полюс езжай — все ничего. А у меня хозяйство! Куры, утки, два подсвинка, корова Зорька и вообще. Как я от них уеду, ты рассуди! Ведь если я хоть на неделю оставлю без присмотра всю эту ораву, то вернусь я точно на пепелище — такая моя семья. Я по этой причине даже лечусь исключительно народными средствами, чтобы только не ездить в районную поликлинику, потому что мои мужики могут за несколько часов привести все хозяйство буквально к нулю, и тогда придется перебиваться с петельки на пуговку».

Я ей возразила:

«Хозяйство хозяйством, — говорю, — а мир тоже нужно бы посмотреть, это очень обогащает. Ну что вы! Вот была я в восьмидесятом году в Болгарии — ведь это же совсем другая жизнь!»

В общем, я ее убедила. Главный мой козырь, конечно, был тот, что путевка бесплатная, как с неба свалилась. Ну, написала она заявление на загранпаспорт, вещи собрала, деньги поменяла, проводы устроила, отбыла. Но вы представляете: через день встречаю ее у продовольственного ларька.

«Что же вы, — говорю, — так и не поехали в Чехо-словакию?»

«Поехать-то я поехала, — отвечает, — да, видимо, не судьба. Я ведь на поездах-то сроду не путешество-вала, а это, оказывается, просто страсть! Купе ма-ленькая, дышать нечем, а главное — вперед не видно! Как же можно ехать, когда вперед не видно?!»

Ну не балда?!

— Что-то я все время не туда попадаю, — сказал Журавлев и пристально посмотрел на телефонную трубку. — То выйду на зоомагазин, то на частную квартиру, то на издательство «Русский язык», то на бассейн «Москва»...

— Вообще с этой заграницей постоянно получает-ся ерунда, — сказал Зюзин. — Вы хоть знаете, как я выучил японский язык?

— Не знаем, — хором отозвались Малолеткова и Косых.

— Когда я еще работал официантом, как-то вы-зывает меня заведующий залом и говорит: «По сек-рету и только для тебя: скоро у нас будут набирать официантов для отправки в Японию; в Осаке, при советском павильоне, открывается ресторан со своей обслугой. Четыре месяца тебе на изучение японского языка. Представляешь: они начинают набор, а у те-бя на руках десять взяток».

Делать нечего — выучил я японский язык. Проси-дел, как проклятый, четыре месяца над учебниками, про гулянку думать забыл, даже к телевизору охла-дел. Через четыре месяца являюсь к директору рес-торана и как бы между прочим говорю: «Между про-чим, — говорю, — я тут недавно выучил японский язык».

Он говорит:

«С чем я вас и поздравляю».

«Если нужно, — продолжаю, — готов хоть завтра вылететь на Японские острова».

«И это, — говорит, — хорошо. Только зачем ты ту-да полетишь?»

«Как же, — говорю. — А Осака? А советский павильон? А ресторан со своей обслугой?»

«В первый раз слышу», — отвечает директор.

Тут я, естественно, понял, что заведующий залом меня просто-напросто разыграл. Но расквитаться мне с ним так и не довелось, потому что накануне его посадили. Посадили его, можно сказать, ни за что ни про что: он на двадцать пять рублей обсчитал одного министра.

— Слушай, Зюзин, скажи что-нибудь по-японски, — попросил Спиридонов.

Зюзин немного набычился и пробормотал:

— Нихон гова ханасари масука?

— Это еще что такое? — поинтересовался Клюшкин.

— Это значит: говорите ли вы по-японски?

— А если я, положим, не говорю?

— Тогда надо отвечать: ханасари масэн.

— А-атлична! — воскликнул Лыков.

— Между прочим, я тоже один раз ни за что ни про что угодил в тюрьму,— сказал инженер Страхов и поправил свои очки. — Точнее, чуть было не угодил. В шестьдесят девятом году я работал на строительстве в Северном Казахстане и там попал в неприятную переделку, которую я всегда называю «Семь километров лишения свободы».

— Какое причудливое название, — сказала Малолеткова и скосилась на потолок.

— Название, может быть, и причудливое, но оно полностью раскрывает существо дела, ибо это были именно семь километров лишения свободы ни за что ни про что.

Замечу, что неподалеку от нашего стройгородка была небольшая зона. Мы строили животноводческий комплекс, а заключенные прокладывали какие-то коммуникации. Несмотря на то, что мы работали, можно сказать, бок о бок, контактов у нас не было никаких. Это, правда, не считая того, что кое-кто из наших заказывал себе в зоне коверкотовые костюмы; у них там была своя пошивочная мастерская, и они шили коверкотовые костюмы.

Как-то раз, после смены, я опаздываю на автобус. Уж не помню, чего ради, но что-то я задержался, скорее всего прятал лопаты и мастерки. Задержался я, и наши бригадные автобусы уехали без меня. В первом автобусе подумали, что я сел во второй, во втором подумали, что я в первом. Короче говоря, пришлось мне до стройгородка тащиться пешком. А это, между прочим, семь километров с гаком.

Я совсем немного отошел от животноводческого комплекса, когда впереди меня на дорогу вывернула колонна — это были заключенные, которые возвращались в зону после работы. Догнал я колонну и уже сворачиваю на обочину, чтобы обойти ее стороной, как конвоир, который шел сзади, окликает меня на такой манер:

«Что же ты, — говорит, — бес, отстаешь? Или ты хочешь, чтобы я это квалифицировал как попытку к бегству?..»

Я ему отвечаю, что он ошибся адресом, что я к их компании никакого отношения не имею.

Конвоир говорит:

«Так ты мне еще здесь будешь острить!» — И снимает с предохранителя автомат.

Я его пытаюсь увещевать:

«Ну, вы, — говорю, — ефрейтор, вообще! Вы что, не видите, что я вовсе не заключенный? Что я рабочий с животноводческого комплекса, а вовсе не заключенный?»

Он, правда, меня выслушал, но потом навел автомат и сказал:

«Становись в строй, не доводи до греха».

Испугался я, что уж тут лицемерить. Думаю, пальнет сейчас и по-своему будет прав. Потом, конечно, разберутся, кто прав был на самом деле, но я от этого не воскресну. Пристроился я в конце колонны, со страху стараюсь попадать в ногу, но тем не менее продолжаю гнуть свою линию:

«Дожились, — говорю, — уже заключенного от нормального человека не отличаем. Неужели по лицу не видно, кто я такой?!»

«На лицо вы все профессора, — говорит ефрейтор. — Вообще ты давай кончай балаболить, разговоры с конвоем запрещены».

Ну, думаю, совсем плохо дело! Жил я себе, в ус не дул, строил животноводческий комплекс и вдруг за здорово живешь стал заключенным, лишившись всяких гражданских прав, включая право поговорить. Главное, что обидно: чем я похож на заключенного — не пойму! И тут до меня дошло: ведь на мне была та же самая спецодежда, что и на этих прохиндеях, то есть сапоги, стеганые штаны, ватник и шапка-ушанка армейского образца. И знаете, сразу на душе стало легче, как только я сообразил, почему меня спутали с заключенным, хотя, конечно, мысли — одна отчаяннее другой. Думаю, сейчас приведут меня в зону, запрут в бараке, и пойдет переписка с центром: кто таков, по какой статье? Конечно, в конце концов разберутся, но ведь при нашей волоките я целый срок могу отсидеть!..

«Послушай, друг, — говорю конвоиру, — отпусти ты меня Христа ради! Ведь я правда не заключенный. Хочешь, я тебе сейчас что-нибудь из Державина прочитаю?»

Конвоир говорит:

«Еще одно слово, и я открываю огонь!»

После этого я с ним больше не говорил. Думаю: лучше срок отсидеть, чем погибнуть от пули этого дурака. Иду себе в ногу, кляну судьбу. Тут один заключенный, топавший по соседству, поворачивается ко мне и начинает подливать масла в огонь:

«Вот, — говорит, — наша жизнь! Где стол был яств, там гроб стоит».

Я говорю:

«Вместо того, чтобы издеваться, вы бы лучше подсказали мне путь к свободе».

«Путей к свободе, — отвечает, — много. Один из них, например, лежит через намыленную удавку».

Вот ведь какой философ попался! На воле, может быть, взятки брал, магазины грабил, а тут философствует, прохиндей!

«Нет, — говорю, — этот путь меня не устраивает. Еще что-то есть?»

Он отвечает:

«Есть. У нас один малый из шестого отряда передал бензопилу «Дружба» в вертолет и улетел».

Этот вариант мне тоже не подходил, и я отрицательно промолчал. Сосед мой тоже что-то замолк, но примерно километра через два ходу вдруг говорит:

«Вообще, если по Достоевскому, то зазря пострадать — это особенно развивает. Но все-таки жаль тебя, дурака».

«Это вы к чему?» — спрашиваю его.

«Это я к тому, что перед самой зоной, справа от дороги, будет стоять сарай. Когда мы до него дойдем, как раз нам навстречу пойдет рейсовый автобус на Аркалык. Поскольку дорога в этом месте узкая и обстроенная, конвой прижмет колонну к сараю. В чем тут соль: за тридцать четвертой доской по ходу кроется путь к свободе».

«Ну, — говорю, — спасибо! Если откровенно, не ожидал от уголовника благородства».

«Какой я, — говорит, — уголовник. Я так... пару раз супругу взбодрил и в зону».

Я еще раз поблагодарил его за участие, а потом действительно убежал. Просидел часа три в сарае и под покровом ночи взял курс на родимый стройгородок.

— Знаете что, товарищ, — сказал Клюшкин, — война войной, а обед обедом. Не пора ли нам браться за макароны?

Трудно установить, что было тому причиной, но сектор систематизации никогда не обедал на стороне, то есть никогда не посещал близлежащие столовые, кафе и прочие забегаловки, а, если можно так выразиться, питался по месту службы. Ближе к обеденному перерыву из зюзинского стола добывалась электрическая плитка, кастрюля, тарелки, вилки, и Лыков принимался готовить пищу; как правило, он варил макароны или же вермишель, которые затем артельно поедались с вареной колбасой, кетчупом и свежими калачами. Вряд ли сектор гонялся за дешевизной, скорее всего тут чисто по-мужски не терпели очередей.

— Макароны — это отлично, — сказала Малолеткова, — но где мы возьмем воды?

Временно замолчали.

— По крайней мере можно использовать, так сказать, забортную воду, — предложила Зинаида Косых. — А что? Процедим ее через мою газовую косыночку...

Так и сделали: Лыков накрыл кастрюлю косынкой, процедил через нее несколько глубоких тарелок воды, которую насобирал Зюзин, затем поставил кастрюлю на электрическую плитку, включил плитку в сеть и сказал:

— Вот всегда у нас так! В воде по колено, а попить нечего!

— Зато мы всегда найдем выход из положения, — отозвался Страхов. — Мы потому и такие изобретательные, что у нас то понос, то золотуха, то наводнение, то пожар.

— Ему бы только огульно критиковать, — сердито проговорил Журавлев и указал на Лыкова телефонной трубкой.

— Интересно, а что же мы такое изобрели? — спросил Клюшкин.

— Да почти все, — сказал Страхов. — От самолета до непротивления злу насилием.

— И даже если не найдется выход из положения, — сказала Зинаида Косых, — то мы возьмем и споем — это тоже выход из положения. Хотите, я что-нибудь затяну?

— Вроде бы сыро петь, — заметил ей Спиридонов.

— Нет, вы вообще-то в своем уме? — сказал Журавлев руководительным тоном. — Как-никак на часах рабочее время, и тут у нас все же служебное помещение.

Закипела вода в кастрюле, и Лыков засыпал в нее коротко наломанных макарон. Страхов поправил свои очки. Косых с Малолетковой, обнявшись, загляделись на потолок. Спиридонов прилег на столе и принялся за бумаги. Клюшкин просто переменил позу. Журавлев продолжал звонить. Зюзин взял в руки лыковскую чертежную линейку и, погрузив ее в воду, стоявшую на полу, убитым голосом объявил:

— Тридцать два сантиметра. К концу рабочего дня потонем.

Москва уже пятый час жила своей невнятно-деловой жизнью: дети в школах проходили слабые токи и Великую французскую революцию, студенты на лекциях обменивались любовными записками, в небоскребе на Смоленке вручались ноты, где-то между Басманной и Красносельской, несмотря ни на что, вводили в строй новую поточную линию, в магазинах, как всегда, было не протолкнуться, на вокзалах мешались тысячные толпы приезжих и отъезжающих, в районе шоссе Энтузиастов варили сталь, умники из научно-исследовательских институтов тоже худо-бедно оправдывали свои деньги, в тихой арбатской путанице парами бродили милиционеры, на Садовом кольце шумели и чадили грузовики, а в одном из переулков бывшего Китай-города, соединявших улицу Разина с улицей 25-го Октября, в полуподвале старинного дома, восемь инженерно-технических работников сидели на столах и предвкушали последний час.

— Кому суждено быть повешенным, тот не утонет, — как-то скучно произнес Лыков. — А также наоборот.

— Что ты имеешь в виду? — спросил его Зюзин, насторожась.

— Да так, вспомнил один случай из своей жизни. Я тогда учился в вечернем техникуме на чертежника и работал в одной организации по снабжению. Жизнь у меня была, прямо скажу: собачья. На работу к семи утра, весь день на ногах, даже перекусить некогда, перед смежниками лебезишь, как это... как не знаю кто, начальство дерет три шкуры. Вы не поверите: бывало за целый день не подумаешь ни о чем, все в бегах, — с самолета на поезд, с поезда на троллейбус, с троллейбуса на трамвай! А с работы придешь часов в восемь вечера, порубаешь картошки и сразу на боковую. И это без выходных, без проходных — работаешь, как доменное производство. Ну и три раза в неделю, отдай не греши, в техникум на занятия.

И вот как-то раз отправили меня в командировку выбивать самый что ни на есть обыкновенный шпагат — тогда было туго с перевязочным материалом. Приезжаю я в Кривой Рог на шпагатную фабрику, иду в отдел сбыта, а у них, понимаете ли, тоже какой-то атеистический семинар. Велели с полчасика подождать.

Вышел я в предбанник, сел на банкетку и начал ждать. Предбанник у них был маленький, окна занавешены, на стене почему-то висит портрет писателя

Фурманова, кроме меня, никого нет,   полное одиночество.

Хотите верьте, хотите нет, а года за три, за четыре это, наверное, были первые полчаса, когда я мог
просто-напросто осмотреться. Мне даже сначала стало не по себе, потому что, во-первых, наедине с самим собой, во-вторых, ничего не делаешь, в-третьих,
сидишь, — словом, странно и непривычно. Ведь в
транспорте, когда тоже ничего не делаешь, все-таки
толкаешься или присматриваешься к соседке, на со-
вещаниях, когда тоже сидишь, все же дуреешь, в
клозете, когда наедине с самим собой, — прямо скажем, не до чего. А тут целых полчаса на раздумья!

Сначала, правда, мне приходила на ум всякая
чепуха, например, я смекал, почему это у нас ни с
того ни с сего стало туго с перевязочным материалом. Но потом я посмотрел на портрет писателя Фурманова и подумал: какую короткую и вместе с тем
яркую жизнь прожил этот замечательный человек!
Смысл, содержание, идеалы!.. А ты что? Вертишься
целыми днями, как это... как заведенный, книжку некогда прочитать. Даже девушки и то у тебя нет, несчастный!

Дальше — пуще. Вот, говорю себе, прожил ты
двадцать семь лет своей жизни (мне тогда как раз
исполнилось двадцать семь), а что из этого следует?
Ничего. Ты не любил и не был любим, ты даже не
был в горах, ты даже не знаешь, что такое субстан-
ция! Ну, это, допустим, ладно, это все в прошлом, в
будущем-то что? Да то же самое, что и в прошлом.
Еще лет двадцать буду крутиться, как это... как бел-
ка в колесе, потом пенсия, потом инсульт, года три
хождения под себя, и все, и «до свиданья, друг мой,
до свиданья, мне так страшно уходить во тьму». Короче говоря, помаленьку прихожу к выводу: пропала
жизнь!..

Это сейчас я так спокойно рассказываю, а тогда
мне вдруг до того стало горько, что я без малого не
заплакал. И, главное, что обидно: вокруг столько
возможностей прожить содержательную жизнь, стать
интересным человеком, а меня точно сглазили — вместо того чтобы жить, гоняюсь за шпагатом, как будто в нем призвание и мечта!

Тут мне пришла в голову такая простая мысль: поскольку я на корню загубил свою жизнь, то единственный выход из положения — это не путаться под ногами; нужно добровольно уйти во тьму. «А-атлична! — говорю себе. — Вот и решение всех вопросов. Сейчас добудем веревочку, запремся в клозете, один конец веревочки к шее, другой к рычагу сливного бачка!»

Но вот ведь какая вещь: брюки у меня на пуговице, галстуков я не ношу, а во всем заводоуправлении паршивой бечевочки не нашлось. Между прочим, я делаю из этого следующий вывод: очень может быть, что мне суждено именно утонуть.

Тем временем с потолка продолжало лить, по-прежнему духовито парило, а вода поднялась уже так высоко, что, сидя на столе, в нее можно было смотреться и при этом различать даже самые мелкие дефекты физиономий.

— Вешаться — это, конечно, слишком, — сказала Малолеткова, — это даже, я извиняюсь, идиотизм, но то, что в другой раз о самом главном некогда поразмыслить, о жизни или там о душе, тут Лыков, конечно, прав.

— А если даже порой и поразмыслишь, что к чему, — подхватил Страхов, — то в результате такие гадости приходят на ум, что уж лучше вообще не мыслить.

— Ну, например? — спросил его Клюшкин.

— Например? Например, потонем мы здесь сегодня, а с чем, собственно, мы потонем?! Что мы такого сделали, чтобы со спокойной совестью потонуть?! Сожрали по два состава продовольствия, заработали за трудовую жизнь по триста тысяч рублей, захребетников наплодили?!

Журавлев как-то жалобно высморкался.

— Это вообще-то верно, — согласилась Зинаида Косых. — Бестолково мы живем. Нужно как-то перестраиваться, менять галс.

— А макароны, между прочим, не варятся, — сказал Лыков, заглядывая в дымящуюся кастрюлю.

Вслед за ним, видимо, как-то отозваться о макаронах было собрался Зюзин, но только он приготовил рот, как Журавлев сигнально поднял вверх указательный палец, давая понять, что жилищно-эксплуатационная контора вышла-таки на связь.

— Алё, товарищ! — сказал Журавлев в телефонную трубку и протер полотенцем лысину, на которой влага проступала так же настойчиво, как по периметру потолка. — У нас тут, понимаете ли, потоп. И этот феномен нам исключительно не с руки, потому что мы все же солидная организация. А тут как с утра прорвало подведомственные вам водопроводные коммуникации, так четыре часа и льет...

— Пять, — подсказал ему Страхов и тронул свои очки.

— То есть пять часов льет, — поправился Журавлев. — Откровенно говоря, опасаемся потонуть.

— ...

— Ну, положим, гореть-то нам не приходится.

— ...

— Вы, пожалуйста, оставьте ваши вредные намеки, у нас тут сплошь гипертоники собрались.

Журавлев выслушал от диспетчера еще что-то и весело положил трубку на рычаги.

— Ну, что они там? — спросил его Зюзин.

— Говорят, в силу неисправности водопровода никто еще не тонул, не было у них в районе такого случая. Гореть горят, но тонуть не тонут. А если, говорят, и тонут, так только в ваннах в силу нетрезвого состояния. Я говорю, это вы бросьте, у нас тут одни гипертоники собрались. Они отвечают: ну если вы такие болезненные, то высылаем к вам специалиста по водопроводу.

— Интересно: а если бы мы были практически здоровы, прислали бы они водопроводчика или нет? — съязвил Спиридонов, откладывая бумаги.

Никто ему не ответил, но по всему было видно, что всяк про себя решил: очень может быть, что и не прислали бы, во всяком случае, скоро бы не прислали.

После непродолжительного молчания Страхов вдумчиво посмотрел на воду, рябившуюся уже на уровне третьего ящика письменного стола, поправил очки и сказал:

— А наверное, жутко будет тонуть. Как подумаешь, что сначала нужно будет до потери сил барахтаться под потолком, потом раза два-три основательно нахлебаться, потом терять сознание от удушья, — мороз по коже дерет! Причем самое противное, что лампочку будет сквозь воду видно... Нет, товарищи, помирать в воде — дикая процедура.

— Помереть — это еще полдела, — заметил Журавлев и высморкался в свое полотенце. — Настоящая процедура — это похоронить. Особенно если объект ритуала находится не в Москве, а в Московской области. Как раз в позапрошлом году умер у меня дед, и угораздило его скончаться не по месту жительства, а на даче. Чего я натерпелся в связи с этой кончиной — вам, товарищи, не понять. Первым делом, конечно, звоню в похоронное бюро, так и так, говорю, в Малаховке дед скончался, примите меры. Они спрашивают:

«Прописка московская?»

«Московская», — отвечаю.

«Тогда в Малаховке вам его точно не похоронят».

«А я, — говорю, — и не собираюсь его в Малаховке хоронить. У нас на Никольском четыре места. Чего бы я родного деда в Малаховке хоронил?..»

«Как хотите, — говорят, — а мы вашим покойником тоже заниматься не будем, поскольку мы Московскую область в принципе не обслуживаем».

«Что же мне теперь делать?» — спрашиваю я их. Отвечают:

«Везите его в Москву».

«Это как же я его повезу, электричкой, что ли?»

«Зачем, — говорят, — электричкой, наймите частным образом автобус или грузовик и доставьте тело по месту жительства».

Делать нечего, пошел я подряжать частника, но вот какой, понимаете ли, софизм: никто не хочет везти покойника. Только один ненормальный, и то даже не шофер, а тракторист, согласился доставить деда в Москву, но заломил за рейс восемьсот рублей. Я ему говорю:

«Ты, парень, рехнулся! Отсюда до Малаховки то же самое, что до площади Ногина».

Однако этот бесноватый тракторист стоит на своем...

— Нет, он, наверное, не потому заломил восемьсот рублей, что ему нужны были восемьсот рублей, — предположила Малолеткова, — а потому, что ему тоже ехать в Малаховку не хотелось.

— Ну, я не знаю, что он имел в виду, — продолжал Журавлев, — но факт тот, что он заломил восемьсот рублей. В общем, в конце концов я позвонил своему племяннику, у которого был «Москвич», и мы поехали в Малаховку своим ходом.

По приезде на дачу перекусили мы с племянником чем бог послал и стали решать, как старика везти. Самое реальное было положить его на заднее сиденье, но вы представляете, что было бы, если бы нас из-за какого-нибудь мелкого нарушения остановил какой-нибудь старшина?! Пришлось запихнуть старика в багажник. Завернули его в байковое одеяло, уложили и повезли.

Едем обратно и чувствуем себя как бандиты. И боязно, и как-то, понимаете ли, триумфально; одновременно хочется петь тюремные песни, отстреливаться, выражаться или бросить все и к чертовой матери убежать. Однако довезли старика нормально.

Подъехали к дому часов в восемь вечера, когда было еще светло, и стали ждать темноты, поскольку при свете дня, понятно, мертвеца из багажника не потащишь. Наконец стемнело. Я поднялся за раскладушкой, на которой мы прикинули занести старика в квартиру, потом открываем багажник и уже собираемся перекладывать деда на раскладушку, как вдруг кто-то за спиной у нас говорит:

— Ну и чего вы там, ребята, наворовали?

У меня, естественно, сердце в пятки, даже дыхание прервалось. Но оборачиваюсь, гляжу — обыкновенный паренек лет тридцати пяти, с ящиком из картона. Я ему отвечаю на всякий случай:

— Нежинских огурцов.

— А я, — говорит, — десять бутылок тормозной жидкости.

С этими словами он продемонстрировал нам свой ящик, по-товарищески подмигнул и пошел дальше своей дорогой.

В общем, деда мы так или иначе похоронили, и

это доказывает, что на самом деле в жизни ничего невозможного нет. Похоронили по православной методе, на третий день.

— Какие вы, Александр Иванович, тяжелые истории рассказываете, — с некоторой даже обидой проговорила Зинаида Косых. — Такие истории нужно полным женщинам перед обедом рассказать, чтобы отбивало всяческий аппетит.

— Кстати об обеде, — подхватил Лыков. — Не варятся макароны, хоть ты что! При таком исходном продукте я качество гарантировать не могу. Я только за калории отвечаю.

— Ничего, срубаем, — откликнулся Клюшкин. — Все-таки не дворяне.

— Я что-то, товарищи, не пойму, — сказал Спиридонов, снова берясь за свои бумаги. — А чего мы, собственно, не работаем? Прохлаждаемся-то мы чего?!

— Ну, ты даешь, Студент! — возмутился Зюзин. — Спрашивается: какая тут, к черту, может быть работа, когда сектор стоит на пороге смерти?!

— Да, но ведь зарплата идет! И потом еще неизвестно, когда мы потонем, может, через неделю...

— Золотые слова, — согласился Страхов и сказал Журавлеву, изобразив на лице озабоченное выражение: — Александр Иванович, а какие у нас там расценки на резку «косынок»?

— Четыре копейки сотня.

— А-атлична! — воскликнул Лыков. — Лет за пятнадцать как раз заработаешь на шнурки. Интересно: какой дурак эти расценки изобретает?

— Барсуков его фамилия, — сказал Журавлев.— Главный нормировщик нашего главка — Иван Иванович Барсуков.

— Я отлично себе представляю, как он расценки изобретает, — вступила Малолеткова, предварительно натянув на колени юбку. — Наверное, говорит своей секретарше: «Как ты думаешь, Клава, сколько положить за резку «косынок»?» Та: «Сто рублей штука». — «Гм! — говорит Барсуков. — Нет, пусть лучше будет четыре копейки сотня, это, по-моему, гармоничнее и как-то мобилизует».

— Да какая разница, во что Барсуков оценит

резку «косынок», — сказал с брезгливым выражением Журавлев. — Все равно газорезчик сколько надо, столько и получает.

— Нет, четыре копейки сотня — это все же немного обидно, — заметила Зинаида Косых. — Я бы при таких условиях на работу, конечно, ходила, но только чтобы попеть.

— Тебе бы все петь, — проворчал в ее адрес Клюшкин. — Небось дома посуда не мыта, белье не стирано, кот голодный — а у тебя одно пение на уме.

— И посуда блестит, и белье на балконе сушится, и кот накормлен, поэтому и пою. Вот сейчас принципиально, назло спою!

И она действительно затянула одну из тех общерусских песен, простодушных и заунывных, что певали поколения наших женщин, у которых и посуда блестит, и белье сушится, и кот накормлен, а мужик — стервец; Зинаида, правда, повела эту песню с тем неприятно-волевым выражением на лице, с каким у нас что-либо делается или что-либо говорится в пику, наперекор. К песне было пристроилась Малолеткова, но она не смогла попасть в тон и вскоре отстала, осекшись в конце куплета.

Тем временем Зюзин взял в руки лыковскую линейку, погрузил ее в воду, стоявшую на полу, потом вытащил.

— Пойте, пойте! — сказал он таким зыбким голосом, что, казалось, еще минута, и его прошибет слеза. — Уже пятьдесят три сантиметра набежало. Вы как хотите, а я тонуть не согласен, я людей позову. Все-таки у нас не крейсер «Варяг»...

С этими словами Зюзин поднялся на ноги, дотянулся до окна, за которым по-прежнему семенили ноги прохожих, отворил фрамугу и закричал:

— Товарищи, помогите!

Улица отозвалась на этот призыв только холодным потоком воздуха и обычными, ненавязчивыми шумами. Зюзин еще раз крикнул «товарищи, помогите»: чьи-то ноги отпрянули и засеменили к противоположному тротуару, прошелестел автомобиль, где-то поблизости тревожно заурчали московские сизари. Вдруг напротив окна присел на корточки пожилой мужик с наивно-веселым лицом, небритый, кашлянул и спросил:

— Ты чего орешь-то, дружок?

— Понимаете, товарищ, — сказал ему Зюзин, — тут у нас форменное наводнение, а водопроводчика нет как нет...

— Не горюй, — сказал пожилой мужик. — Я и есть искомый водопроводчик, точнее, сантехник, потому что моя специальность формулируется — сантехник. Сейчас буду вас выручать.

С этими словами он встал и исчез. Зюзин захлопнул фрамугу отряхнул руки и в победительной позе устроился на столе. Зинаида Косых сказала:

— Ну, слава богу! Значит, все-таки будем жить!

Через несколько минут, которые прошли в приятном молчании, струи воды, лившие с потолка, стали мельчать, редеть, затем с потолка лишь дробно закапало, а вскоре и капать перестало — видимо, сантехник перекрыл воду.

Внезапно пугающе зазвонил телефон. Журавлев поднял трубку, что-то выслушал и сказал:

— Нет, это не репертуарный отдел.

— Во работает телефон! — на бравурной ноте заметил Клюшкин. — Ничего удивительного, что из-за него разводятся некоторые люди.

— Люди, главным образом, разводятся по глупости, — сказала Малолеткова и задумчиво потрогала мочку уха.

Журавлев трубно высморкался.

— Возьмите хоть меня, я именно что по глупости развелась, и это доказали все мои последующие похождения, о которых я вам сейчас кратенько доложу. Вообще-то я сначала хотела соврать, что будто бы героиня этих похождений — одна моя приятельница, но потом я решила: а чего врать-то? Жизнь, она и есть жизнь. Хочется надеяться, что никто меня не осудит.

— Никто тебя не осудит, не беспокойся, — откликнулась Зинаида Косых, но по всему было видно, что она уже приготовилась осуждать.

— Ну, так вот: с первым моим мужем мы жили, я извиняюсь, как кошка с собакой. На первых порах у нас, конечно, сложилось кое-какое взаимопонимание, и даже временами я на него надышаться не могла, все-таки первая любовь, но потом, года через полтора, что ли, произошло у меня к нему внезапное охлаждение. Вроде и не видимся целый день, поскольку оба на производстве, а как ужинать сядем — прямо глаза бы мои на него не глядели! Так и подмывает его как-нибудь обозвать! Он, видите ли, очень нудный оказался, вроде нашего Лыкова...

— Полегче на поворотах! — отозвался Лыков и игриво погрозил пальцем.

— Непьющий, нежадный, не драчун, — продолжала Малолеткова, вынужденно улыбнувшись, — но такой невозможно нудный, что уж лучше бы он был пьяница и драчун. Все зудит, все зудит!.. То ногода ему не нравится, то хлеб никудышный стал, то почему у меня в глазах меланхолия. Короче говоря, прожили мы с ним два с половиной года и разелись.

Тут начались, как говорится, мои университеты, и, честно скажу, с мужским контингентом мне настойчиво не везло. Никак не попадался мне в жизненном пути хозяин, опора, хотя — чего уж там греха таить — поклонников было много. Например, в восьмидесятом году познакомилась я с очень интересным мужчиной; он в Доме культуры «Строитель» вел кружок... то ли баянистов, то ли аккордеонистов — сейчас уже не вспомню. Видный был такой мужчина, постоянно при галстуке, вообще одевался. Однако узаконить наши человеческие отношения он не спешил. В конце концов я ему говорю: «Или давай распишемся, или от ворот поворот. Я тебе не девочка. Ишь, — говорю, — устроился, и то у него, и это».

Говоря про «то», я намекала на жену, с которой он время от времени отказывался разводиться.

Он мне отвечает:

«Не могу я со своей женой развестись, она у меня больная. Это, — говорит, — то же самое, что бросить раненого товарища».

«Ну, — говорю, — если тебе с больной интересней, то с ней и живи».

Разошлись мы с ним, но впоследствии я, честно

говоря, уже так остро вопрос не ставила, жизнь меня обломала.

Потом у меня был шофер. Он был в последнем градусе алкоголик, но прожили мы с ним относительно долго. Бывало, как придет домой выпивши, так сразу хватается за топор. Однако дальше этого дело не шло; просто он ходил с топором по квартире и посматривал исподлобья, дескать, сейчас кого-нибудь порешу. Походит так час, другой, а после в обнимку с топором где-нибудь прикорнет. Я чего с ним долго не расходилась: мне все это было довольно-таки интересно, сроду я не видела таких атаманов, как этот шофер. Но вскоре я к нему утратила интерес. Гляжу: просто бесноватый мужчина.

Потом я, извиняюсь, жила с парикмахером. Всем был этот парикмахер хорош: и пил в меру, и не зудел, и оформить отношения соглашался. Однако я чую: что-то не то. Я долго не могла понять, в чем тут дело, но потом я сообразила, что меня в нем смущает: он был неистовый накопитель. Нет, жмотом я его не назову; он и цветы преподнесет, и в театр сводит, и в буфете все, что положено, но сдачу со всех покупок он настойчиво складывал в банку из-под ландрина. Как наберется червонец, он его менял на бумажку и ло́жил в другую специальную банку, где у него лежали одни червонцы. И так вплоть до сотенных купюр, которые он держал в коробке из-под духов «Черная магия».

Я сначала подумала, что, может быть, это такое сафари, и решила своего парикмахера испытать; я решила: если он согласится ради меня сжечь хоть один четвертной, то я с ним останусь, а нет — в добрый час. В один прекрасный день я ему говорю: «Знаешь, что, Эдик, сожги, пожалуйста, четвертной. Очень мне хочется убедиться, что ты у меня сокол и молодец».

А он мне, как обухом по голове:

«Что это, — говорит, — за романтизм такой, деньги жечь?! Ты так, пожалуйста, не шути».

На этом мы с парикмахером и расстались.

После него я некоторое время мучилась с одним махровым интеллигентом. Он закончил, по-моему, три института, но на работу у него руки не подымались. Я его даже мыла. И ведь понимал, наверное, истукан, что мне тяжело вести дом на одну зарплату, и все равно палец о палец не ударил. Бывало целыми днями лежит на диване и от скуки устраивает мне экзамен.

«А знаешь, — говорит, — Елена, как называется литературный язык древних индийцев?»

Я молчу.

«Санскрит. А разговорный язык древних индийцев?»

Я опять молчу.

«Панкрит. Какая ты, — говорит, — Елена, у меня темная!..»

Ну, выгнала я этого просветителя примерно через год, и что же вы думаете? В результате я оказалась у разбитого корыта. Возраст критический, однокомнатная квартира со всеми удобствами, включая телефон, полная материальная база и все при мне, то есть имею, при помощи чего пожалеть хорошего человека. Но его-то как раз и нет. Думаю: «Дура ты, дура! Сколько относительно годных мужиков разогнала! И много ли нам, бабам, надо? Только чтобы сильным полом в доме пахло, повелителем, пусть он даже целыми днями на диване лежит и про индийцев спрашивает; не куковать же весь век одной только из-за того, что мужской контингент пошел какой-то причудливый, не такой?!» В общем, погоревала я, погоревала и пошла к одной женщине, которая, по слухам, знакомила у себя на квартире одиноких людей. Она тоже была одинокая и поэтому стремилась создавать новые семьи. Говорили, что эта женщина прямо какой-то провидец, до того безошибочно она подбирала пару. Ну, прихожу к ней и говорю, что вот, дескать, нуждаюсь в спутнике жизни, но при этом честно предупреждаю: «Что мне именно требуется, — говорю, — я не знаю; требуется хороший человек, который бы мне по всем показателям подходил. Ведь должен же быть в нашей огромной стране хоть один мужчина, который бы мне по всем показателям подходил!.. Самостоятельно, — говорю, — мои поиски постоянно заканчиваются провалом».

Она на меня долго-долго смотрела, а потом говорит:

«Есть тебе пара. Ну, точь-в-точь, что требуется,
вы даже с лица похожи».

Как сейчас помню, смотрины она назначила на
1 сентября. Иду я 1 сентября к этой женщине и тоже
волнуюсь, как первачок. Прямо ног под собой не
чую! Прихожу — его еще нет. Ну, сидим, как две
дуры, дожидаемся, вдруг — звонок в дверь! Я чуть
в обморок не упала, все-таки не шутка: явился мой
суженый, с которым мне предстояло идти по жизни
рука об руку до самого, я извиняюсь, гроба. И кто
бы, вы думали, это был? Мой первый муж! Виктор
Степанович Малолетков собственной персоной, такой
же, как и пять лет назад, только немного поистаскался.

— Как хотите, товарищи, а мы сегодня без обеда, — сообщил Лыков. — Макароны не варятся и, я
думаю, вряд ли сварятся вообще.

— Да погоди ты со своими макаронами! — сказал Зюзин. — Мы еще не выяснили, чем закончилась
любовная эпопея товарища Малолетковой.

— Она не закончилась, она продолжается, то
есть живем мы с Виктором Степановичем, как картинки, двоих ребят за это время организовали. Короче говоря, все слава богу.

— Между прочим, — вступил Журавлев, — у нас
тоже не мешало бы провести атеистический семинар,
поскольку некоторые сотрудники постоянно прибегают к терминологии мракобесов.

— Знаете что, Александр Иванович, — горячо заговорила Зинаида Косых, — и без ваших атеистических семинаров тошно!

— Вот именно! — согласилась с ней Малолеткова.

— Я тоже считаю, что это было бы ни к чему, —
сказал Страхов и тронул свои очки. — Вместо того,
чтобы заниматься посторонними вопросами, лучше
позаботиться об охране умственного труда.

— Вот именно! — продолжала Зинаида Косых. —
Какие еще тут атеистические семинары, когда в жизни наблюдается мертвый штиль?! Ни счастья, ни ве-

зения, ни покоя, ну, ничегошеньки, кроме воспоминаний!..

— Лично я с этим утверждением не согласен, — заявил Клюшкин. — По-моему, очень увлекательная сейчас жизнь. По мирному времени, может быть, даже самая увлекательная за всю историю СССР. Ну посудите: кругом летают летающие тарелки, ушлые люди целые фабрики крадут, того и гляди с Америкой схлестнемся, что ни год, то какая-нибудь реформа, народ до того присосался к литературе, что дельную книжку невозможно купить, и вам все скучно! Нет, граждане, это мы просто избаловались, застоялись. Вот как начали бы сейчас выдавать по четыреста граммов хлеба на брата — сразу бы, черти, повеселели!

— А-атлична! — воскликнул Лыков.

— Что отлично-то? — спросил его Зюзин.

— А то отлично, что я придерживаюсь того же мнения, что и Лыков: чем нам хуже, тем мы почему-то лучше. Например, при теперешних, ненормальных обстоятельствах я свободно могу попросить товарища Косых зашить мне какую-нибудь прореху и даю голову на отсечение, что она зашьет. Ведь зашьешь?

— Зашью, — ответила Зинаида Косых.

— Что и требовалось доказать! А еще вчера она в ответ на такую просьбу сказала бы мне несколько теплых слов.

— Ну почему... — проговорила Зинаида Косых и как-то ушла в себя.

Внезапно в дверь сектора глухо стукнули раз-другой, и затем она резко распахнулась примерно наполовину. Вода, стоявшая на полу, моментально собралась в стройный рябой поток и с приятным шипением устремилась из комнаты в коридор. Через минуту, когда вся вода вышла и на полу остались единственно неопрятные знаки давешнего потопа, как-то: намокшие бумаги, папки, коробочки и так далее, — в дверях появился сантехник в резиновых сапогах.

— Ну, вот и все, ребята, — ласково сказал он, — зря вы переживали.

— А мы, собственно, и не переживали, — откликнулся Спиридонов и стал надевать носки. — Я только вот чего не пойму: по какой причине у меня-то дверь не открылась? Может быть, я ее не в ту сторону открывал? Точно, я ее не в ту сторону открывал, потому что на меня затмение нашло с перепугу.

Сантехник его не слушал; он смотрел на Клюшкина и самым теплым образом улыбался.

— Ты ли это, Петрович? — сказал наконец сантехник, немного протягивая вперед руки, точно он объятия предлагал.

— Ну я, — лениво ответил Клюшкин.

— Давненько мы с тобой не виделись, дорогой ты мой человек, — продолжал сантехник, по-прежнему улыбаясь.

— Чем же вам, интересно, наш Клюшкин дорог? — спросил сантехника Журавлев.

— Сейчас скажу: он мне в прошлом году проиграл шесть миллионов в обыкновенного «петуха».

Все внимательно посмотрели на Клюшкина; Клюшкин сделал бровями «что было, то было»; сантехник лукаво погрозил ему пальцем и ушел, унеся свою пленительную улыбку, отчего в помещении сектора даже несколько посмурнело.

Журавлев высморкался.

— Ну, — возвестил Зюзин, — теперь можно браться и за работу.

— Если у человека есть совесть и сострадание к обществу, — сказал Спиридонов, — то работать ему не помешают ни пожар, ни наводнение, ни атеистические семинары.

— Это ты к чему?

— Это я к тому, что пока вы тут намыливались тонуть, я, между прочим, закончил квартальную сводку по монтажу.

— За что я уважаю советского человека, — сказал Страхов, поправляя свои очки, — так это за то, что хоть ты на голове у него танцуй, а он свое дело знает.

Зазвонил телефон; Журавлев крякнул и трепетно поднял трубку. Выслушав что-то, он нажал пальцами рычаги и виноватым голосом сообщил:

— Из главка звонили: в этом месяце не будет писчей бумаги.

— Между прочим, — заговорил Лыков. — в семьдесят девятом году с этой бумагой вышла уморительная история. Как-то послали меня в командировку за целлюлозой...

— Алё! — сказал Журавлев. — Давайте не будем. Все-таки рабочее время еще не вышло.

Зашелестели страницы, заскрипели перья, запели карандаши.

ДРАГОЦЕННЫЕ ЧЕРТЫ

Когда Дэн Иньфэн собирался умирать на горе Утайшань, он спросил: «Я видел, как монахи умирают сидя и лежа, но умирал ли кто-нибудь стоя?» — «Да, некоторые умирали стоя», — ответили ему. «Ну а как насчет того, чтобы умереть вниз головой?» — спросил он. «О таком не слыхали», — ответили ему. Тогда Дэн встал на голову и умер.

Из рассказов о буддийских монахах

В середине семидесятых годов крейсер «Новомосковск» совершал дальний поход в сопровождении двух эсминцев и попутно зашел в порт одной африканской страны с дружественным визитом. То ли тут действовали особенные магнитные волны, то ли климат был для россов неподходящий, но только вдруг лейтенанту Яковлеву в Москву приспичило позвонить; на всякий экстренный случай крейсер был оснащен радиотелефоном, по которому можно было молниеносно связаться с любым абонентом в СССР, и вот лейтенант Яковлев решил во что бы то ни стало дозвониться до Белокаменной. Такой на него напал в этом отношении стих, что он двое суток не спал, не ел, а на третьи заходит к одному своему знакомому капитан-лейтенанту, ответственному за связь, и говорит, что ему позарез нужно позвонить в Москву по такому-то телефону. Связист ему отвечает:

— Ты совсем плохой, да? Ведь для того, чтобы позвонить в Союз, нужно разрешение самого командующего флотом! А тебе небось с какой-нибудь Надькой загорелось перекинуться парой слов...

— А при чем тут Надька?

— Это я так, к примеру.

— Ну а если я с помполитом договорюсь, ты поможешь мне обойти некоторые формальности?

— Ты сначала договорись... — слукавил связист и ушел в себя.

Помполит, конечно, тоже... то есть он не то что удивился такому несусветному желанию лейтенанта, а у него даже закралось подозрение, не подхватил ли тот ненароком здешнюю лихорадку. Однако Яковлев так связно, вообще трезво, а главное, жалобно просил помочь осуществлению его дерзкой мечты, что помполит размяк и пошел на попятную; его как раз накануне похода бросила жена, и он уже ставил человеческое выше флотского — это, понятно, с горя.

— Я тебе предлагаю такой план работы, — сказал он одержимому лейтенанту и изобразил на лице некое подло-заговорщицкое выражение. — У нашего командира жена на сносях; так вот, ты договорись со связистами, чтобы они тебе первому сообщили, кто у него там появился, девочка или мальчик, а затем с огромным букетом роз иди поздравлять нашего командира. Так, мол, и так, скажешь, товарищ капитан первого ранга, поздравляю вас с сыном или там с дочкой — это для командира что в лоб, что по лбу. Против такого сообщения, а главное, против роз, ему, безусловно, не устоять, потому что — только это между нами — он сумасшедший до этих роз.

Яковлев про себя удивился такому пристрастию командира, но вида не показал.

— Это все очень хорошо, — согласился он, — только где я тут раздобуду чертовы эти розы?..

Он уже побывал на берегу и знал, что в этой африканской стране три вещи невозможно добыть ни за какие деньги: апельсины, виски и почему-то розы, которые тут считаются экзотическими цветами.

— Ну, это уж пускай у тебя голова болит, — сказал ему помполит.

С первой же партией наших матросов, отпущенных в увольнение, лейтенант сошел на берег и бросился искать розы. Через некоторое время ему действительно удалось обнаружить розарий в поместье одного здешнего миллионера, но тот даже через слугу не пускался в переговоры. Тогда Яковлев вернулся обратно в порт и в результате продолжительных мытарств уговорился с какой-то подозрительной личностью: тот выкрадывает у миллионера десяток роз и получает за это бутылку виски. После этого Яковлев отправился в кварталы, которые пользовались дурной репутацией, и в притоне, где отчего-то пахло родным дровяным сараем, ему предлагают бутылку виски в обмен на килограмм импортных апельсинов.

Как он их достал — а он их достал, — пускай это останется его тайной, тем более что срок давности не истек. В тот же вечер он поменял апельсины на виски, а виски — на букет роз и явился домой похожим на жениха. Первым делом он зашел к своему знакомому связисту и говорит:

— Мне, — говорит, — ничего от тебя не надо, ты только меня первого извести, кто родился у нашего командира, когда твои ребята получат сообщение из Союза.

Связист ему отвечает:

— Ты совсем плохой, да?.. Ты хочешь, чтобы за разглашение секретной информации меня отдали под трибунал?!

Это он намекал на мзду.

— Помнишь, — говорит Яковлев — я взял в Рабате стереофоническую систему?

— Как не помнить, — отзывается связист, и глаза его соловеют.

— Тогда будем считать этот вопрос решенным.

Связист намек понял и утром другого дня сообщил Яковлеву по внутреннему телефону, что у командира родился мальчик. Яковлев облачился в мундир первого срока и, взяв букет роз, отправился к командиру. Он подошел к нему, чуть ли не парадно печатая шаг, и торжественно объявил, что у того родился мальчик самых флотских параметров — ну только не в бескозырке. Капитан первого ранга очумел от счастья, хотя большой строгости был начальник: он обнял лейтенанта, с чувством принял от него розы и утопил в них голову, как в лохани.

Потом он сказал:

— Ну, лейтенант, проси, что хочешь! Я тебя всесторонне удовлетворю!

Тогда Яковлев склонился к командирскому уху и срывающимся шепотом попросил разрешения сделать звонок в Москву.

Командир даже как-то осунулся от такой разнузданной просьбы, но деваться-то было некуда — он нехорошо крякнул и дал разрешение позвонить. А сам нервно пригладил волосы, потому что отважился на нешуточную поблажку.

Яковлев стремглав бросился в рубку связи, доложил о разрешении командира, и его подвели к аппарату, который был за семью печатями, словно ключ к ядерному оружию. Яковлев набрал какой-то московский номер — это забавно, но было занято. Он еще раз набрал свой номер, и на этот раз в столице отозвались.

— Надь, это ты? — заорал он в трубку, хотя слышно было на удивление отчетливо, как если бы ему отвечали с бака.

— ...

— А это я! Знаешь, откуда я тебе звоню?

— ...

— То-то и оно, что сроду не догадаешься! Чтобы не расшифровать местонахождение, скажу только, что нас с тобой сейчас разделяют одиннадцать тысяч миль!

— ...

— Кроме того, созвездия здесь совсем другие, поняла? И у слонов, в отличие от индийских, очень большие уши.

— ...

— Вот и я говорю, с ума сойти можно! Ну, как у тебя жизнь?

— ...

— И у меня ничего.

Утро понедельника в общежитии метростроевцев. Богатырский храп стоит по этажам, и такой, и с присвистом, даже пес Трезор, который спит в ногах у вахтера, храпит, как пьяный мужик. Вдруг раздается звон сразу ста с лишним будильников, и в общежитии мало-помалу занимается жизнь.

— Вась, а Вась, — говорит проходчик Смирнов своему соседу по комнате. — На работу пора, вставай, черт чудной!

Черт чудной только мычит с похмелья. Смирнов, по справедливости сказать, тоже вчера набрался, но он, что называется, ничего. Только глаза у него как искусственные.

— Слышь, Василий, я говорю, на работу вставай.

— Не могу...

— А ты через «не могу»!

Смирнов уже поднялся, выпил полграфина воды, приготовленной еще с вечера, и стоит в одних трусах посреди комнаты с таким умным видом, точно он что-то припоминает.

— Ты встанешь или нет?!

Черт чудной медленно садится в кровати, обхватывает руками голову и мычит:

— У-у-у!

— Я говорю, пойдем на работу, — стоит на своем Смирнов.

— Что-то меня мутит.

— Поблюй и пойдем!

В поселке Целиковском на улице Шекспира одно время жила семья Окаемовых, обыкновенная отечественная семья. Всего Окаемовых было двенадцать душ, включая незамужнюю тетку хозяина, его же прадеда и еще девочку, взятую на воспитание из семьи дальних родственников, которые беспробудно пьянствовали в городе Сыктывкаре. Жилой площади у них было неполных шестнадцать метров, да и домик по улице Шекспира давненько дышал на ладан — он по наличники врос в песок, посреди фасадной части проходила большая трещина, а боковая стена была частично выложена шпалами, далеко распространявшими дыхание креозота. Но жили Окаемовы, в общем-то, ничего, невзирая на то, что сам Окаемов был субъективным идеалистом русского толка, иными словами, он бесконечно верил в приметы, фатум и домовых, и еще на то, что его жена по мужской части была слаба, прадед круглые сутки истошно кашлял, да еще у девочки было что-то неладно с почками, и она писалась по ночам.

В силу некоторых, традиционных впрочем, особенностей биографии сам Вениамин Окаемов был человеком кротким, то есть до такой степени покладистым и смиренным, что, когда они с женой в шестьдесят девятом году отдыхали в санатории на Оке, он носил носки ухажеров своей жены — ухажеры почему-то постоянно забывали под кроватью свои носки, и Окаемов безропотно их носил; так вот, несмотря на то, что он был таким покладистым человеком, в один, как говорится, прекрасный день он явился на прием к председателю поссовета и заявил:

— Если ты, злодей, не предоставишь нам новый дом, то мы всей семьей запремся в своей лачужке и устроим показательное самосожжение!

Наверное, Окаемова в конце концов достали временные трудности, или его то довело до точки кипения, что накануне семидесятилетия Советской власти он живет не лучше, чем жил его прадед накануне русско-японской войны, или его жена уже потеряла последний стыд, что, кстати, немудрено, если в твоем распоряжении неполных шестнадцать метров. Как бы там ни было, он взбунтовался, что иногда стрясается с русаками, если они долго существуют в таких условиях, какие у блатной публики называются «беспредел».

Не то чтобы председатель поссовета струхнул от этой угрозы — он на своем веку и не такое слыхивал, — а скорее всего, что в нем просто сказалась совесть, дескать, действительно, хорошие люди живут беспросветной жизнью, а Советской власти на местах как будто до этого нет никакого дела... Тем более председатель уважал Окаемова за трудоспособность, трезвость и мирный нрав; тем более как раз на днях в поселке сдавался под ключ новый дом для учителей здешней школы по улице Красных Зорь; тем более учителя все-таки не дворяне и годок-другой перекантуются по углам. В общем, председатель сделал соответствующее распоряжение, и через какое-то время Окаемову дали ордер.

Но тут-то и начались настоящие неприятности. Приходит Окаемов к председателю поссовета уже с ордером на руках и говорит таким тоном, точно его только что обсчитали:

— Вот тут написано, что мне предоставляется дом под номером тринадцать по улице Красных Зорь...

— Ну и что? — с раздражением спросил его председатель, который был вправе рассчитывать на беспредельную благодарность вместо этого меланхолического вопроса.

— А вот что: или ты отведи мне другое жилье, или давай меняй номер дома!

— Знаешь что, Окаемов, — вспыхнул тут председатель, — ты что-то слишком раздухарился! Не нравится тебе номер дома — сдавай, к чертовой матери, ордер и влачи свои дни в халупе!

— Да ведь дом-то стоит под номером тринадцать, сообрази, садовая твоя голова! Я что, невменяемый, чтобы жизнь прожить под таким числом!

— Иди отсюда, не доводи до греха! — только и был ответ.

— Хорошо... — смиренно так, обреченно сказал Окаемов. — Я в этот проклятый дом, так и быть, вселюсь. Но только ты знай, что ничего хорошего из этого не получится. Пускай на твоей совести будут мои несчастья.

Хотя председатель Целиковского поссовета был человеком без предрассудков, окаемовские слова вогнали его в безотчетное беспокойство.

Как и было обещано, семья Окаемовых вскоре переехала в новый дом. Все были счастливы в том паническом градусе, как это бывает, когда счастье отпускается вроде бы ни за что, даже прадеда кашель на радостях отпустил, даже приемная девочка временно писаться перестала, и только сам Окаемов бродил из комнаты в комнату с видом неправедно осужденного человека.

В конце концов жена ему говорит:

— Что ты ходишь как опоенный? Пойди лучше сооруди загончик для поросенка.

Окаемов прихватил инструмент и с сизифовым выражением на лице пошел строить загончик для поросенка; поскольку работал он спустя рукава, предчувствуя никчемность своих трудов, загончик на третий день завалился, и поросенку голову размозжило.

— Ну, что я вам говорил! — на суворовской ноте

сказал Окаемов. — Против тринадцатого номера не попрешь!

Примерно через неделю жена попросила его прибить к полу жестяной лист перед печкой на всякий пожарный случай.

— Да ну!.. — отмахнулся Окаемов. — Все равно сгорим.

Вообще это «все равно сгорим» с некоторых пор стало излюбленным его пунктом. Прадед посоветовал засыпать для тепла потолок на чердаке шлаком, он — «все равно сгорим», жена велела пол в кухне перестелить, он — «все равно сгорим», старшая дочь строго-настрого запретила ему курить в постели, чего, между прочим, он себе никогда прежде не позволял, он — «все равно сгорим».

И они сгорели, не полностью, но сгорели. Как-то в воскресенье, после обеда, за которым Окаемов пропустил свой законный стаканчик, когда вся семья отправилась в клуб смотреть индийскую мелодраму, он прикорнул на диване с папироской в руке, и в пятом часу вечера его суеверное предчувствие оправдалось: сгорела промасленная телогрейка, которой он был укрыт, диван, этажерка, стоявшая поблизости от дивана, а сам Окаемов получил множественные ожоги второй степени и в бессознательном состоянии был отвезен в больницу. Когда он пришел в себя, то вот первое, что он сказал нечаянно подвернувшейся санитарке:

— Темным силам — физкульт-привет!

После этого его еще и свозили в район на психиатрическую экспертизу.

— Послушайте, мне сказали, что к вам прибилась моя собака.

— А кто сказал?

— Да какая разница?

— А все-таки?

— Ну, положим, Петров сказал...

— Хорошо, заходите. Только вам предстоит доказать, что собака ваша.

— Это еще зачем?

— А может, вы хотите из нее шапку сделать, или она стоит четыре тыщи — этак каждый придет и скажет: отдай животное, дескать, оно мое. Одним словом, если вы не докажете, что собака ваша, вам ее не видать.

— Интересно! Как это вы мне мою собственную собаку не отдадите?

— А вот так: не отдам, и все!

— Да на что она вам сдалась? Она же почти слепая да и лезет вся!

— А зачем вы ее требуете назад, раз она болезненная такая?

— Вы тоже сравнили! Все-таки это моя собака, она при мне выросла, и вообще. Если хотите знать, у меня, кроме ее, никого нету на этом свете...

— Это не доказательство. Я вот тоже одинокий человек, однако не бахвалюсь на этот счет. И вот еще что возьмите на карандаш: если ваша собака прибилась ко мне, значит, при мне ей лучше. И правда: пускай хоть остаток дней в человеческих условиях поживет.

— То есть как? Вы что, намекаете, что я ее истязал?

— Истязать, может, не истязали, но животное у вас забитое какое-то, это есть.

— Просто у нее такой характер. Потом, извините, все-таки она родилась и выросла в Новогирееве, а не на Елисейских полях...

— У одного дрессировщика сивучи тоже родились в вольере Московского зоопарка, но он, мерзавец, так над ними измывался, что они взяли и ушли в открытое море.

— Моя бы не ушла, потому что характер у нее... как бы это выразиться — московский. По ней иногда мыши бегают, и то она ничего.

— Тенденциозная собака...

— Или возьмем эту историю с газетой «Правда» — я «Правду» выписываю, а вы?

— Я — «Труд» и «Социалистическую индустрию».

— Ну так вот: только я принесу в дом газету, как она ее цап-царап и с концами, как говорится. Читает она ее, что ли? Но, положим, через час скажешь ей: «А где моя газета «Правда»?» — как она сразу с виноватым видом откуда-то притаскивает

газету. Да вот я вам сейчас продемонстрирую... Где
она у вас? Ах, вот она, предательница, а ну-ка иди
сюда! Так: а где моя газета «Правда»?

Собака виновато заскулила и спряталась под
диван.

— Вы что выписываете?
— Я — «Труд» и «Социалистическую индустрию».
— Ну, тогда конечно!
— Что «конечно»?

— Конечно, я вам никак не докажу, что это моя
собака. К слову сказать, живет у нас в доме в одной
семье шимпанзе по кличке Тамара, она детей у них
нянчит, прибирается, и вообще; а если хозяин возвращается после одиннадцати, она в него швыряет
тарелками и прочим в этом роде, что под руку под-
вернется, — вот это, я понимаю, воспитание, тут уж,
если что, не проблема доказать ее настоящую принадлежность. А я умываю руки.

— Ничего не поделаешь.
— Это точно. Но все-таки обидно, согласитесь, —
собака моя, а доказательств нету через вашу причудливую подписку. Зло берет, это вы как хотите!

— Очень вас понимаю.
— И как-то хочется это самое зло сорвать.
— Ну, сорвите.
— А как?
— Гм!..

— Можно, я вам дверь сломаю в качестве ком-
пенсации?

— Ну, сломайте... Хотя я бы вам предложил телевизор, все равно я цветной покупать собрался.
— Телевизор так телевизор.

На все село, в котором обитает, между прочим, полторы тысячи человек, один продовольственный магазин, и поэтому очередь здесь не иссякает практически
никогда. В очереди, времяпрепровождения ради, хором поют старушки. Хор этот сложился давно и самым естественным образом, потому что у магазина
старушки преимущественно и толкутся.

— Вот дуры старые! — скажет в другой раз кто-
то из мужиков. — Тут надо рвать и метать в связи

с таким издевательством над народом, а они, понимаешь, устраивают концерты!..

— Я что тебе, молодец, скажу... — откликнется на эти критику кто-нибудь из старушек. — Вот в тридцать втором году посетил нас господь: раскулачили нашу фамилию, только перья полетели, ну, все подчистую забрал уполномоченный, вплоть до последнего детского бельеца. А в заключение еще и хату нашу по бревнышку раскатали, якобы на строительный материал для избы-читальни. Конечное дело, к полному нулю пришло наше довольно налаженное хозяйство. И кусать стало нечего, и прикрыться нечем — я тогда свою исподнюю выкрасила луком, чтоб на товарки бегать, — и даже тюри похлебать не было никакой возможности, потому что этот идол и ложки у нас увел. Только что же вы думаете? Сел мой отец, Максим Петрович, на пепелище и затянул:

> Дорога подружка Галя,
> Не гуляй с матросами,
> Они голову забьют
> Разными вопросами...

Под вечер 29 января установилась такая лютая стужа, что даже пьяных не было видно — вот до чего дошло. Воздух остекленел, из решеток водостоков почему-то столбом валил пар, и звезды смотрели на заснеженную землю безразличными глазами насмерть замерзавшего человека.

Тем не менее в маленьком читальном зале библиотеки имени Чехова, что на Красноармейском проспекте, к семи часам вечера собралось человек сто пятьдесят забубенных книгочеев; дело в том, что 29 января был день рождения Чехова, который тут по стародавней традиции отмечался сходкой и чаепитием.

Когда книгочеи расселись за столами, поставленными «покоем», директриса Ангелина Львовна произнесла часовую речь, а затем по рукам пошел громадный армейский чайник, и сразу поднялся шум.

Один из присутствовавших, слесарь жилищно-эксплуатационной конторы, как бы шутя выступил с предложением:

— А может быть, товарищи, обогатим, так сказать, традицию, пропустим это... стаканчик-другой по случаю холодов?

— Только через мой труп! — заявила Ангелина Львовна и даже побледнела от возмущения. — Как вам известно, Антон Павлович спиртного на дух не выносил.

— Да? — на иронической ноте возразил ей председатель здешнего общества книголюбов. — А кто перед смертью шампанское в Баденвейлере пил — Пушкин?

Человек с большим стразовым перстнем на указательном пальце левой руки встал и сказал:

— Товарищи, вы все с ума посходили, да? Такая священная дата для всякого советского человека, а вы порете чепуху! Давайте лучше поговорим о значении личности Николая Александровича Лейкина на первом этапе становления чеховского таланта. С моей точки зрения...

— А чего особенно о Лейкине толковать, — перебил его слесарь, — он ведь был сравнительно дурачок. Он ведь даже не понимал художественного значения «Дамы с собачкой»!.. Сейчас каждый школьник это значение понимает, а ваш преподобный Николай Александрович считал, что Чехов просто отразил в этой вещи поголовное ялтинское распутство...

На этом беседа временно пресеклась, потому что остальные сто сорок девять книгочеев призадумались, что бы такое слесарю возразить. Видимо, им ничего не приходило в голову, так как собрание налегло на чай и аппетитные пирожки, которые напекла Ангелина Львовна при посредничестве гардеробщика Якова, бывшего когда-то шеф-пов␣ром частного ресторана. Чаевничать собранию, однако, мешали шапки, которые все оставили при себе, опасаясь за их сохранность, и как-то народ неловко, кривовато кушал пирожки с чаем, как если бы все только-только оправились от инсульта. Между тем слесарь с председателем общества книголюбов то и дело разливали под столом в чашки сорокаградусную.

Наконец Ангелина Львовна сказала:

— А вот Потапенко совершенно Антона Павловича понимал...

Слесарь и ей не дал досказать:

— Потапенко ваш, — перебил он, — тоже баран хороший!

— Постой! — обратился к нему председатель. — Ты давай отвечай за свои слова! Ты, собственно, Потапенко-то читал?

— Ну, не читал, и что? Я зато портрет его видел. По его физиономии сразу определишь, что никак не может быть в его сочинениях, так сказать, литературного вещества. Ну, не может быть, и все тут!

— А коли не читал, — стоял на своем председатель, — то и нечего выступать!

Опять распространилось довольно продолжительное молчание, которое оборвало появление новых лиц: в читальный зал вошла молодая пара, и Ангелина Львовна провозгласила:

— Прошу любить и жаловать — это Хабибулины, новообращенные, так сказать, почитатели чеховского таланта...

— Мало того, что они незваные гости, — вполголоса заметил человек с перстнем, — они еще и татаре...

— Ладно! — сказал слесарь не совсем уже твердым голосом. — А какое право имел этот Потапенко сожительствовать с Ликой Мизиновой, если у них с Антоном Павловичем был роман?! Ведь раз ее коснулась тень такого гения художественного слова, то она уже национальное достояние, экспонат!

В читальный зал вошел гардеробщик Яков и объявил:

— Граждане, уже одиннадцатый час, пора и честь знать!

— Погоди, — сказал ему человек с перстнем. — Вот скажи нам свое веское, народное слово: имел право Потапенко сожительствовать с Ликой Мизиновой или же не имел?

Яков сказал:

— Давайте, граждане, расходитесь.

Поскольку как-то так само собой получилось, что за семьдесят лет Советской власти гардеробщики приобрели у нас значительное влияние, народ начал потихонечку собираться. Но председатель общества книголюбов этого не приметил; он встал, забывшись, по-рюмочному поднял свою чашку и сказал тост:

— Милые мои, родные вы мои соотечественные человечки! До чего же мы все-таки интересный народ! На дворе такая стужа, что птицы на лету мерзнут, а мы вот тут с вами собрались вопреки стихии, чтобы почтить память гения...

— Вот-вот! — подтвердил слесарь и локтем смахнул со стола тарелку.

Председатель внимательно на него посмотрел и вдруг уронил на пол чашку, которая разбилась с противным звуком; по залу медленно пополз запах сорокаградусной.

— Граждане! — завопил человек с перстнем. — Да они же пьяные!

— И это в такой день! — с искренним ужасом сказала Ангелина Львовна и, вероятно, бессознательно прибавила следующие чеховские слова: — Позвольте вам выйти вон!

— Кто сказал, что мы пьяные?.. — попытался отбиться слесарь, но Ангелина Львовна неумолимо повторяла чеховские слова:

— Позвольте вам выйти вон!

— Пьян не пьян, — сказал пословицей председатель, — а если говорят, что пьян, то лучше спать ложись.

И они со слесарем начали укладываться на стульях.

— Только еще этого не хватало! — возмутилась Ангелина Львовна и кликнула из сеней Якова.

Яков пришел и сказал:

— Ну что ты с ними поделаешь, с алкашами! Если их выгнать, то они точно замерзнут на такой стуже. Нет, я этот грех на душу не возьму...

Так слесарь с председателем в читальном зале и ночевали.

— Ты чего не замужем?
— Это долгая история.
— А нам торопиться некуда.
— Видишь ли, мать моя, покойница, в двадцать втором году родилась.

— Ну и что?

— А то, что жизни она не знала. Как раз на ее молодость пришлась война и восстановление народного хозяйства — какая же это жизнь... То она на временно оккупированной территории, то на торфоразработках, то на комсомольской работе, то она страхделегат. Так она замуж и не вышла, тем более что после войны мужики у нас были наперечет. Я даже думаю, что она девушкой и скончалась.

— Я что-то не пойму, к чему ты мне все это говоришь.

— К тому, что, когда я вошла в самый сок, ее вдруг раз — и разбил безвременный паралич. Ну, днем я, конечно, на работе, а так всю дорогу с ней, потому что она самостоятельно ни попить, ни пописать — извиняюсь за выражение. И так целых пятнадцать лет все при ней да при ней — личной жизни то же самое никакой. Только как-то заболела я — в восемьдесят втором году это было, — меня сменный мастер и отпустил, потому что он видит, я вся горю. Прихожу я, значит, домой, гляжу, а моя драгоценная мамаша стоит у холодильника и уписывает холодные макароны! Иными словами, не было у нее никакого паралича, а просто имели место, так сказать, собаконасенные настроения.

— Ничего себе заявки! Ну а ты что?

— А что я? Я, собственно, ничего — жизнь все равно прошла.

Была суббота. Петр сидел в углу возле печки, где стоял ученический письменный стол, за которым дочка делала уроки по вечерам, и сочинял письмо комиссару Каттани. Писалось ему трудно, даже мучительно, и он то и дело заглядывался в окошко: там виднелась сивая церковь, темные домишки, крытые жестью, кирпичная котельная с черной трубой на растяжках и мрачно-зеленые заросли черемухи, только что отошедшей.

«Если короче, — писал Петр, — душа разрывается, глядючи на все эти безобразия. Просто стоит призадуматься обо всем, что у нас творится, и сразу захочется помереть. И что мы за треклятый народ такой, что в собственной земле хуже тайных агентов империализма! Вот, к примеру, собрался я взять патент на индивидуальный извоз местного населения, потому что у меня имеется личный автомобиль марки «Запорожец», а у нас на весь город только четыре таксомотора. Конечно, не из корысти надумал я взять патент, а из сострадания к землякам. Ну, значит, прихожу я в наш горсовет, а там какая-то тетка так со мной разговаривала, как будто я ее пришел в мафию вербовать. Первым делом, говорит, принесите сто шестьдесят справок, что вы не верблюд. Ладно, принес я ей сто шестьдесят справок, одна дурнее другой. Бумаги мои она отослала в область, а самого отправила медкомиссию проходить. Там меня разве что на СПИД не проверяли, и то, я думаю, по халатности. Потом приходят из области мои справки, и меня по новой направляют на медкомиссию. Потом у них было по моему поводу два совещания. Потом эта тетка из горсовета меня вызывает и говорит: нету, мол, вам разрешения от властей, руководство ваш моральный облик не удовлетворяет. Хрен, думаю, с ними. Я и без вашего (тут следует непечатное слово) патента буду обслуживать земляков. И обслуживаю! Причем никакой мороки с налогами, и навару больше, потому что так я бы возил народ по спидометру, а так сколько скажу, столько мне пассажиры и отстегнут...»

— Ты чего там пишешь? — спросила Петра жена, только что вернувшаяся со двора, где она занималась с птицей.

— Не твоего ума дело, — огрызнулся Петр.

— Смотри, допишешься до Сибири!

— У нас и так Сибирь.

«Но это я вам писал про верхушку нашей мафии, — продолжал строчить Петр, — в низах народ также дает прикурить социалистическому способу производства. Например, в прошлом месяце вдруг взяла и пропала соль! А в настоящее время ни за какие деньги не купишь спичек, и народ — срам сказать — добывает огонь трением, как в дикие времена. Или вот еще факт: тут пригнали к нам автокран для строительства обелиска героям-первопроходцам, так с него в первую же ночь поснимали «дворники», фары, скаты, лобовое стекло и даже коленвал умудрились взять. Я думаю, если поставить посреди города машину, которая будет автоматически изготовлять сырокопченую колбасу по пятнадцать копеек за килограмм, то ее все равно по винтику разнесут, потому что у нас свирепствует круговое вредительство и повальное воровство. И вот я еще думаю, почему мы в принципе непобедимы: потому что если к нам ненароком вторгнется неприятель, то через двадцать четыре часа у него все перестанет ездить, целиться и стрелять.

В общем, добро пожаловать, комиссар Каттани, без вас нам каюк, так как наши менты уже совсем мышей не ловят, они, по-моему, даже завтраки в кобурах таскают заместо личного оружия, — если я, конечно, не ошибаюсь. Вы нашу мафию должны точно разоблачить, потому что они у нас все-таки любители, дилетанты. Потом вы у себя там один на один с сильными мира сего, а у нас на вашей стороне будет исстрадавшаяся общественность...»

— Ну, ты, писатель, иди выбивай ковер! — сказала Петру жена.

— Не...

— Чего нет-то?

— Сейчас по телевизору про комиссара Каттани будут показывать.

— Ты ведь про него уже десятый раз передачу смотришь!

— Все равно интересно. Про такого матерого мужика и двадцать раз посмотреть не грех. Племенной мужик, у такого не забалуешь.

— Да уж не чета тебе. Ковер-то жене небось выбивает без лишних слов.

— Больше ему делать нечего...

— По крайней мере, за ним-то жена как за каменной стеной. А ты у меня... ну, как сказать... ну, не комиссар Каттани ты у меня, Петро.

— Ты, положим, тоже не графиня Ольга.

— А я и не претендую. Тем более что твоя графиня Ольга страшней собаки.

— Ну, поехала, поехала!.. — с раздражением сказал Петр и, чтобы не доводить дело до греха, пошел выбивать ковер.

Илья Траханиотов — между прочим, отпрыск старинного рода, упоминаемого в «Государевом родословце», — особа до смешного рассеянная, подозрительно благодушная, по-детски доверчивая, — и даже не по-детски, а вот как христиане веруют в триединого бога, так и он верит всему и всем. Немудрено, что над Ильей постоянно издевается заводоуправление, а главный бухгалтер прямо говорит, что у Траханиотова не все дома. Издеваются над ним с выдумкой, можно сказать, изысканно. Например, подходит в обеденный перерыв инспектор отдела кадров Клара Сергеевна и доверительно говорит:

— А знаете, Илья, есть такие номера телефонов, по которым можно творить разные чудеса...

— Вы, наверное, имеете в виду номер телефона какого-нибудь орсовского туза? — предполагает Траханиотов.

— Вовсе нет, — отвечает Клара Сергеевна. — Я говорю о, так сказать, трансцендентальных номерах, по которым, например, можно устроить землетрясение, обрушить кому-нибудь потолок; простонапросто набираешь определенный номер, и по первому гудку на голову вашему недругу падает потолок... Или можно по звонку во всем городе вырубить электричество. Хотите, я вам по дружбе назову номер телефона, по которому во всем городе можно вырубить электричество?

Это Клара Сергеевна только что узнала, что в 13.00 из-за неполадок на подстанции во всех цехах на час выключат электричество.

— Вы шутите! — пугается Илья, но по глазам видно, что он, безусловно, верит.

— Ничуть, — говорит Клара Сергеевна и называет первый явившийся на ум телефонный номер. — Вот увидите: по первому же гудку во всем городе вырубится электричество.

— Да зачем же я буду целому городу делать такую пакость?!

— Ну, почему же пакость? Просто у трудящихся образуется еще один обеденный перерыв. Пока энергетики будут устранять неисправность, народ немного переведет дух — по-моему, это даже будет благодеяние.

Траханиотова увлекает эта идея, и Клара Сергеевна устраивает так, что ровно в 13.00 чудак набирает номер. Действительно, по первому же гудку отключаются все счетные и пишущие машинки, и Траханиотов приходит в неописуемое состояние.

Идея с колдовскими номерами приходится всем по вкусу, и ближе к концу рабочего дня к Илье подходит другой насмешник, хотя бы старший инженер Папкин.

— Слушай, Илья, — говорит он, — я знаю номер телефона, по которому можно поговорить с загробным миром... ну, я не знаю, как с соседом по этажу.

Траханиотов и этой идеей зажигается, а Папкин исходит внутренним смехом, предугадывая, как чудак позвонит по вымышленному номеру, спросит: «Это загробный мир?» — и какой-нибудь посторонний товарищ обложит его лютыми матюгами.

Что-то в седьмом часу вечера, когда заводоуправление уже опустело, Илья стал звонить по номеру, подсказанному насмешником Папкиным, — ему очень хотелось поговорить с покойницей матерью, с которой при ее жизни он так и не удосужился толком поговорить.

Когда т а м наконец подняли трубку, Илья спросил:

— Это загробный мир?

— Да, — ответили ему тихо, проникновенно.

— Можно попросить к телефону Марию Траханиотову?

— Можно, — ответили ему тихо, проникновенно. Потом т а м сказали:

— Я слушаю...

И Траханиотов, узнав голос матери, заревел.

На Симферопольской трассе, между Курском и Орлом, есть одно место, где останавливаются все междугородные автобусы, потому что тут стоит туалет — по всей видимости, единственный порядочный туалет на окружную тысячу километров. Этим обстоятельством пользуются жители расположенных поблизости деревень, то есть они выносят на продажу плоды садов и огородов и за недешево сбывают их проезжающим.

Как-то в воскресенье к туалетной остановке подкатил невиданной красоты автобус с затемненными
стеклами, на борту у которого по-немецки было написано: «Космическое путешествие». Остановился
автобус, издав какой-то несоветский, изысканный
звук, и из него высыпало человек пятьдесят запад-
ных германцев, ехавших в Ялту посибаритствовать
пару дней.

За прилавком, сколоченным на скорую руку, тем
временем стояло пятеро продавцов: три тетки из
деревни Рожни, какая-то девочка неизвестно откуда
и один мужик из совхоза имени Кирова; мужик был
в годах, без левой руки, с орденскими планками на
груди, знаком тридцатипятилетия Победы и в кепке
с пуговкой, надвинутой на глаза. Дожидаясь поку-
пателей, они вели разные невинные разговоры, к
примеру:

— Что-то вы, Петрович, нынче в совхозных садах раньше обычного убрались?

— Это потому, что у нас на сбор фруктов цыган
мобилизовали...

Но когда подкатил иноземный автобус, все пятеро сразу как-то накуксились, словно их от чего-то
очень важного отвлекли.

Между тем к мужику из совхоза имени Кирова,
торговавшему яблоками, а заодно калеными семечка-
ми и петрушкой, подошел плотный пожилой немец,
который немного лоснился от европейского самочувствия; подойдя, он сказал:

— Sieger![1] — заржал и похлопал Петровича по
плечу.

— Хэнде хох! — сказал Петрович и тоже заржал, как конь.

— Na, wieder da[2], — продолжает немец.

Петрович его не понял, но предположил, что
фриц интересуется его яблоками.

— Яблочки, — говорит, — первый сорт. Бери, не
ошибешься.

Немец на это ничего не сказал, а только как-то
подобрался, точно он почувствовал в этих словах
угрозу.

---

[1] Победитель.
[2] Вот мы и снова здесь.

Тогда Петрович насовал немцу полное беремя яб-
лок, так что тому даже пришлось придерживать яб-
локи подбородком. Петрович приговаривал при этом:

— Бери, бери... Теперь между нами миру — мир.
Кстати сказать, это еще императора Павла форму-
лировочка, он еще двести лет назад выступил с этой
инициативой...

Немец одной рукой как-то исхитрился направить-
ся в карман за деньгами, но Петрович его решительно упредил:

— Так бери,— сказал он.— Мы вроде вас обидели...

Старуха Анна Егоровна, которая живет за оврагом,
ближе к заброшенному гостиному двору, известна в
этом городе тем, что всю свою пенсию она отдает
в Фонд мира. Если подняться к ней во второй этаж
бревенчатого дома по улице Гоголя, повернуть направо, войти в дверь, обитую дерматином, из-под которого тут и там торчит грязный ватин, затем войти
в прихожую и, постучав о косяк — двери, как таковой, почему-то в ее комнате нет, — нырнуть под
сатиновую портьеру, то можно разузнать, на какие
шиши Анна Егоровна существует; старуха она общи-
тельная, разговорчивая и даже от первого встречного
своей тайны не утаит.

Начать советуем без обиняков, как говорится,
напропалую:

— А чего это вы, Анна Егоровна, всю свою пенсию жертвуете Фонду мира?

— Сейчас скажу, — последует в ответ, — чтобы
моим кровопивцам с меня нечего было взять.

— Кровопивцы — это кто?

— Да сын с дочерью, кто ж еще! Они-то и есть
первые кровопивцы. Сыну ежедневно на водку деньги давай, а дочери то на тахту, то на мужиков, то
на ремонт квартиры. Замучили они меня, заездили
до последнего, а мне все-таки не пятьдесят и даже
не шестьдесят. А так с меня взятки гладки — все денежки идут на борьбу за мир.

— А что, сын крепко поддает?

— Крепко!.. Это уже называется не крепко, а в
последнем градусе алкоголик — так следует говорить. В другой раз, бывало, в похмельном виде он на

меня — это на родную-то мать! — с топором бросал-
ся. Давай, говорит, карга, три рубля, а то порешу!
Он мне, пьянь такая, сколько раз дверь высаживал с
пьяных глаз. Я, бывало, со страху от него запрусь, а
ему, бугаю, что — он раз кулаком вдарит — и дверь
с петель. Я уж потом и вовсе дверь отменила, все
одно за нею не отсидишься. Вот кабы церковную
дверь поставить, кованую, да где ты ее возьмешь...

— А дочь что?

— Сейчас скажу: дочь — шалава, прямо хабал-
ка какая-то, а не дочь! Всю меня обобрала, до нитки, потому как у ней что ни неделя, то новый муж;
а ведь каждого надо обуть-одеть...

— Вот что интересно: как вы додумались именно
в Фонд мира деньги переводить?

— Это я не сразу, честно говоря, пришла к такому превосходному решению. Сначала я просто
всем нуждающимся рассылала по пять рублей.

— То есть как это — всем нуждающимся?

— Ну там, где наводнение, где землетрясение,
где человека неправедно посадили — я им сразу пятерочку переводом. Бывало, открою газету — и сразу видно, кому посильную помощь следует оказать.
Только потом уж очень разные темные личности стали
меня донимать: и бродяги всякие писали, и тю-
ремщики [1], дескать, пришли, мать, пятерочку, и даже нищие на дом начали приходить. Я уж и по знакомым пряталась, и в другой город замыслила пере-
езжать, а потом я решила просто-напросто жертво-
вать пенсию Фонду мира. Придет какой-нибудь про-
щелыга, а я ему и говорю: сама, говорю, сижу без
копейки, все отдаю на борьбу за мир.

— Это, конечно, очень хорошо, но питаетесь-то
вы чем?

— Сейчас скажу: я, честно говоря, воробушками
питаюсь, силочки у меня сплетены такие, сама пле-
ла; ну, сяду во дворе под березку, силочки расстав-
лю и за час-другой наловлю себе пропитание...

— Господи, да неужели дочь не может вас хотя
бы продуктами обеспечить?!

— Моя дочь такая, что сама норовит урвать у
меня последний кусок.

[1] То есть заключенные.

С некоторыми любопытствующими счастливчиками может случиться так, что во время этой беседы к Анне Егоровне ненароком заглянет дочь. Это, между прочим, приятного вида женщина с активно добрыми глазами, опрятно одетая, короче говоря — дочь как дочь.

— Мама, — скажет она, войдя, — опять вы за старое?

Тогда старуха отворачивается к окошку и, подперев голову кулаком, неприязненно смотрит вдаль.

С утра еще можно жить в большом новом доме на улице Металлургов, ну что особенного услышишь с утра: кашель, фырканье, шум воды в ванных комнатах: кое-какие чисто утренние междометия да обрывки коротких фраз. Но вечером жизнь становится невозможной, или, может быть, она только и начинается.

Часов этак в семь, в половине восьмого, положим, заводят в четырнадцатой квартире:

— Лен, а Лен? Есть у нас чего-нибудь выпить? Вот, я читал, у американцев существует такая заманчивая манера: приходит муж с работы, а жена ему первым делом сует «манхэттен».

— Пускай тебя поит твоя любовница.

В пятнадцатой квартире на эти слова реагируют следующим образом:

— Господи, у шибздика Журавлева, кажется, есть любовница! Совсем с ума посходили бабы!

— Это, конечно, смех, — соглашается мужской голос. — Вот если бы у него была любовница шимпанзе Тамара — тогда понятно.

Тут из тринадцатой квартиры доносится голос:

— Ты слышал: у Журавлева любовница — сумасшедшая обезьяна!

— Окончательно размагнитился народ — вот она, ваша ненаглядная перестройка!

— Не трожь перестройку, гад! — раздается откуда-то сверху, вроде бы с девятого этажа.

На некоторое время устанавливается настороженное молчание; потом опять заводят в четырнадцатой квартире:

— Лен, а Лен? Ну дай чего-нибудь выпить...

— Что, с дружками-то не допил?

— Не допил... Чего уж там лицемерить.

Примерно через минуту слышно, как на стол с сердцем ставится бутылка «Мартеля»; «Мартеля» именно потому, что в четырнадцатой говорят:

— Интересно; откуда у нас «Мартель»?

— От верблюда.

— То-то я и чувствую, что от верблюда! Стоит только на три дня в Ярославль уехать, как сразу в доме появляется верблюд с импортным коньяком!

— Не бэ, Журавлев, — доносится откуда-то снизу, видимо с первого этажа. — Все было чисто. Мы бы услышали, если что.

Журавлев ничего на это не отвечает, слышно только, как перед ним с сердцем ставится порция макарон; макарон именно потому, что из четырнадцатой доносится:

— Я имел в виду эти макароны!

— Не модничай, лопай чего дают...

Дальнейшее забивает фрагмент беседы, развернувшейся аж в тридцать второй квартире.

— ...а я тебя уверяю, что все дело в условностях, которыми опутана наша жизнь!

— Например?

— Например, если к тебе на улице подойдет человек и скажет, что он Ричард III, ты, безусловно, примешь его за безумца, а на театре взрослый, семейный человек три часа подряд притворяется Ричардом III — и ничего...

— А кто он был такой, этот ваш Ричард III? — долетает вопрос с первого этажа.

— Он был кровавый тиран английского народа. Он ему устроил что-то вроде нашего тридцать седьмого года.

— А что ты, между прочим, знаешь про тридцать седьмой год, молокосос несчастный?! — Это из тринадцатой квартиры заступаются за былое.

— Молчи, палач! — долетает откуда-то сверху, вроде бы с девятого этажа.

— Вот она, ваша гласность...

Вступает одиннадцатая квартира:

— Сергеич, олух царя небесного! Вон у Журавлевых импортный коньяк на столе — иди опохмелись, старый боров, а то на тебя смотреть страшно!

— Неудобно как-то...

— Неудобно штаны через голову надевать!

После короткой паузы:

— Эй, Журавлевы?

— Чего, Сергеич?

— Дадите, что ли, опохмелиться?

— Да какая же с вечера опохмелка? — интересуется из четырнадцатой женский голос. — С вечера если, то это уже, кажется, будет пьянка.

— Ну, какая разница...

— Он у меня, Лен, уже до того дожрался, что не то что утро с вечером путает, а ты лучше спроси его, какой сейчас год!

— Вот тебе, пожалуйста, глупые условности нашей жизни! — говорят в тридцать второй квартире. — Ну какая им разница, 1581 год сейчас на дворе или 1988-й?!

— Не скажи. Сравнительно с 1581 годом произошла полная демократизация страдания и мысли...

Из четырнадцатой же опять:

— Эй, Сергеич, ты меня слышишь?

— Весь внимание!

— Давай спускайся, махнем по маленькой за французскую революцию.

— И заодно в шахматы сгоняем...

— И заодно в шахматы сгоняем.

В тринадцатой говорят:

— Помню, Клава, в сороковом году приводят ко мне одного недоделанного шахматиста, он, паскуда, зональный турнир проиграл в Женеве...

Ну и так далее чуть ли не до полуночи. В полночь какая-то таинственная личность с четвертого этажа заводит песни Шуберта, и дом зачарованно цепенеет. Разве что посреди ночи кто-нибудь шепотом возмутится:

— Ты меня сегодня оставишь в покое, ненасытная твоя морда?!

В один научно-исследовательский институт, который занимался космическими кораблями, повадился ходить некий пожарник в звании старшего прапорщика, человек уже не просто в годах, а даже в весьма преклонных. Этот пожарник регулярно посещал институт якобы с плановыми проверками по своей части, но на самом деле ради ясака спиртом. Бывало, явится в ту или иную лабораторию и сообщит:

— Все, закрываю к чертовой матери вашу лавочку в силу неизбежного самовозгорания помещения и противопожарной беспечности персонала!

И ему без лишних слов наливают спирта во флягу из нержавейки.

Однажды пожарник навестил институтские мастерские, где чинили аппаратуру и изготовляли кое-какой вспомогательный инструмент. Заметим, что работал тут механик Миша Заводчиков, как говорится, мастер — золотые руки, да еще человек настолько принципиальный, что его два раза из партии исключали. Так вот, заходит пожарник в институтские мастерские и говорит:

— Все, закрываю к чертовой матери вашу лавочку в силу неизбежного самовозгорания помещения и противопожарной беспечности персонала!

А Миша Заводчиков ему отвечает:

— Ты давай, прапорщик, вали отсюда. Через твою пьянку уже весь институт стонет. Тут народ работает, понимаешь, не разгибая спины, а ты занимаешься форменным вымогательством. Короче, вали отсюда, пока я тебе по шее не накостылял.

Пожарнику здесь сроду никто не говаривал таких задорных речей, и он поначалу даже слегка смутился. Но потом он пришел в себя, вспыхнул весь и побежал жаловаться начальству.

Минут через десять является в мастерские заместитель директора по научной работе и говорит смутьяну:

— Слушай, Миш, попроси ты у этого мерзавца прощения, Христа ради, а то он ведь действительно закроет мастерские, и тогда хоть выбрасывайся с пятого этажа!

— Не, Владимир Иванович, — отвечает Заводчиков. — Чтобы я, коммунист, перед этой сукой унижался?! — это ни в жизнь! Я лучше заявление положу!

— Ну, во-первых, заявление тебе подпишут только через мой труп, а во-вторых, я тебе с сегодняшнего числа повышаю зарплату на сто целковых. В-третьих: ты у него извинения все-таки попроси. Можешь ты смирить свою гордыню в интересах целого коллектива?!

Михаил смолчал.

— В интересах советской науки, наконец! Ведь этот пожарник нам скомкает всю космическую программу!

— Ладно, — говорит Миша Заводчиков. — Где там болтается этот выродок?

— Да тут в коридоре стоит с канистрой, дожидается извинений...

Михаил вышел в коридор, приблизился к прапорщику, как-то специально, что ли, глянул ему в глаза и вдруг обрушился на колени; он потом, наверное, минуты три стоял на коленях, бился головой об пол и нес такой текст:

— Прости, отец, меня, дурынду необразованную! Прости, отец, меня, дурынду необразованную!..

И так примерно минуты три.

Пожарник, заметим, был человек простой, и на него подействовала эта сцена.

— Брось, не убивайся, — сказал он Мише. — Я такой придерживаюсь специфики: кто старое помянет, тому глаз вон.

В том же научно-исследовательском институте во время перекура такой между такелажниками разговор:

— Дай рубля до получки.

— Нету.

— Ну не жлобись, все равно тебя твой рубль не спасет, а меня, понял-нет, жена третий день домой не пускает.

— Что так?

— Да загулял; с напитками ошибся немного и неожиданно загулял.

— А ты ей что-нибудь наври. Скажи — подрался с экстремистами из «Памяти» и тебе дали пятнадцать суток.

— Я и так наврал; говорю: балда, это же у нас было то же самое, что и в восемьдесят третьем году!..

— А что у нас было в восемьдесят третьем году?

— Во дает! Ты хоть знаешь, что в восемьдесят третьем году наши высадились на Марсе?

— Не свисти.

— Чего не свисти!.. Точно мы высадились на Марсе, тебе говорят! Я тогда как раз работал на Байконуре помощником машиниста, понял-нет?

— А чего тогда об этом не сообщали?

— Ну, во-первых, тогда еще не было такой разнузданной гласности, а во-вторых, с этой самой высадкой мы сели в такую лужу, что про нее, наверное, и сейчас бы не сообщили...

— Интересно...

— Интересно — не то слово! Значит, послали на Марс этого... как его — Андриянова Серегу. Да ты его знаешь, он еще летал с Купченко на «Прогрессе». Ну, полетел, значит, Сергей Антонович, все путем: связь устойчивая, самочувствие хорошее, аппаратура работает нормально. Месяца через три, кажется, высадился он на Марсе: ну, ты представляешь — новая победа нашей науки, советский человек первым ступил на Марс и все такое прочее. Поди плохо! Значит, все в ЦУПе бегут поздравлять Сергея Антоновича, но странное дело — то была связь, а то нету связи...

— Ну, это бывает, все-таки шутка сказать — какое исполинское расстояние!

— Ты погоди перебивать... Значит, нету связи: день нету связи, другой нету связи — наши уже думают, все, накрылся Серега, наверное, там, на Марсе, неподходящая радиация или еще чего. И вдруг на четвертые сутки он как миленький выходит на связь! Понял-нет?

— Нет.

— Чудак, это же он нарочно не выходил на связь, потому что он решил на Землю не возвращаться.

— Не свисти!

— Вот тебе и не свисти! Наши ему говорят: «Ты чего, очумел, Серега? Что же ты с нами делаешь, мусульманин?»

— Это конечно — осрамились на всю планету...

— А то нет! Но вообще непонятно: ну чего там делать на этом Марсе, ведь полное одиночество!

— Это еще неизвестно.

— Известно: полное одиночество. Ну, уговаривают Сергея Антоновича по-всякому, а он: «Да ну вас!» — и все, конец связи...

— Так и не вернулся?

— Так и не вернулся!

— Надо полагать, понравилось ему там, все-таки природа нетронутая, одиночество, тишина...

— Да нет, я думаю, он просто с бабами запутался: ведь у него жена была с двумя ребятишками, любовница в Семипалатинске и еще одна телка из Звездного городка.

Псков. Зима. Вечер, почти что ночь. Маленькая комната, обставленная, прямо сказать, убого: голый стол, на котором стоят несколько бутылок шампанского, в одном углу что-то вроде конторки, в другом — штабель книг, в третьем — два чемодана, в четвертом — пусто, к стене приткнулось нечто такое, что можно назвать исключительно спальным местом, то есть именем собирательным, на стене висит фотографический портрет Пастернака и приколот талон на сахар. Да, еще ходики на стене, старинные, видно дедовские, которые тикают как бы шепотом.

За столом сидят двое — Григорий и Александр, тонкие приятели, как в подобных случаях писал Гоголь; Григорий по образованию математик, но работает плотником у реставраторов, Александр по образованию учитель географии, но работает в бане истопником. Они пьют шампанское и поджидают свою подружку Татьяну, в которую оба по-своему влюблены. За черным окном кротко, по-городскому гуляет вьюга. Где-то далеко-далеко, но явственно слышно зазвонили колокола.

— Это черт знает что! — в сердцах сказал Александр.

— Ты о чем? — рассеянно поинтересовался Григорий.

— Я вот о чем: в Париже сейчас небось море огней, столпотворение на Больших бульварах, клаксоны, музыка из каждой забегаловки, за парижанками шлейфы от духов, смех и все такое прочее, а у нас тут Псков: ночь, как в могиле, за окном ветер воет, колокола звонят — ну все, как при Борисе Годунове!..

— А у меня обратное, так сказать, географическое ощущение: Псков, ночь, шампанское, а по периферии огни Парижа, рождественское гулянье в Рокфеллерцентре, вечеринка нудистов где-нибудь на Багамах и прочее в этом роде.

— И все-таки у нас странная страна, какая-то грозно-сказочная, библейской аранжировки.

— Это есть немного, — сказал Григорий.

С поющим звуком открылась дверь, и в комнату вошла предвкушаемая Татьяна; она была в вязаной шапочке, высоких сапогах и заячьей шубейке, от которой тянуло свежестью провинциальной морозной ночи и еще как будто сливочными тянучками. Она разделась и села за стол, а кондитерский аромат все исходил от ее кожи и немного спутавшихся волос; это была, что называется, типичная русская девушка, то есть вроде бы ничего особенного, а нервной истомой исходишь в ее присутствии — столько в ней заключено грациозного счастья и какого-то великого обещания.

— О чем разговор? — спросила Татьяна и плеснула себе шампанского.

— О том, что странная страна у нас, — подсказал Григорий.

— А по-моему, нормальная страна, — сказала Татьяна, — страна как страна, только немножко лучше.

— Насчет последнего пункта ты из чего исходишь? — спросил ее Александр.

— Из того, что бывают страны многострадальные, а бывают... как бы это выразиться — постояннострадальные, что ли. А это очень сказывается на жизни.

— Постояннострадальные — это ничего, — заметил Григорий. — Только обидно, что не так нас лупцевали разные интервенты, как единокровные хамы у государственного руля.

Александр сказал:

— Хамы у руля — это интернациональное. И Иван Грозный — хам, и Гитлер — хам, и Теодор

Рузвельт — хам, и Наполеон, в сущности, — тоже хам.

— Тем не менее, — сказал Григорий, — в Германии улицы с мылом моют, а у нас сахар по карточкам выдают.

— Ну и что из этого? — спросила его Татьяна.

— Да, в общем-то, ничего...

После этих слов помолчали некоторое время, минут с пяток. По-прежнему шепотом тикали дедовские ходики, за черным окном привывал ветер, но звона колоколов было уже не слышно. Александр было затянул арию варяжского гостя, но Григорий его прервал:

— Нет, все-таки заклятая русская сторона! Только она, может быть, не почему-то заклятая, а для чего-то заклятая — это, правда, не более чем гипотеза.

— Это не гипотеза, — сказал Александр, — а идеал-национализм. Родину мы любим платонической любовью — вот в чем штука, и поэтому у нас все выходит наперекосяк. Несообразно посылкам все происходит: положим, руководство закладывает в массы одно, а из масс выходит совсем другое. Например, Столыпин хотел развитых капиталистических отношений, а получил Октябрьскую революцию.

— Ничего удивительного, — дополнил Григорий. — Что вы, в самом деле, хотите от народа, который за семьдесят лет улицу не научился переходить на зеленый свет!

— Я уже не говорю о том, — вступила Татьяна, — что совершенно невозможно наблюдать открытие магазинов. Прямо собираются гунны какие-то, печенеги!

Александр сказал, запустив пальцы в волосы:

— Страшно, ребята, до того страшно, что жить не хочется!

— Я бы прямо залезла в какую-нибудь скорлупу, — заявила Татьяна, — только с Полным собранием сочинений Пушкина, и там прожила бы до самой смерти. Пускай все рушится без меня.

— И чего бы нам не родиться в каком-нибудь Лихтенштейне? — сказал Григорий. — Ни Ивана

Грозного у них за плечами, ни Кровавого воскресенья, ни Колымы. А с другой стороны, все-то у них в Лихтенштейне есть.

— Это ты хватил, — остановил его Александр. — Все у них есть, да Татьяны нету. Все Татьяны у нас, где ночь, зима, шампанское и колокола, как при Борисе Годунове!

— Тут я не спорю, — сказал Григорий. — Давай за Татьяну выпьем по целой бутылке, стоя и, что называется, из горла́?! Тань, скажи, что ты нас немного любишь...

— Я вас, братцы, так люблю, так люблю, что высказать не могу!

Александр на радостях спел двусмысленную частушку.

— А ничего сидим, — решила Татьяна.

— Вот именно! — согласился Григорий.

— Вот именно! — сказал Александр.

Я И ПРОЧЕЕ

Я И МОРЕ

В конце сентября я устал от жизни. Меня до того утомила жизнь, и особенно такие ее составные, как пьяные рожи, вечная толкучка в метро, нехватка товаров первой необходимости, очереди, ссоры с женой, вызовы в школу по поводу безобразного поведения сына на переменах, неоплатные долги, отставка, полученная от секретной подруги, обострение язвы двенадцатиперстной кишки, заношенные туфли, хулиганствующие молодчики, отвратительное качество продуктов питания и, наконец, кладбищенский вид Москвы, что я про себя решил: или я кончаю жизнь самоубийством, или я еду куда-нибудь отдыхать.

По трезвому размышлению я пришел к выводу, что особых причин для самоубийства у меня нет. Тогда я выклянчил у начальства десять дней отпуска за свой счет и отправился на Черноморское побережье. Это еще у меня сестра работает в системе железнодорожного транспорта, а то хрен бы я уехал дальше ружейно-пряничной нашей Тулы, за которой недействительны местные поезда.

Километрах в пятидесяти под Одессой и примерно в десяти километрах от ближайшего человеческого жилья я снял у рыбаков крошечный летний домик. Точнее, это была хижинка, где рыбаки укрывались от непогоды, с одним небольшим окошком, сплошь загаженным мухами, дверью, обитой клетчатой столовой клеенкой, тремя железными койками и почему-то портретом Кирова на стене. Я с рыбаками вперед расплатился водкой, припасенной еще с Москвы, поскольку, как я и предполагал, деньги тут не в цене, и зажил отшельником — я и море.

Никогда бы не подумал, что одиночество так воспитывает человека, и даже не воспитывает, а превращает, и даже не превращает, а это я правильного глагола не отыщу. Похоже на то, что одиночество способно воротить нашего брата в некое его истинное, органическое состояние, как душевнобольного возвращает в действительность инсулин. Начать с того, что на другой день моего отшельничества я уже ходил голый, ну положительно в чем мать родила, и прекрасно себя чувствовал, точно сроду не знал одежды.

По утрам я просыпался чуть свет, весь переполненный подсоленным кислородом, ставил кипятить воду для чая на допотопную печку, которую повсюду вожу с собой, выходил из своей хижинки в голом виде и садился верхом на перевернутую шаланду. Солнце тогда висело над морем низко и было задорного, розово-оранжевого цвета, как угли, тлеющие в ночи. А море казалось сомнамбуличным, вроде только что проснувшегося человека, и, фигурально говоря, еле задевало прибрежный песок краем своих одежд. Кругом не было ни души; что вправо посмотришь, что влево посмотришь, — везде бесконечный, приплюснутый, степной берег, обозначенный серо-желтым песком, темно-пестрой полоской гальки вперемежку с ракушками, пенными изгибами прибоя, едва приметного в это время, и грязно-зеленым массивом моря; единственно чайки, большие, как курицы, сторожко разгуливали по песку и вопросительно поглядывали в мою сторону, словно прикидывая, до какой степени меня следует опасаться. Про что я думал об эту пору... — да, в общем-то, не про что; мой мозг еще как следует не проснулся, и просто что-то неуклюжее, но приятное как бы шевелилось под волосами.

Рыбацкий чайник был со свистком, и, заслыша его призыв, я брел назад к хижине, предвкушая тайную прелесть чаепития в одиночку. Чайник буйно кипел, наполняя помещение пахучим и душным паром, и Киров, точно сквозь пороховые клубы, глядел со стены орлом. Я засыпал пару щепоток заварки в неказистую кружку с крышкой, предварительно обдав ее кипятком, и хижинка моментально наполнялась неевропейскими ароматами, среди которых, кажется, главенствовал зверобой. Дав настояться чаю, я вновь выходил на воздух и присаживался у крашеного столба, на котором по-мушиному стрекотал флюгерок с пропеллером: я смотрел в сторону Босфора, смаковал свой чай и жевал печатный московский пряник. Тем временем солнце уже начинало жечь, чайки кружили над берегом в рассуждении, чем бы им поживиться, прибой наладился сам собой, то есть безо всякого участия ветра, и шумел с какими-то неодушевленными промежутками, как автоматическая дверь, которая то открывалась, то закрывалась. Про что я думал об эту пору... — об эту пору я скорее чувствовал, а не думал. А чувствовал я всеми возможностями души, вероятно, то же, что бог Саваоф до начала жизни, именно бесконечное, всемирное одиночество, от которого мне было печально, величаво и озорно. Я живо представлял себе Саваофа, сидящего на берегу океана примерно в той позе, в какой Николай Ге написал Христа, — он сидит и с тоскою всемогущества придумывает, чем бы таким населить океанскую питательную среду. И вот уже полезли из вод показаться создателю разные каракатицы, одна другой гаже, несообразней, которых я вдруг увидел настолько явственно, что весь передернулся от гадливости, хотя это были и отдаленные мои предки. Вот ведь какие силы воображения способно пробудить полное одиночество, когда сзади — степь, впереди — море, в небе — солнце, на земле... — да, собственно, ты один на земле и есть, и отсюда такое чувство, будто ты уж совсем один, как бог Саваоф до начала жизни.

Покончив с утренним чаем, я прочувствованно выкуривал сигарету, наблюдая за тем, как струился, клубился и растворялся табачный дым, а затем шел до самого обеда купаться и загорать. Лежбище я себе устраивал поблизости от шаланды: расстилал на песке толстую солдатскую шинель с ворсом, которую обнаружил под одной из трех моих коек, поверх нее стелил матерчатое одеяло, клал в головах рубашку от двухсоткилограммовой немецкой бомбы и накрывал ее вафельным полотенцем; по левую руку я помещал сигареты со спичками, по правую помещал подшивку журналов «Наука и жизнь» за 1973 год — и как подкошенный падал наземь. Солнце, фигурально выражаясь, принимало меня в свои пышащие объятья, крепко нагретый воздух обтекал мое тело волнами, легкие до отказа заполнялись газообразным йодом, песок, точно поджаренный на сковороде, пахнул юрскими отложениями, чайки скандалили в вышине, — и тут весь я впадал в состояние тупой неги, практически неизвестной современному человеку. То ли я временно выбывал из своей человеческой должности, то ли, напротив, дерзновенно воспарял духом, достигая какой-то природной сути, — уж, право, не знаю, что это было, — но было это положительно хорошо. Про что я думал об эту пору... — в том-то все и дело, что состояние мое было превыше мысли.

Купаться же я купался совсем немного: ну, раза три от силы я залезал в яхонтовую пучину, почему-то именно в эти минуты остро стыдясь за свой бледный, резко континентальный зад, нырял в набегавший вал, цеплялся на дне за камень и озирался: я видел позлащенные сумерки оливкового оттенка, чистейший песок, как бы живые водоросли и камни, в которых чувствовалась своего рода архитектура, — и тогда я начинал ощущать себя той самой первобытной каракатицей, что была моим отдаленным предком, но вот какое дело: это ощущение меня нисколько не оскорбляло. А то я ложился спиной на воду, отдав половину тела морской стихии, другую же половину — солнцу и атмосфере, и тогда уже меня посещало, так сказать, земноводное ощущение. Таким образом, я бессознательно разыгрывал эволюцию и затрудняюсь определить, что меня подвигло на это странное баловство; к тому же из воды я выбирался обычно на четвереньках.

Между тем приспевала пора обеда; часов около трех, когда уже солнце тавром припекало кожу, а в шуме моря появлялось что-то осоловелое, томное, сводящее глаза, как оскомина сводит скулы, я поднимался со своего лежбища и возвращался в хижинку готовить себе обед. Я кипятил воду в большой кастрюле, потом засыпал в нее концентрат вермишелевого супа, добавлял парочку помидоров, каковые затем растирал в алюминиевом дуршлаге, клал в варево небольшую лавровую веточку, пригоршню толченого перца, луковицу и примерно в половине четвертого уже сидел подле крашеного столба, держа на коленях деревянную чашку с супом, в правой руке деревянную же ложку, а в левой — порядочный ломоть хлеба; я хлебал, обжигаясь, пахучий суп и глядел на море, которое в эту пору заметно меняло свою окраску в сторону синевы.

После обеда я по российскому обыкновению отправлялся спать. Я ложился на койку, стоявшую у окна, брал в руки «Записки о Шерлоке Холмсе», но строчки немедленно начинали переплетаться в фигуры, голову наполняли самовольные образы, тело впадало в состояние невесомости, вообще наступала сладостная истома, и я нечувствительно засыпал. Днем мне, как правило, снились гадости: то я кого-нибудь обижаю, то меня кто-нибудь обижает.

Просыпался я что-то в шестом часу. По пробуждении я еще минут десять нежился в своей койке, как делывал когда-то в далеком-далеком детстве, а затем снова устраивал чайную церемонию, но действовал отнюдь не автоматически, но сознательно что ли, проникновенно. Попив чайку с печатным московским пряником, я отправлялся покурить на опрокинутую шаланду. Солнце к тому времени уже висело довольно низко над линией горизонта и припекало скорее вежливо, деликатно, чайки угомонились, точно за день устали от мельтешения, море же было грязно-синего цвета и катило свои валы, как будто выполняло некую ответственную работу. Про что я думал об эту пору... — ну, во-первых, об эту пору только-только проклевывалась во мне мысль; я смотрел на пенящуюся волну, которая набегала на берег с таким шипением, словно тот, как утюг, раскалился под солнечными лучами, и, например, думал о том, что древний скиф, шатавшийся в этих местах несколько тысячелетий тому назад, был нисколько не счастливей меня, если, конечно, понимать счастье как духовное равновесие, а духовное равновесие как продукт организованного ума, и я, в свою очередь, отнюдь не счастливей скифа; и даже если понимать счастье как простую способность ощущать себя во времени и в пространстве, и даже если его как хочешь, так и понимай, то все равно козе ясно, что скиф был нисколько не счастливей меня, а я ни на гран не счастливей скифа. Но тогда зачем все эти тысячелетия, наполненные страданием и борьбой? Вот я выпукло, колоритно вижу этого самого скифа, который едет на мелкой лохматой лошади, которая с сырым звуком ступает копытами по песку, который песок прошел сквозь тысячелетия в своем первозданном виде, — ну зачем ему Великая Октябрьская революция? Зачем ему фондовая биржа, кибернетика, V съезд советских кинематографистов, если и при царе Мидасе существовали те же возможности для личного счастья в ракурсе, положим, понимания себя как мелкого божества? Или же, фигурально выражаясь, печень почувствуешь только тогда, когда она заболит, и древний скиф был не чувствительнее бульдога, и непременно потребовалась пара тысячелетий, наполненных страданием и борьбой, чтобы какая-то праздная мысль, не имеющая касательства к потребностям организма, явилась голозадому москвичу, замученному так называемым реальным социализмом? Хорошо, коли так, ибо разумно есть, точнее, доступно разуму нормального человека. А коли не так, коли от начала века на земле бытовали дикие скифы и, с другой стороны, голозадые чудаки, которые мусолили посторонние свои мысли? Нет уж, пусть будет так, пускай это дело будет выглядеть так, будто именно на безобразиях вскормила природа человечного человека, как вскармливают младенца на рыбьем жире.

Когда мне надоедало сидеть верхом на опрокинутой шаланде и умствовать в адрес скифа, я отправлялся бродить вдоль кромки прибоя, которая образовывала зигзагообразный перпендикуляр к линии горизонта. Направо посмотришь: степь, с песчаными проплешинами, островками дикой конопли, редко поросшая чуть ли не верблюжьей колючкой; налево посмотришь: море, которое никогда не наскучит сухопутной особе, с его тревожными, тяжелыми цветами и той волнующей далью, над какою не властен глаз, — а впереди по курсу: то дощечка какая-нибудь, почерневшая до каменноугольного состояния, то медуза, стекленеющая на границе двух стихий, тверди земной и моря, то какая-нибудь металлическая финтифлюшка, возбуждающая исторические фантазии, то дохлый белужонок, мумифицировавшийся сам собой; плюс ко всему этому такой изощренный запах, как будто ты попал в какой-нибудь несоветский, сказочный магазин. Про что я думал об эту пору... — а вот про что: если так все идти и идти вдоль границы

двух стихий, тверди земной и моря, то можно обойти
по кругу Восточное полушарие; идешь — и вот тебе
Анатолия, за нею родина христианства, пуническая
земля, атлантический берег Африки, далее пределы
Индийского океана, пышные побережья Юго-Восточ-
ной Азии, наши самоедские берега, занявшие полми-
ра, фьорды Скандинавии, земли, омываемые северо-
атлантическими водами, Гибралтар, Лазурный берег,
Константинополь и — здравствуйте, я ваша тетя —
снова хижинка под Одессой!.. Сделаешь это полукру-
госветное путешествие, сядешь подле крашеного столба и вымолвишь: ну и что? В том-то все и дело, что —
ничего. И не такова ли кромешная наша жизнь: бре-
дем себе в аллегорическом смысле от хижинки под
Одессой до хижинки под Одессой бог весть чего ради,
встречаем на пути множество пакостей и чудес, боремся и страдаем, но, главное, думаем, будто все заключается в заколдованном этом круге, а того не
знаем, что в нем почти ничего нет, или вовсе ничего
нет, а что все в нас самих, и французская Ривьера, и
самоедские берега, что, может быть, достаточно всю
жизнь просидеть у крашеного столба, чтобы уйти в
мир иной счастливым и заслуженным человеком. Во
всяком случае, если на другой или третий день полного одиночества и общения исключительно со сти-
хиями глубоко сухопутная особа способна почувство-
вать себя самоценной величиной, то ее уже трудно
обездолить и устрашить превходящими обстоятельствами, вроде физического существования подле крашеного столба.

Одолев только самую ничтожную часть полукру-
госветного путешествия, я возвращался к хижинке и
разогревал на ужин остатки супа. Затем я садился
подле крашеного столба, и, поскольку природные за-
пахи к тому времени отчего-то разряжались, теряли
свою изначальную густоту, меня обволакивал верми-
шельно-томатно-лавровый дух как личная атмосфера.
Объедки от ужина я обыкновенно относил чайкам, и
если ненароком подъедал все до последней крохи, то
чайки собирались беспокойной группой возле немецкой бомбы — всегда почему-то возле немецкой бомбы — и недовольно поглядывали на меня, как бы де-
лая нагоняй: дескать, ты, парень, совсем распоясал-

ся, совершенно ты потерял чувство ответственности
за все сущее на земле.

Сразу после ужина наступало самое утонченное,
так сказать, время в смысле раздумий и ощущений,
время, в которое чувство одиночества до крайности
обострялось и нечто торжественно-грустное, поселив-
шееся во мне, начинало прямой диалог с природой...
или с абсолютным духом... или бог его знает с чем.
К тому сроку солнце уже погружалось в сизую дымку, скрадывавшую линию горизонта, и посылало из-
за нее какое-то соблазнительное свечение. На небе,
еще просветленном в западной стороне, но явно чре-
ватом ночью, наливалась первая, крошечная звезда,
звезда вечерняя, похожая на отдаленную бриллиан-
товую слезу, которая, казалось, вот-вот соскользнет и
капнет. Море было покойным до такой степени, что
походило на безбрежное блюдо студня, и только самым своим краешком полизывало песок, как засыпа-
ющий ребенок полизывает свои губы. Чайки, видимо,
уже спали, безветрие было полное и, если бы не пара степных сверчков, дробно пищавших по сторонам,
можно было бы утверждать, что вокруг установилась
вселенская тишина. В эту-то пору я и начинал прямой диалог с природой, или с абсолютным духом,
или бог его знает с чем. Допустим, мое торжественно-
грустное изрекает такой вопрос, впоследствии ока-
завшийся позаимствованным у классика: «Господи,
отчего между людьми наблюдается злой беспорядок
и разные неустройства?! Ведь ты погляди, какой повсюду баланс в природе, чего же мы-то все больше
боремся да страдаем?!» А в ответ — ответ: «Да потому, что вы, едрена корень, круглые дураки!» Разъяс-
нение это мне представлялось, конечно, фундаментальным, но оставляло неясным один момент: зачем
же тогда в первый день воссиял нам свет, если все
равно мы круглые дураки? На это недоразумение такой следовал комментарий, я бы сказал, текстуаль-
ный, то есть мне казалось, точно кто-то у меня над
ухом читает текст:

«— Чего ты? — спросил Георгий, грозно выгляды-
вая на него из-под очков.

— Ничего-с. Свет создал господь бог в первый

день, а солнце, луну и звезды на четвертый день. Откуда же свет-то сиял в первый день?

Григорий остолбенел. Мальчик насмешливо глядел на учителя. Даже было во взгляде его что-то высокомерное. Григорий не выдержал. «А вот откуда!» — крикнул он и неистово ударил ученика по щеке».

Я так это понял: всевышний мой собеседник окольным манером возжелал меня надоумить — зачем вопрошать, если уготовано наслаждаться.

Постепенно вечер сгущался до консистенции сумерек, сумерки выливались приметно в ночь, и прямо над головой проступала звездная россыпь под названием Млечный Путь, который указывал какое-то безусловно спасительное направление. Ночь окружала меня как нечто не понятийное, а вещественное, материальное, сложное, даже одушевленное, — казалось, будто бы сонм черных ангелов расправил надо мною бархатные крыла. Одноглазая луна смотрела в упор и представлялась невидящим оком ночи, звезды были похожи на светящихся паразитов, а море — на огромную чешуйчатую ступню. Ночь — существо непостижимой организации, вот что, фигурально выражаясь, предупредительно обнимало меня изо дня в день около девяти часов пополудни. Про что я думал об эту пору... — купно говоря, про то, что это все, видимо, неспроста. Раз природа с утра до вечера только и делает, что ублажает органы моих чувств и тешит меня живыми картинами сказочной постановки, — причем именно меня-то и тешит, поскольку чайки со сверчками вряд ли ими в состоянии наслаждаться, — то, значит, я есть не только излюбленное чадо природы и объект ее попечения, но, пожалуй, нечто такое представляю собой по отношению к мирозданию, что цесаревич Александр по отношению к воспитателю Жуковскому, собственно говоря, господствующий объект. Из этого соображения вот что главным образом вытекало: в прежней жизни я не ценил себя по достоинству, в прежней жизни я грубо, не по назначению употреблял драгоценность, как это пристало разве что амазонскому дикарю, которому дай в руки компас, а он начнет им колоть орехи, или будет носить в ухе вместо серьги, или станет пробовать на язык. Интересно, что в минуты продолжительных мыслей я слышал собственное дыхание.

В десятом часу я отправлялся спать. Я запирал дверь хижинки изнутри черенком лопаты, медленно раздевался, потом зажигал свечу, притороченную бечевкой к спинке соседней койки, и забирался под одеяло. В это время мне бывало немного не по себе, как-то бывало не по-хорошему выжидательно, начеку и мнилось, что вот-вот кто-нибудь заглянет снаружи в мое окошко. Да еще прибой в эту пору начинал свою грозную механическую работу, крысы скреблись под полом, свет от свечи шел ветхозаветный, да еще читал я жутковатое сочинение Конан Дойла: «Весной 1894 года весь Лондон был крайне заинтересован, а высший свет потрясен убийством юного графа Рональда Адэра, совершенным при самых необычайных и загадочных обстоятельствах. В свое время широкая публика познакомилась с отдельными деталями этого преступления, которые выяснились в ходе полицейского дознания; но дело было настолько серьезно, что большую часть подробностей пришлось утаить...» — боже, какая чушь! Отложив в сторону книгу, я заглядывался на прямоугольник ночного неба, видимый сквозь загаженное окошко, и тут во мне как бы самостоятельно возникала чудодейственная мелодия, похожая на «Лучинушку» или на «Саратовские страдания», которая вгоняла меня в возвышенную тоску. Про что я думал об эту пору... — про то, какое это странное счастье — жить в нашей стране, среди нашего неприкаянного народа; странное потому, что вроде бы какое же это счастье, а счастье потому, что это и называется счастье — такая жизнь, когда сначала тебя преследует мысль о самоубийстве, а потом ты поселяешься в хижинке под Одессой и мало того, что как рукой снимает самоубийственное, еще тебе и приходят на ум разные соблазнительные идеи; ну можно ли себе представить английского маклера, который вдруг плюнул бы на все и поселился бы в конуре где-нибудь под Уэртингом, да чтобы при этом ему на ум являлись бы соблазнительные идеи?! Нет, конечно, и горя у нас хватает, но ведь что есть горе, как не язык, которым вынужден обходиться бог при общении с человеком...

Я думал также про то, что, помимо жизни в обыденном понимании этого слова, существует еще и, так сказать, внутренняя жизнь, жизнь в себе, у которой есть ряд любопытнейших показателей. Во-первых, сдается мне, внутренняя жизнь — это то, что в принципе отличает человека от всего сущего на земле. Во-вторых, как показала практика, это просто-напросто замечательная жизнь, и уже потому хотя бы, что если в ней и бывает горе, то горе какого-то утонченного, приемлемого накала, из тех, которые окрыляют. В-третьих, не исключено, что жизнь в себе — это как раз зерно, а жизнь вовне — это как раз скорлупка. Одним словом, просто удивительно, до чего можно додуматься, если однажды прийти в себя, если немного пожить отшельником — я и море. После этого вспомнишь о пьяных рожах, вечной толкучке в метро, нехватке товаров первой необходимости, очередях, ссорах с женой... — боже, какие мелочи!

Главным результатом моего отшельничества было то, что я теперь полдня просиживаю в уборной, — только тут я, собственно, и живу.

Я И ПОТУСТОРОННЕЕ

Потустороннее разное бывает: столоверчение, вещие сны, пришельцы, галлюцинации, встречи с прекрасным, привидения под видом сантехников, домовые, а также некоторые, казалось бы, ординарные явления нашей жизни, вроде повсеместной продажи хозяйственного мыла или гуманистически настроенного милиционера, — это все будет потустороннее. Оно-то меня и окружает с тех самых пор, как я переключился с так называемой общественно полезной деятельности на лично полезную деятельность, так сказать.

Именно 24 ноября прошлого года я ни с того ни с сего начал изучать древние языки. Что меня подтолкнуло к этому занятию — не скажу, а просто-напросто в один прескверный осенний день я ни с того ни с сего уселся за женин письменный стол и открыл учебник арамейского языка. С той поры я — плюс к арамейскому — освоил халдейский, финикийский, латинский, греческий и санскрит. Но в жизненном смысле это все так, между прочим, постольку-поскольку, то есть поскольку одновременно с древними языками меня обуяло потустороннее, которое преследует меня чуть ли не ежечасно, как сумасшедших преследуют их фальшивые представления. С женой мы, конечно, в глубокой ссоре, потому что фактически я на ее иждивение перешел, да еще я начал основательно попивать, благо на что на что, а на пьянку у нас деньги найдутся, — вот и все наличные перемены, случившиеся в моей жизни, как только я впал в древние языки: ссора с женой, пьянка, потустороннее; или пьянка, потустороннее, ссора с женой; или потустороннее, ссора с женой и пьянка.

Нет, все же во главу угла я бы поставил потустороннее. Что удивительно: что, оказывается, кругом это самое потустороннее, как приглядишься внимательным оком к жизни, так становится ясно, что в ней очень много потустороннего, уж даже и чересчур. То вещие сны, то пришельцы, то галлюцинации, то встречи с прекрасным, то привидения под видом сантехников — ну и прочее в этом роде, всего так сразу и не припомнишь.

Проследим для примера вчерашний день...

Проснулся я с таким чувством, с каким люди обыкновенно выходят из кинотеатра, в котором им показали западное кино, — исполненный образами притягательно-неземными, хотя я всего-навсего видел во сне жену, нагадавшую мне белую горячку по какой-то огромной книге. Я поблагодарил провидение, что мне опять не приснился инженер Розенпуд, который прежде жил в нашей квартире, повесился в пятьдесят первом году и теперь обитает в качестве домового в стенном шкафу, потом я оделся, выпил граненый стаканчик кофе и сел за женин письменный стол перевести для практики отрывок из Махабхараты. Это дело что-то не задалось, то есть отнюдь не «что-то» не задалось, а потому что я мучился со вчерашнего и по-хорошему полагалось бы похмелиться. Я нашарил в бельевом ящике два рубля с мелочью и отправился в гастроном.

Вернувшись домой с авоськой, в которой покоилась пара пива и два куска хозяйственного мыла, полагавшегося в нагрузку, чему я, впрочем, не удивился, ибо у нас человека трудно чем-нибудь удивить, я, во-первых, нашел дверь квартиры открытой настежь, а во-вторых, я застал на кухне странное существо — одноглазое, взлохмаченное, полуодетое, да еще у него под носом росла огромная бородавка. Сначала это существо вражески на меня посмотрело, но потом перевело взгляд на авоську с пивом, как-то обмякло, добродушно произнесло:

— А вот это очень кстати... — и вытащило из кармана несусветную открывалку. Делать было нечего, пришлось с ним делиться, что меня основательно огорчило, поскольку моя утренняя норма — это именно пара пива; больше можно, но меньше — нет. Мы выпили пиво, и я спросил:

— А что вы тут, собственно, делаете?

— Изучаю быт, — почему-то с обидой ответило существо. — Небогато вы живете, товарищи земляне, прямо скажем, голь вы перекатная, больно на вас смотреть.

— Тоже марсианин какой нашелся... — заметил я.

— На Марсе органической жизни нет, то есть никакой жизни нет из-за отсутствия кислорода.

— Это мы уже слышали.

— А я убедился экспериментально. В этот раз я летел мимо Марса и мимоходом взял пробу тамошней атмосферы. Вообще планета бедная, захудалая, вроде вашей квартиры, поживиться практически нечем, ну нечем практически поживиться, такая, понимаете, беднота!

— Я не понял: вы что, инопланетянин?

— Ну! — ответило существо и как-то осоловело.

— Не свистите. При нашей фантастической жизни нам только пришельцев недоставало...

— Это хозяин — барин: хотите верьте, хотите нет. И вообще некогда мне с вами; беру будильник и ухожу. Будильник я беру, так сказать, в этнографическом смысле, как эмблему вашей кромешной бедности — вы не против?

— Берите, — ответил я и пожал плечами.

Пришелец положил будильник в карман своих брюк, не по-нашему сделал ручкой, накуксился и ушел.

Оставшись один, я было вернулся к отрывку из

Махабхараты, но, как говорится, не тут-то было: в прихожей раздались продолжительных два звонка — это явился Свиридов, мой сосед по этажу, старший сержант милиции. Он выставил на кухонный стол целых две бутылки «Золотого кольца» и молвил:

— Давай зальем горе — я вчера бандита какого-то застрелил.

— Это безусловно повод, — с неопределенным выражением сказал я, поскольку я был не в состоянии сразу определить: убийство бандита — это благодеяние или пакость...

— Еще какой! — горячо согласился со мной Свиридов. — Он ведь хоть и сволочь человек, но все-таки человек. А я его из Макарова-пистолета вот взял так прямо и застрелил! То есть не так прямо — он на меня с заточкой полез, гадюка, ну, я его на месте и положил: был человек, а стал кучей мяса и требухи. Он меня теперь, собака, замучает, душу вынет, лишит покоя на вечные времена.

— Это, разумеется, неприятно, — опять же с неопределенным выражением сказал я, откупорил бутылку водки и разлил ее по граненым стаканчикам, из которых я и кофе, и водку, и все, что ни пьется, предпочитаю употреблять.

— Неприятно — не то слово! Поверишь ли: такое у меня чувство, будто кончилась моя жизнь! Ты понимаешь: убил бандита, и на этом кончилась моя жизнь! И его кончилась — это практически, и моя кончилась — это уже фигурально, хотя, черт его знает, может быть, она тоже кончилась практически, а не это... не фигурально. Из чего я делаю такой вывод: убить человека — значит себя убить, даже в первую очередь себя, потому что убиенный про свою смерть ничего не знает.

— Самое интересное, — сказал я, — что похожую мысль сто с лишним лет тому назад высказал Достоевский. Помните, в «Преступлении и наказании»: «Может быть, я не старуху убил, может быть, я себя убил»?! Однако давайте выпьем.

Мы чокнулись, выпили водку и сладко перевели дух.

— Достоевского я, честно говоря, не читал, — сознался Свиридов, — и по-гражданки это, конечно,

стыдно. Но чувствуется, что мужик он был проница-
тельный, с головой. Или он сам кого-нибудь убивал.

— Биографы Достоевского об этом умалчивают,
но по всему видно, что в основе его гигантской литературы лежит какое-то страшное... и даже не так
страшное, как стыдное преступление. Я вот только
не понимаю, отчего столь неистово верующий человек, каким был Федор Михайлович, не успокоился на
той простейшей, я бы сказал, всетранквилизирующей
идее, которая доступна любой богомольной бабке:
возможно, что там, или, скажем, нигде, убиенному
гораздо лучше, чем среди нас! Так вот я и говорю:
может быть, вашему бандюге за гробом лучше?

«Вот она — встреча с прекрасным! — между тем
думал я, излагая Свиридову этот текст. — Два за-
урядных типа, измученных социал-российским способом бытия, сидят на кухне, водочку попивают и говорят — нет, чтобы о повсеместной продаже хозяйственного мыла, — а ты им на разделку обязательно
Достоевского подавай!»

— Может быть, и лучше, — сказал Свиридов, —
только ведь этого не проверишь.

— Ну почему же не проверишь, а спиритизм на
что?

И я кратко разъяснил Свиридову ту область спи-
ритизма, которую называют столоверчением. Он положительно загорелся идеей встречи со своей жерт-
вой посредством обыкновеннейшего стола, что мудрено было ожидать от представителя такой материали-
стической профессии, как страж общественного порядка. В общем, устроили мы сеанс; мы, наверное,
битый час вызывали дух убиенного уголовника, уж и
другую бутылку ополовинили, но он настырно не отзывался. И вдруг — звонит телефон. Я поднимаю
трубку и слышу такой, сакраментальнейший из вопросов:

— Сантехника вызывали?

Никакого сантехника я, сколько помню, не вызы-
вал, и мне стало ясно как божий день, что это от-
кликнулся-таки свиридовский уголовник. Я ответил
духу, что жду его не дождусь, и с грозно-торжествен-
ным видом объявил моему собутыльнику — дескать,
с минуты на минуту его жертва прибудет к нам. Ну

никак я не предполагал, что, столкнувшись с потусторонним лицом к лицу, милиционер Свиридов сдрейфит и улизнет, но он именно сдрейфил и улизнул. Вот и надейся после этого на милицию.

Привидение под личиной сантехника явилось и вправду довольно скоро. Оно было с места в карьер прильнуло на кухне к крану, но я сказал:

— Не надо наводить тень на плетень; мы тоже не лыком шиты. Лучше присаживайтесь и примите-ка стаканчик водки, если, конечно, у вас там пьют.

— У нас везде пьют, — сказало привидение и присело.

Мы приняли дозу, и я продолжил:

— Я тут поспорил с виновником, так сказать, вашего потустороннего бытия, что там вам лучше, чем среди нас. Как вы можете про... ком...ментировать это предположение?

— Я его так могу прокомментировать, — ответствовал лжесантехник: — там хорошо, где нас нет.

— Так нас и за колючей проволокой нет, а ведь там не лучше.

— Лучше. Это я вам по опыту говорю. Целый день на воздухе, кормежка три раза в сутки, какой-никакой порядок.

— Простите: как вас, собственно, называть?

— Вергилий моя фамилия.

— Так-таки и Вергилий?

— Так-таки и Вергилий.

— Значит, ошибочка вышла, что-то я не так намеди... — момент: на-ме-диу-ми-фи-ци-ро-вал.

— Это я без понятия.

— Зато я вас прекрасно понял. Раз вы Вергилий, то позвольте воспользоваться случаем и попросить вас об одолжении: проведите в загробный мир... Я, конечно, не Данте, но адом тоже остро интересуюсь.

— Ада нет.

— А что есть?

— Да вот я даже не знаю, как это дело следует обозвать. Есть, знаете ли, такое перевернутое существование, как типографский набор в отличие от печати. Впрочем, сами все увидите — так пошли?

Я сказал:

— Пошли...

И в то же мгновение картина резко переменилась: вдруг потемнело и страшно похолодало, потом постепенно стало светлеть, теплеть, и в конце концов меня окутала влажная, благоуханная и словно подслащенная атмосфера, которой, наверное, можно было питаться, как молоком. Ничего вещественного я кругом не заметил — просто было светло и душно. Вергилий мой тоже как-то развоплотился, точнее сказать, он стал ослепительно ярким пятном околочеловеческой конфигурации, некоторым образом тенью наоборот, и я его только по голосу узнавал. Потом я увидел множество таких же антитеней, снующих туда-сюда, и справился у Вергилия:

— Это кто же такие будут?

— А души, — сказал Вергилий.

— Ага! Стало быть, мы в раю.

— Рая тоже нет. Есть, повторяю, такое перевернутое существование, вроде типографского набора в отличие от печати, которого в конце земного пути удостаивается всякий человек, если только он человек.

— Хорошо, а мерзавцы где?

— Я думаю, они умирают, то есть исчезают бесповоротно и навсегда.

— Стало быть, одни праведники у вас...

— Ну почему — разные типы есть. Да вот возьмем хотя бы его, — и мой Вергилий указал на одну из душ, задумчиво проплывавшую мимо нас: — он, бес такой, при жизни карикатуры на генетику рисовал.

Душа встрепенулась и подскочила.

— Товарищ! — обратилась она ко мне. — Позвольте оправдаться!..

— Ну, оправдывайтесь, — сказал я.

— Главная причина, что я был скромного образования человек. А теперь представьте, что вас вызывают ответственные лица и говорят: «Алеуты, — говорят, — выдумали такую сверхпроводимость...» Кстати, вы в курсе, что такое сверхпроводимость?

— Ни сном ни духом.

— В том-то вся и вещь, что кругом у нас скромное образование! Ну, так вот: «Алеуты, — говорят, — выдумали такую сверхпроводимость, при помощи которой они могут запросто растопить вечные льды и устроить нам потоп вместо нашего реального-то социализма! Так вот нужно ударить по этим отъявленным алеутам, а то они нас утопят как котят и повернут вспять колесо истории...» Иначе говоря, поверил я этим разбойникам и разрисовал генетику в пух и прах. Вот и выходит, что я практически ни при чем, потому как не на биофак же мне было, в самом-то деле, предварительно поступать!

— Вы действительно ни при чем, — сказал я, чтобы умиротворить бедовую эту душу.

Душа угомонилась и задумчиво поплыла дальше воздушным своим путем. А я поворотился к Вергилию и продолжил:

— У вас здесь что, по-русски все разговаривают?

— Здесь — по-русски, за границей по-своему, кто на чем.

— Во дают! — изумился я. — Значит, у вас есть и Россия, и заграница?..

— У нас все есть, но только в перелицованном виде, наоборот. Вон видите, Брест в осаде!

И я вдруг явственно увидел далекий Брест, к западу от которого точно противоестественно солнце вставало — такая там толпилась масса антитеней.

— ...Это все иностранцы, которые стремятся к нам на постоянное место жительства. И я отлично их понимаю. Ведь они после смерти, бедняги, всего лишились: ни «мерседесов» там у них, ни электроники, ни валюты, одна душа в почете, а где ты ее возьмешь!.. Ну и стремятся к нам которые были люди, потому что у нас, конечно, занятнее, веселей. Вот ведь ирония судьбы: кто был пиковой шестеркой, тот стал козырным тузом.

— И принимаете? — спросил я.

— Выборочно, — пояснил Вергилий. — Если, например, американец способен ответить на вопрос, кто был первым президентом Соединенных Штатов, то мы еще посмотрим, а нет — освободите, пожалуйста, помещение.

— Однако строго...

— Нельзя иначе. Иначе нам самим будет не протолкнуться. Ведь сколько ежегодно народу-то помирает, и все норовят в Россию!..

— Погодите: вы ведь сами духовный, так сказать, эмигрант, вы ведь сами из древних римлян!

Вергилий сказал на это:

— Русский — это не национальность, а настроение.

Как раз на этом месте я как бы очнулся, как бы пришел в себя. За окошком было уже темно, голова трещала, кухня была пуста. Но зато в большой комнате разговаривал телевизор, — видимо, жена вернулась с работы и теперь набиралась сил, чтобы сделать мне нахлобучку. Через некоторое время она действительно появилась на кухне, увидела, что я бодрствую, и сказала:

— Так: а где два рубля с мелочью, позвольте поинтересоваться?

— Не брал я никаких двух рублей с мелочью, — сказал я. — Вообще этот вопрос не ко мне, а к пресловутому Розенпуду. Он вообще нас скоро по миру пустит: то мой итальянский галстук пропал, то две серебряные ложки, то вот теперь два рубля с мелочью, которые я прокутил лучше бы на такси! И целыми днями он скребется в стенном шкафу, скребется... ну чего он, спрашивается, скребется?!

— Пить надо меньше, — с укоризной посоветовала жена.

Пить надо меньше, никто не спорит.

Я И ДУЭЛЯНТЫ

> Мир должен быть оправдан весь,
> Чтоб можно было жить.
>
> К. *Бальмонт*

Прежде чем перейти к делу, мне понадобится одно короткое отступление.

Я писатель. Правда, я писатель из тех, кого почему-то охотнее зовут литераторами, из тех, о ком никогда никто ничего не слышал, из тех, кого обыкновенно приглашают на вечера в районные библиотеки. Однако не могу не похвастаться, что и я немножко белая ворона среди пишущей братии, поскольку я работаю день и ночь, а кроме того, имею особое мнение насчет назначения прозы: я полагаю, что ее назначение заключается в том, чтобы толковать замечательные стихи. Подобное мнение ущемляет божественную значимость как писателя, следовательно, я прав. А впрочем, один мой собрат по перу, некто Л., капризный и много о себе понимающий старичок, утверждает, что книги умнее своих сочинителей. Если это так, то я лишаю поэтов всех привилегий и не претендую на особенности моего литературного дарования, которое определило меня на второстепенные роли. И вот еще что: литературное реноме Николая Васильевича Гоголя вовсе не пострадало из-за того, что Пушкин науськал его написать «Мертвые души».

Разумеется, я вполне сознаю ценность своего творчества относительно литературного наследия Гоголя, почему и позволяю себе, как правило, трактовать поэтические недосказанности сошки помельче. В данном случае мое воображение задели два стиха Константина Дмитриевича Бальмонта, приведенные выше в качестве увертюры. С другой стороны, меня вдохновила одна неслыханная история, к которой я имел отношение и как свидетель, и как в некотором роде действующее лицо. История эта до того в самом деле дика и невероятна, что диву даешься, как такое могло случиться в наш деликатный век, в нашем добродушном, не помнящем зла народе, в каких-нибудь наших северо-западных Отрадных среди детского писка и развевающегося белья. Во всяком случае, для того чтобы дать теперь этой истории ход, я вынужден выворачивать наизнанку свое литературное рубище, и если этого покажется мало, то даже присягнуть на здоровье своего двенадцатилетнего сына, лгуна, балбеса и двоечника, что все, о чем пойдет речь в дальнейшем, правда и только правда.

Завязкой этой истории послужило изобретение инженером Завзятовым какого-то особенного пневматического молотка. Я знаю Завзятова понаслышке и никогда не видел его в глаза, но полагаю, что его последующие поступки обязывают меня изобразить Завзятова человеком лет тридцати пяти с неаккуратной прической, отсутствующим взглядом, непоседливыми руками, в брюках по щиколотку, в пиджаке с загнувшимися вперед лацканами и секущимися рукавами.

Насколько мне известно, вплоть до изобретения пресловутого пневматического молотка знакомые За-

взятова были о нем самого ничтожного мнения, хотя
одна женщина загодя говорила, что в нем есть что-то
потустороннее, демоническое; с этой женщиной он потом жил.

Другой герой моего рассказа — молодой человек
по фамилии Букин, ответственный секретарь одного
технического журнала, почему я с ним, собственно, и
знаком: когда-то, в незапамятные времена, я сам работал в этом журнале чем-то вроде мальчика на посылках. Вообще, Букин производит располагающее
впечатление, разве что в нем смущает редкая в наше
время и, по моему мнению, предосудительная страсть
к игре на бегах и дымчатые очки, которые придают
ему надменное выражение.

Кроме этих двоих, в описываемой истории были
замешаны женщина, редакция одной столичной газеты и кандидат юридических наук, специалист по рим-
скому праву, некто Язвицкий.

Дело было так. В прошлом году, в сентябре, Завзятов подал заявку на авторские права. Одновременно он из тщеславных соображений принес в редакцию журнала, где служил Букин, статью собственного сочинения, в которой расписывал достоинства
молотка. Отдел, куда попала статья, переадресовал
рукопись Букину, а тот нашел, что все это в высшей
степени чепуха. Букин еще не успел положить рукопись в «гибельный» ящик письменного стола, как Завзятов явился в редакцию за ответом. Его объяснение с Букиным, продолжавшееся вплоть до обеденного перерыва, относится к той категории разговоров,
при воспоминании о которых внутри образуется нерв-
ное неустройство. Они разошлись врагами, воспылав
(я этот глагол потом заменю) такой ненавистью
друг к другу, что некоторое время просыпались и за-
сыпали с одной только думой: как бы неприятелю
отомстить. Вспоминая про Букина, Завзятов называл
его титулярным советником, сволочью и тупицей, а
Букин, вспоминая Завзятова, находил успокоение исключительно в том, что, вероятно, имеет дело с по-
мешанным, каких на своей должности он видел немало; потом он даже наказал вахтеру, чтобы впредь
Завзятова не пускать.

История эта, возможно, так и закончилась бы заурядным скандалом, если бы Букину не пришла в голову мысль и вправду отомстить изобретателю молотка за те оскорбительные намеки, которые тот по его поводу отпустил. В другой раз эта мысль вряд ли пришла ему в голову, так как Букин был человеком отходчивым и незлобным, но накануне его при всех ударила по лицу одна молодая женщина, которой он с год не давал прохода. Теперь он то и дело вспоминал про эту пощечину, и перед ним вставал ужасный вопрос: почему такое он терпит поношение от мерзавцев, почему не научится себя защищать — мужчина он или же размазня? Этим вопросом Букин со временем до того себя распалил, что решил написать в одну газету, где у него был приятель, тоже любитель бегов, язвительную статью под названием «Изобретатель велосипедов». Недели через две замысел был осуществлен, и статья увидела свет. А еще через неделю Завзятов подстерег Букина у подъезда, и между ними произошел следующий разговор:

— Это вы написали гаденький пасквиль о моем изобретении? — сказал Завзятов, бегая глазами и медленно вынимая из кармана правую кисть.

— Я, — сказал Букин и панически улыбнулся.

— Вы поступили неосмотрительно. Вы подумали, что скажут о вас потомки?

Букин смолчал, так как, по его мнению, потомки тут были решительно ни при чем. Завзятов же, не дождавшись ответа, неловко размахнулся и ударил Букина по лицу.

Теперь попробуйте представить себя на месте человека, который в течение месяца получил две пощечины, и, если вы не лишены некоторого воображения, вам откроется самая мучительная комбинация чувств. Букину было и стыдно себя, и жалко себя, и ежеминутно изводило желание как-нибудь неслыханно отомстить. Но пока он выдумывал, как бы это ловчее сделать, Завзятов опередил его и в том, что касается усугубления ненависти, и в том, что касается жажды мести, — возможно, он действительно был не совсем здоров.

В одно прекрасное утро Букин получает письмо. «Милостливый государь (именно «милостливый», а не милостивый)! — пишет ему Завзятов. — Если вы ду-

маете, что мы окончательно расквитались, то вы ошибаетесь. Я оскорблен вашей грязной статейкой не на
жизнь, а на смерть. Подлость, которую вы совершили
против отечественной науки и техники, смоется только кровью. Я вызываю вас на дуэль. Если вы не баба
и не тряпка, то соглашайтесь. Я пришлю за ответом
своего секунданта. Завзятов».

— Прекрасно! — воскликнул Букин, прочитав
письмецо, и нехорошо засмеялся. — Дуэль? Прекрасно! Пусть будет дуэль! — От ненависти к Завзятову
и перспективы крови у него что-то задергалось в голове.

Два дня спустя к Букину на квартиру явился за-
взятовский секундант, та самая женщина, которая загодя угадала в Завзятове что-то потустороннее, демоническое; фамилия ее была Сидорова. Не переступая
порога, эта женщина потребовала ответа на завзя-
товский вызов и тут же оговорилась, что в случае отказа от дуэли она просто его убьет. Оговорившись,
Сидорова испытательно посмотрела ему в глаза.
В этом взгляде сквозила такая лютая сила, которая
даже не может быть свойственна женщине, и Букин
оторопел. Он ответил, что принимает вызов, но от
смятения говорил как-то робко, и Сидорова, уходя,
презрительно улыбнулась. После этого он и Сидорову стал ненавидеть.

Несколько дней Букин прожил в полуобморочном
состоянии. С одной стороны, он по-прежнему терзал-
ся ненавистью и в душе торопил развязку, но, с другой стороны, ему было досадно, что он из-за пустяков
попал в переплет, который принял уж слишком зло-
вещее, несовременное продолжение; вообще, у него
было такое чувство, точно вдруг незаметно сломалось
время, и мир повернулся назад, к сожжению ведьм,
избиению младенцев, антропофагии. Эта сторона дела очень смущала Букина, и он даже подумывал, не
отказаться ли от дуэли, сославшись на то, что его
враг клинический идиот. К сожалению, от дуэли он
так и не отказался; более того: он неожиданно по-
стиг спасительный смысл той этической категории,
которая прежде обозначалась выразительным словом
«честь».

Поединок было решено обставить традиционно.

Завзятов два дня просидел в Исторической библиотеке и выписал из Дурасовского кодекса все, что касается правил и церемониала. После этого Букин дважды встречался с Сидоровой; на первом свидании, назначенном возле пригородных касс Ярославского вокзала, решался вопрос, как драться, то есть насмерть или до первой крови, — решили, до первой крови; на другом свидании выбирали оружие. Это оказался сложный вопрос: пистолеты взять было негде, поножовщина претила обоим, фехтовать не умел ни тот, ни другой. Наконец, в качестве дуэльного инструмента выбрали спортивные луки. На луках остановились, во-первых, потому, что у Сидоровой были знакомые лучники из общества «Локомотив», а во-вторых, потому, что, по справкам, на церемониальной дистанции из спортивного лука нельзя было нанести смертельную рану. Правда, оставалась опасность попадания в голову, но к этой опасности дуэлянты отнеслись легкомысленно, рассудив, что, в конце концов, это все-таки дуэль, а не пьяная потасовка.

Когда все детали поединка были оговорены, Букин стал искать секунданта. Не знаю, что его дернуло, но он явился ко мне. Я выслушал его, не веря своим ушам, несколько раз справился, не дурачит ли он меня, и в конце концов послал к черту. Букин сказал, что он пошутил, мы посмеялись и выпили по маленькой коньяку, который я прячу от жены в солдатской фляге на антресолях.

К тому времени я уже был серьезно озадачен теми двумя бальмонтовскими стихами, которые предваряют эту историю. Из них вылуплялся какой-то рассказ. Душа его уже проклюнулась, но телесности не было никакой, и я ухватился за букинский анекдот, в котором мне почудилась соответствующая телесность. Я уже было засел писать, но дело, как я ни силился, не пошло. Сомневаюсь, чтобы мне удался даже плохой рассказ, скорее я бы вообще никакого не написал, уж больно тяжеловесной оказывалась телесность, но тут ко мне опять заявился Букин. Он был чуть ли не в лихорадке. Я спросил его, что стряслось, и он признался, что давеча не соврал, что дуэль действительно намечается, а пока стороны решают следующую проблему: если дело закончится серьезным ранением одного из соперников, то каким образом избавить другого минимум от сумы, максимум от тюрьмы? Эта проблема оказалась настолько сложной, что враги решили было обратиться в юридическую консультацию. Впрочем, они вовремя опомнились, и все кончилось тем, что Сидорова, у которой вообще оказалась масса полезных знакомств, свела дуэлянтов с юристом Язвицким.

Язвицкий принял их у себя на даче. Во время разговора он держался заносчиво, но совет дал дельный. Он посоветовал, запасясь четвертинкой водки, в случае рокового исхода опоить пострадавшего и затем безбоязненно доставить его в ближайшую поликлинику; там следовало объяснить ранение несчастной случайностью, например: выпил лишнего, пошел прогуляться, споткнулся, напоролся на сук. В заключение Язвицкий выкинул неожиданный фортель: он предложил свои услуги в качестве букинского секунданта.

Стреляться договорились в Сокольниках. Чуть в стороне от Оленьих прудов, по словам Сидоровой, было одно укромное место. Дуэль назначили на субботу, 30 октября.

Несколько дней, остававшихся до этого рокового числа, соперники, надо полагать, провели в неотступных думах о смерти и вообще находились в том неприятно-тревожном состоянии духа, которое мнительные люди испытывают в ожидании врачебного приговора. В последнюю ночь Завзятов, наверное, до рассвета ходил из угла в угол, ерошил волосы и поминутно проверял, не дрожат ли руки. А Букин, может быть, решил напоследок полистать дорогие книги и нечаянно задремал.

Утром 30 октября участники дуэли встретились на трамвайной остановке «Мазутный проезд». Пока шли до места, все тяжело молчали, и только Язвицкий ни к селу ни к городу начал рассказ о том, что в этих местах когда-то купался Пушкин; впрочем, через минуту он опомнился и замолк.

Уже вторую неделю как выпал снег. Он стал было таять, но неожиданно ударили холода, и зазимок лег искрящейся стеклянною коркой, которая весело похрустывала под ногами. Еще во многих местах на деревьях зеленела листва, и снег, который кое-где прилепился к кронам, производил неприятное впечатление.

Шли минут двадцать. Букин заметно побаивался, но Завзятову, тащившему бутылку водки и луки, завернутые в газету, опасность была, кажется, нипочем. Более того: он с таким зловещим спокойствием озирался по сторонам, что казалось, он сейчас непременно выкинет что-нибудь безобразное.

Поляна, о которой рассказывала Сидорова, на самом деле оказалась местом уединенным. Вокруг недвижно стояли сосны, о которых Букин подумал, что в них есть что-то вечное, самодовлеющее, как в жизни вообще относительно смерти в частности.

Придя на место, все, кроме Завзятова, закурили. Язвицкий тем временем с судейской аккуратностью осмотрел луки и четыре стрелы, наконечники которых он самолично наточил до содрогающей остроты. Потом он отмерил двадцать пять метров между барьерами, расставил противников по местам и, немного помедлив, дал им сигнал сходиться.

Стрелялись одиннадцать раз, так как ни Завзятов, ни Букин никогда прежде лука в руках не держали и никак не могли попасть. На одиннадцатый раз стрела, выпущенная Букиным, угодила Завзятову в глаз, то есть случилось худшее из того, что только могло случиться. Впрочем, стрела застряла в глазном яблоке и внутрь черепа не проникла. Завзятов даже не потерял сознания, хотя из-под стрелы на снег, перемешанный с зелеными и желтыми листьями, хлынул неправдоподобно бурный фонтанчик крови. Стрелу извлекли, и Сидорова стала лить прямо на то место, где у Завзятова только-только был глаз, перекись водорода; на ране зашипела очень большая, пузырящаяся, розовая гвоздика, и кровь постепенно остановилась. После этого Завзятов минут десять не мог отдышаться, а когда отдышался, то первым делом попросил водки. Ему налили два стакана подряд; третий налили Букину, с которым случилась истерика.

Однако то, что случилось на самом деле, было до такой степени отвратительным и ужасным, что написать об этом в рассказе было положительно невозможно. Кроме того, действительность противоречила бальмонтовской идее, и я придумал другой конец. Придя на место, дуэлянтам показалось холодно стреляться, и Букин от страха предложил понемногу выпить. Предложение было принято. Выпили по одной — показалось мало, выпили по другой — показалось мало, потом, конечно, послали Сидорову в магазин за добавком, короче говоря, как водится, напились. После этого стали выяснять отношения. Во-первых, сошлись на том, что затея с дуэлью, конечно, глупость, во-вторых, стали прикидывать, как это они дошли до такого умопомрачения, и, наконец, каждый из присутствующих высказал собственный взгляд на вещи. Посредством этих оправдательных монологов я и наметил дать прозаическое толкование бальмонтовских строчек насчет того, что мир должен быть оправдан весь, чтоб можно было жить.

Итак, дело у меня венчалось нетрезвым, но поучительным разговором. Сидорова пускай говорит, что, по ее мнению, человечество существует главным образом для того, чтобы тиранить самых совершенных представителей своего вида, то есть гениев. Пускай она укажет на пример Циолковского или Торквато Тассо, чью суммарную полезность можно приравнять к суммарной полезности двух человеческих поколений, и при этом добавит, что это большое счастье — встретить на жизненном пути такого гения, как Завзятов, с которого прямо нужно сдувать пылинки.

Затем вступит Букин. Он будет говорить о том, что в конце концов все сделаются неврастениками, если не научатся себя самым решительным образом защищать. Букин будет горячо обличать людей, которые легко и много прощают и в лучшем случае способны ответить на оскорбление оскорблением, потому что это ведет к отмиранию личности. Что же касается гениев, скажет он, то гении они или нет, это еще вилами на воде писано. Когда дело дойдет до Язвицкого, он станет оправдывать свое умопомрачение тем, что теперешняя жизнь лишена остроты и однообразна, как гудение комаров; что временами непереносимо хочется чего-нибудь из ряда вон выходящего, уксуса с перцем, чтобы всего ознобом пробрало, иначе можно помутиться в рассудке, иначе можно подумать, что жизнь прожита впустую. Наконец, Завзятов объявит, что отечественная наука и техника — это святое дело и ради их торжества он готов стреляться хоть ежедневно.

В самом конце рассказа я приписал фразу насчет того, что все разошлись по домам довольные и хмельные, вздохнул и поставил точку. Затем я перечитал написанное и даже перепугался, до чего получилось умственно, хорошо.

— Ну, — закричал я жене, которая в это время делала что-то на кухне, — если это не самое сильное из того, что существует в теперешней литературе, то я вообще ничего не смыслю. Слышишь? Когда Л. прочитает этот рассказ, он покончит жизнь самоубийством. Он скажет, что со мною невозможно быть современником.

— Господи, — ответила из кухни жена, — когда все это кончится?..

Ну что ты будешь делать, скажи на милость!

Я И ПЕРЕСТРОЙКА

Сейчас я расскажу, как рухнула перестройка. Точнее, пока еще не рухнула, но обязательно рухнет в результате допотопной формы семьи и брака, которая господствует при реальном социализме. Объективности ради нужно оговориться, что вообще история знает немало случаев, когда препоной великому свершению послужила сравнительно чепуха; взять хотя бы случай с императором Петром Федоровичем, который не осуществил своей преобразовательной миссии только по той причине, что несколько раз прилюдно отчитал супругу Екатерину за ее неистовый темперамент.

Весь прошлый год я работал над проектом радикальной экономической реформы, которая, по моим расчетам, должна была вывести страну на рубежи полного процветания и, что дороже всего, — в самый короткий срок. Эта работа несколько затянулась; я предполагал закончить ее к зиме и таки закончил ее к зиме, но только иного года, потому что после Октябрьских праздников я крепко закеросинил. Жена моя, Вера Степановна, кое-как смирилась с этим запоем, поскольку ежу, как говорится, было понятно, что я несу нечеловеческие нагрузки: работа на заводе, работа по дому, да еще каждый божий вечер я отправляюсь на кухню и сажусь за свой революционный проект, над которым корплю чуть ли не до утра. Вот только Вера Степановна по субботам и воскресеньям никуда меня не пускала, когда мне особенно требовалось расслабиться от моих сумасшедших будней; встанет, бывало, в дверях с молотком для отбивания мяса и говорит:

— Субботу и воскресенье — это отдай сюда!

Долго ли, коротко ли, — закончил я свой проект. В ночь с 3 на 4 декабря этого года я поставил последнюю точку, положил рукопись в папку с шелковыми тесемками, походил в обнимку с ней по квартире, вдоволь насмотрелся на себя в зеркало, какие они, значит, бывают, русские самородки, и спрятал папку на антресолях. Я с самого начала решил свою работу как бы замуровать, потому что отлично представлял себе самоизничтожительные последствия, попробуй я ее протолкнуть в верхах, чему «в истории мы тьму примеров слышим»: взять хотя бы пример с первым нашим воздухоплавателем Кузьмой Жемовым, которого неоднократно пороли за изобретение махолета,— но цивилизованные потомки обязаны были знать, что плодоносящий российский ум не дремал даже в самые паскудные времена. Однако по зрелому размышлению я все же решил сделать экстракт из своего проекта и послать его ребятам в Совет Министров, вернее, во мне тщеславие просто-напросто взяло верх.

Чудные дела твои, господи: я послал пакет в понедельник, а в субботу мне уже позвонили; приятный такой, моложавый голос поздравил меня с субботой и сообщил:

— Сейчас с вами будет говорить Николай Иваныч.

Во мне мгновенно что-то вспыхнуло от радости, гордости и ощущения себя государственным человеком; должен сознаться, что если бы этим звонком завершилась судьба моего проекта, тщеславие мое было бы стопроцентно удовлетворено. Я, конечно, скорчил физиономию и замахал свободной рукой, давая жене сигнал, чтобы она подошла к параллельному аппарату и, таким образом, убедилась бы в том, что ее муж отнюдь не малахольный мечтатель, а прямой государственный человек.

— Здравствуйте, Александр Иваныч, — вдруг говорит Николай Иваныч, — как настроение, как дела?

Я отвечаю:

— По моим сведениям, все нормально.

— Что-то я о вас раньше ничего не слыхал, — продолжает речь Николай Иваныч. — Вы где работаете: в Академии наук или у Абалкина в институте?

— Я, — отвечаю, — так сказать, практик и непосредственно занят на производстве.

— А степень, звание — это как?

— С этим у меня просто: расточник пятого разряда — тут вам и звание, тут и степень.

— Ну что же, это тем более интересно. Так вот, дорогой Александр Иваныч, надо бы встретиться, серьезно поговорить. Ваши идеи нас крепко заинтересовали, но есть в вашей записке ряд, я бы сказал, темных мест, которые требуют авторской расшифровки. Так как вы насчет встретиться, серьезно поговорить?

— Я готов, — отвечаю я и делаю жене глазки: дескать, знай наших, дескать, пятнадцать лет ты со мной прожила, Вера Степановна, так и не сообразив, с кем ты их, собственно, прожила.

— Тогда, может быть, не станем откладывать это дело? — говорит Николай Иваныч. — Давайте сегодня и встретимся; мы, разумеется, машину за вами вышлем...

— Я готов, — отвечаю я.

После этого опять подключается приятный такой, моложавый голос и сообщает:

— Машина будет через пятнадцать минут, номер семнадцать — двадцать четыре.

Положив на место трубку, я весело поглядел на Веру Степановну и отправился одеваться. А Вера Степановна взяла молоток для отбивания мяса, встала в дверях и по обыкновению говорит:

— Субботу и воскресенье — это отдай сюда!

— Ну, ты вообще! — восклицаю я, тем временем влезая в новые чехословацкие башмаки. — Ты думай головой-то: кто меня вызывает, зачем и в какое место. Это же государственные дела! Сейчас и «Чайка» за мной приедет... Не понимаю: при чем здесь суббота и воскресенье?..

— А при том, — объясняет Вера Степановна, — что в позапрошлую субботу у тебя тоже были государственные дела, после которых ты явился в два часа ночи и на бровях! И то же самое машина за тобой приезжала, только не «Чайка», а «скорая помощь», — или ты, Александр Иваныч, пьяным делом про то забыл?

— Ну, как же я забыл, конечно же, не забыл: в позапрошлую субботу вдруг такая тоска на меня нашла, — это я с утра начитался газет про нашу хозяйственную разруху, — что грешным делом я позвонил одному приятелю, который трудится в «Скорой помощи», и меня забрали по подозрению в сальмонеллезе, якобы напавшем на наш завод. Одним словом, нечего мне было возразить Вере Степановне, потому что тогда явился я действительно в два часа ночи и действительно на бровях.

1976—1989

Я И БЕССМЕРТИЕ

Боже мой, как мало мы знаем жизнь!

Меньше мы знаем, наверное, только смерть, о которой скажу особо, что же касается жизни, то о ней наши сведения так же гадательны, скудны, обрывочны, недалеки, как о зороастрийцах или взаимодействии душ. Подозреваю, что обозначать всю глубину нашего невежества в этой области невозможно, если не прибегнуть к модели, образу, хотя бы к такой модели: идешь, скажем, своей дорогой и ненароком заглянешь в чужое окошко, плохонько освещенное, показывающее вечный стенной козер, дрянную копию «Рубки леса» в тяжелой раме, какой-нибудь нелепый дедовский шифоньер, и вдруг тебя пробирает мысль, что за этим окошком тоже совершается своя жизнь; то, что она совершается, вроде бы очевидно, но какие там у них разыгрываются водевили или трагедии, что за фамилия у хозяина, чем они, бедняги, перебивают-

ся, нет ли среди них знаменитостей, сидел ли кто-нибудь из семьи — это тебе решительно невдомек, никогда ты этого не знал и никогда, разумеется, не
узнаешь, хотя целую вечность прожил поблизости, в
двух шагах; и отчего-то вдруг так пронзительно-тя-
гостно сделается на сердце, как будто ты растратил
общественные деньги или ни за что ни про что об-
хамил старушку. Да что там постороннее бытие, когда и в собственном ты почти ничего не смыслишь: я,
например, всегда считал себя отчаянным мужиком, но
недавно двое бандитов сняли с меня меховую шапку,
и я только с укоризной смотрел им вслед.

    А мы-то, болваны, думаем, что знаем о жизни
все.

    Эти соображения потому на меня напали... но нет,
для полной ясности начать придется издалека: я
неожиданно расхворался. В тот день, когда я неожиданно расхворался, я как ни в чем не бывало отстоял
вахту в одном идиотическом институте, где лет пять
уже работаю стрелком военизированной охраны, хотя
у меня высшее гуманитарное образование, и даже немного пошатался по магазинам, но как только пришел домой, так сразу почувствовал, что со мной что-
то неладное происходит: не то чтобы меня лихорад-
ило, или голова была точно набита горячей ватой, как
это случается, когда я внезапно заболеваю, а вдруг
обуяло некое тревожное ожидание, чувство кануна,
готовности к чему-то ужасному, непоправимому, что
вот-вот собиралось со мной стрястись. Я принюхался
к телу — о болезнях я узнаю по глазам, по снам и
запаху собственного пота: грипп пахнет затхло, про-
студа кисло, нездоровая печень производит дух жже-
ного сахара, а неординарные болезни пахнут причудливо, мудрено — так вот я принюхался к телу и обнаружил, что оно, как стекло, вообще не пахнет. Это
меня неприятно насторожило, и я пошел поглядеться
в зеркало, чтобы, буде можно, угадать заболевание
по глазам, и — чудные дела твои, господи, — в зеркале я увидел лицо незнакомого человека... Конечно,
не исключено, что у меня резко переменилось выражение физиономии или я вдруг до неузнаваемости
похудал, но факт остается фактом — на меня глядело
лицо незнакомого человека... Тут уж я до такой сте-

пени напугался, что перестал чувствовать свои ноги, но это был, как говорится, еще не вечер: я освидетельствовал кожный покров и обнаружил на груди, под левым соском, типичные пятна тления размером с пятикопеечную монету. «Ну, кажется, вот и все!» — мысленно сказал я, однако по малодушию все же позвонил одному приятелю, который имеет массу знакомств в медицинском мире, попросил его направить ко мне на дом наилучшего диагноста и лег в постель. Я лежал, укрывшись индийским пледом, думал о прожитом и горестными глазами оглядывал свою комнату.

А комната моя, надо заметить, оснащена разными занимательными вещами; они-то и навели меня на одно банальное и тем не менее крупное недоумение, именно что недоумение, а не мысль: я недоумевал, как это люди живут, кто рядом, кто у черта на куличиках, страдают и веселятся, потом умирают, уходят куда-то, а нам до этого нет никакого дела, вроде бы так и нужно?.. Возьмем хотя бы блюхеровскую саблю времен наполеоновских войн, с клеймом 2-го Бранденбургского полка, которая висит над моей постелью — в чьих только руках она, поди, не побывала за два столетия, сколько народу изувечил ее клинок, а я ни о тех, ни об этих знать ничего не знаю... Или вот портрет неизвестной дамы, написанный скорее всего каким-нибудь ремесленником в 1896 году, — кто эта дама? кто тот несчастный, который ее скверно нарисовал? где-то теперь покоятся их скелеты? но, главное, как это, в сущности, удивительно, непонятно: и нет их обоих, и в то же время вот они оба — есть!.. А то возьмем концертную афишу какой-то певички из штата Арканзас, которую, будучи в Америке, прихватил тот самый приятель, что имеет массу знакомств в медицинском мире; она жива-здорова, поет себе, наверное, по притонам, и хотя мы с ней населяем одну планету, она не подозревает о моем существовании, а я не могу ее даже вообразить. Да взять, в конце концов, мою собственную квартиру с ее полами, стенами, потолками: я понятия не имею, кто до меня в ней жил, и ни за что не знаю, кто здесь будет обитать после моей кончины, и эта промежуточность между неведомым про-

шлым и неведомым будущим казалась мне мелко-
оскорбительной, как поношение за глаза. Бог весть, с
чего это на меня напало такое недоумение, тем более
что уперлось оно в итог слишком малозначительный:
я подумал, что все-таки умницы французы, поскольку они сочинили пословицу «Болезни — путешествия
бедных», в истинности которой я убедился, зрительно
и умственно обследовав свою комнату. Но потом мне
пришло на мысль, что мое недоумение есть бестол-
ковое следствие такой величественной причины: все
мы суть не сами по себе люди, не индивидуумы, а
неотъемлемая часть единого, целого, какого-то одного вечного организма, и поэтому нам, понятное дело,
дико, когда мы знать не знаем другую часть, как было бы дико не знать левую свою руку, хотя, с другой стороны, мы незнакомы с собственной поджелу-
дочной железой... Вообще мне частенько приходят в
голову мысли несообразные в своей исковерканной
простоте, а лучше сказать — дурацкие, например,
третьего дня размышлял о том, отчего это у нас если патриот, то обязательно негодяй...

Как раз в ту минуту, когда я с горечью измывался про себя над русским образом мышления, во входную дверь отчетливо постучали — у меня месяца два
тому назад сломался дверной звонок, — я пошел от-
крывать и увидел того самого наилучшего диагноста,
которого давеча мне приятель пообещал. Это был ничем не примечательный человек лет так пятидесяти с
небольшим, разве что он отличался необыкновенно
густыми бровями, какими-то непролазными, похожи-
ми на фрагменты глухого леса; на нем был обычный белый халат, из-под которого виднелись аккуратней-
шим образом отутюженные брюки и не по-нашенски
изящные башмаки. Он меня первым делом преду-
предил, что берет за визит пятьдесят рублей, потом
состроил типичную докторскую гримасу, по-докторски
же сказал:

— Ну-с?

В ответ я жалобно поведал ему о том, что сегодня утром меня обуяло некое канунное чувство, что
затем я увидел в зеркале чужое лицо вместо своего
собственного и наконец обнаружил на груди пятна
тления размером с пятикопеечную монету. Диагност

как-то пристально меня выслушал, помолчал, шевеля бровями, и вдруг поставил такой диагноз:

— Видите ли, дело в том, — как бы в тяжелом раздумье проговорил он и после этого сделал паузу, — ...что вы... как бы это лучше сказать — бессмертны. Вечно вы будете жить, такая, понимаете ли, незадача.

— Не может быть! — тихо воскликнул я.

— Может, может, — сказал диагност и посмотрел на свои изящные башмаки.

— Вот это номер! А мы-то, болваны, думаем, что знаем о жизни все!

Самое интересное, что я именно чего-то в этом роде и ожидал. Я даже не особенно подивился неслыханному диагнозу, потому что втихую и сам посчитал свою симптоматику предзнаменованием чего-то невероятного, например, свершившейся смерти, которую я по рассеянности проглядел, или, действительно, вечной жизни, которую я, ну, не то чтобы исповедовал, а скорее я ее чувствовал, предвкушал; вот отчего, скажем, дети не верят в смерть, и это как раз в ту пору, когда бог в них господствует безраздельно? отчего так безотчетно жизнерадостна молодость, хотя она понятия не имеет о цели и смысле жизни? отчего и в зрелые годы мозг не вмещает идею смерти? наконец, отчего миллионы людей, причем вовсе не идиотов, веруют в бесконечность личного бытия?! Правда, до того приснопамятного дня я полагал, что вечная жизнь — это какая-то эфирная жизнь, бестелесная и, может быть, не совсем осознанная, ан нет: оказалось, что вечная жизнь есть самая обыкновенная жизнь, только вечная, неограниченная во времени и в пространстве.

— С вами за последнее время ничего из ряда вон выходящего не случалось? — между тем спросил меня диагност.

— Ну как же не случалось, именно что случалось! — с жаром ответил я. — Недавно двое бандитов сняли с меня меховую шапку...

— Вообще-то это ерундовое происшествие, но в отдельных, впрочем, редчайших случаях физиологический слом может обеспечить сущая ерунда. То есть я хочу сказать, что уникально организованная психика плюс какая-то странная стрессовая ситуация приводят подчас к тому, что как бы заедает цикл старения организма, ну, вот как пластинку патефонную заедает, и тогда наступает практическое бессмертие.

— Да за что же мне такая выдающаяся судьба?! — с восхищением спросил я. — За какие заслуги мне дарована вечная жизнь, ведь я и в бога путем не верю?!

— А богу, знаете ли, безразлично, веруешь ты в него или нет, и уж тем более безразлично «како веруешь» — ему только важно, что у тебя за душой и «како» ты поступаешь. Я, верьте слову, тоже не ангел, а даже в некотором смысле наоборот.

— Как?! — изумился я. — Вы что, тоже живете вечно?

Диагност вздохнул и в знак согласия медленно уронил голову.

— Вот это номер! — воскликнул я. — Интересно: а когда вы родились, до революции или после? Ведь вам на вид больше пятидесяти лет не дашь...

Диагност сказал:

— До. Я родился до революции 1762 года, когда государыня Екатерина Великая свергла с престола своего мужа. Как раз во время похода гвардии на Ораниенбаум мне один голштинец заехал прикладом по голове; с тех самых пор я и существую, как Агасфер, но только глубоко русской национальности.

— Так вы, наверное, видели императрицу Екатерину?

— Нет, не видел.

— Ну а других каких-нибудь великих людей? Ведь ты, товарищ, старше Пушкина лет на сорок!

— На шестьдесят, — поправил меня диагност и, точно устыдившись этого обстоятельства, опять посмотрел на свои изящные башмаки. — Никого-то я, честно сказать, не видел, встречалась мне на жизненном пути, главным образом, всякая дребедень. А впрочем, химика Бутлерова видел на Макарьевской ярмарке. В Москве видел великого князя Сергея Александровича, которого потом прикончил бомбист Каляев. Да: в 1990 году, что ли, в пригородном поезде я встретился с Агасфером, с тем самым, что еще проходит у человечества под прозванием Вечный Жид.

— Ну и что?

— Да, собственно, ничего — еврей... То есть, я хочу сказать, что довольно обыкновенно я прожил эти двести пятьдесят лет. Жизнь, она, знаете ли, и есть жизнь, какая она ни будь, хоть временная, хоть вечная. Землепашествовал, торговал, в дворниках служил, на спичечной фабрике работал, даже кабак держал в Галицком уезде Костромской губернии, а в девяносто шестом году — прошлого, разумеется, столетия — кончил действительным студентом в Московском университете и с тех пор частным образом практикую.

Я заметил:

— Что-то невеселая вырисовывается картина.

— А, собственно, не с чего веселиться, — последовало в ответ. — Жизнь, она, знаете ли, и есть жизнь, какая она ни будь, — впрочем, извините, я, кажется, повторяюсь...

Трудно сказать, по какой причине, но в эту минуту я заподозрил, что диагност сыграл со мной злую шутку, просто сказать — надул. Поэтому следующую фразу я уже произнес на иронической ноте, давая понять, что я тоже не лыком шит.

— А разве не заманчиво вечно жить из простого, так сказать, исторического интереса, — с иронией сказал я. — Ведь интересно же знать, чем, например, закончится перестройка?..

— Заманчиво, конечно, но разве что поначалу. Потому что у всего, как показывает практика, более или менее одинаковые концы. Нет, я не спорю, вечная жизнь — это замечательно. Декарт и прочие лучшие умы человечества только о том и мечтали, но что-то эта вечная жизнь расхолаживает, знаете ли, как-то не мобилизует.

— Гм, — промычал я и в раздумье взялся рукою за подбородок. — А вы не пробовали покончить самоубийством?

— В том-то и дело, что пробовал, и даже не один раз. В 1934 году, после убийства Кирова, когда стало ясно, что в стране совершился фашистский перево-

рот, я вешался в дровяном сарае — это была моя последняя попытка самоубийства.

— Ну и что?

— А ничего. Вишу себе и вишу, даже стосковался,
пока висел.

Эти слова подействовали на меня сложно: изум-
ление, замешенное на радости, подозрительность, заряженная горьким разочарованием, как рукой сняло,
и на душе осталось только какое-то неприятное, я бы
сказал, злостное любопытство.

— Однако, заболтался я с вами, — сообщил диагност и вытащил карманные часы, по всей видимости,
старинные, массивные, луковкой, — прошу меня отпустить.

Я сначала хотел сказать: «Да я вас, собственно, не
держу», но потом сообразил,   что в девятнадцатом
столетии доктора таким образом намекали на гонорар; я выдал диагносту пятьдесят целковых, проводил
его до дверей, сел в прихожей на табуретку и призадумался: я все больше и больше укреплялся в той
мысли, что этот чертов Агасфер глубоко русской национальности обвел меня вокруг пальца своими рос-
сказнями о бессмертии, чтобы за здорово живешь увести пятьдесят рублей. И вдруг так мне это стало досадно, что я прямо ополоумел, положительно одурел
и в конце концов решил удостовериться, вправду ли
я бессмертен, или это сплошной обман. Я взял на
кухне веревку, обыкновенно употребляемую для суш-
ки белья, закрепил ее на крюке, на котором в прихожей висит светильник, свил петлю, установил соответственно табуретку, встал на нее, накинул петлю на
шею, потом оттолкнулся с некоторым недоверием, что
ли, к происходящему — и повис. И что же: вишу себе, действительно, и вишу, даже стосковался, пока
висел.

Я И СМЕРТЬ

Больше всего на свете я боюсь смерти. То есть смерти боятся все, но большинство людей природа сча-
стливо устроила таким образом, что они инстинктив-
но о ней не думают и, в общем, изображают из себя
категорию, которой обеспечено вечное бытие. Я же

денно и нощно терзаюсь мыслями о предстоящем уходе, хотя я здоров как бык, хотя мне уже не тридцать
семь и даже не сорок два, хотя линия жизни на левой
руке у меня простирается до запястья. Как подумаю,
что когда-нибудь да придет пора помирать, так весь
столбенею и начинаю захлебываться смертным ужасом, как утопающие водой. Я не знаю, почему я такой уродился, но это еще не самое идиотское, что во
мне есть; самое идиотское это то, что вот я как черт
ладана боюсь смерти, а между тем мне отлично известно, что на самом деле в ней ничего ужасного
нет. Я это со всей определенностью утверждаю, потому что один раз я уже умирал. Это случилось в
прошлом году, весной, как раз под сессию Моссовета,
к которому я, правда, имею только то отношение, что
работаю в Доме союзов осветителем и по совмести-
тельству полотером.

Для полной ясности следовало бы добавить, что в
мертвецах я пробыл только четверо суток, а на пятые сутки почему-то воскрес. Точнее, совершенным,
безоговорочным мертвецом я был, наверное, считанные минуты, а четверо суток болтался в довольно об-
ширном пространстве между состоянием жизни и состоянием смерти, так что, по совести говоря, я был и
не то, чтобы мертв, но и не то, чтобы жив. Однако
это еще сравнительно ничего: самое любопытное, я
бы даже сказал, отчаянно любопытное, заключается
в том, что за четверо суток со мною произошли значительные события, которые, как это ни странно, не
приметила ни одна живая душа. То ли эти четверо
суток как-то спрессовались в одно ослепительное
мгновение, что вполне вероятно, так как время у
мертвых наверняка течет иначе, нежели у живых, то
ли у моих родственников и знакомых напрочь отбило
память, но, например, ни одна собака не помнит
моих поминок. Честно говоря, первое время я и сам
сомневался: было ли то, что было, не бред ли мои
похороны, не сон ли мои поминки, но, во-первых, у
меня нашлось одно вещественное доказательство, а
во-вторых, еще до того, как оно нашлось, какое-то
арифметическое чувство, которое безошибочно указывает, что сновидение, а что явь, сказало мне: это
было. Что же касается вещественного доказатель-

ства, то его роль сыграли обыкновенные сломанные
часы, которые остановились в момент моей смерти и,
как впоследствии ни бились над ними мои знакомые
часовщики, по сей день отказываются ходить. Тем не
менее ни жена, ни мой единственный друг Иван, ни
родственники, ни свойственники, ни знакомые, не
упомнят, как я скончался, как меня хоронили на Никольском кладбище и как потом гуляли у меня на
поминках, которые по славянскому обыкновению вы-
лились в разнузданную попойку.

В тот момент, когда я воскрес, я первым делом
подумал, что своим воскрешением наведу на публику
панику, ужас, во всяком случае, замешательство. Однако, все присутствовавшие при моем воскрешении, а
именно, два выздоравливавших мужика и старшая
медицинская сестра отделения реанимации тетя Клава, восприняли его как ни в чем не бывало, а тетя
Клава даже легкомысленно поздравила меня с возвращением, как если бы я вернулся не с того света,
а из местной командировки. После этого я начал с
трепетом дожидаться прихода жены, предвкушая, ка-
ково ей будет встретиться с привидением, но жена,
которая еще три дня тому назад проливала над моим
телом крокодиловы слезы, принесла в авоське марок-
канские апельсины и битых полчаса распространя-
лась о повышении цен на кофе. Через неделю она за-
брала меня домой под расписку.

Дома я только и делал, что целыми днями ломал
себе голову, раздумывая над тем, как же это все-таки
так случилось, что я скончался, был похоронен, наконец, помянут беспардонными родственниками и знакомыми, а между тем этого не упомнит ни одна живая душа? Такая забывчивость казалась мне в высшей степени подозрительной, а с точки зрения науки
принципиально необъяснимой. Хотя с точки зрения
науки очень многие явления природы принципиально
необъяснимы, например, как она ни пыжится, ей не
под силу решить вопрос, почему хорошего человека
по лицу видно. В конце концов я решил сходить на
работу и потолковать со своим другом Ваней, который, во-первых, большая умница, во-вторых, он учился на вечернем отделении в библиотечном институте,
в-третьих, был моим сокровенным другом, и поэтому

предположительно должен был понять меня, как
никто.

На работе меня тоже встретили спокойно, будто
бы так и надо. Я нашел Ивана, который возился с
люминесцентными лампами в конференц-зале, по-
здоровался и сказал:

— Слушай, Вань, напомни мне, пожалуйста, что
было семнадцатого числа.

— А что у нас было семнадцатое число? — пере-
спросил Иван.

— Хрен его знает, кажется, понедельник.

— Погоди, сейчас соображу... Ну, как же: семнадцатого числа у нас было собрание. Рабочие сцены
пропили бархатную кулису, и мы их на собрании
осуждали. Ты что, не помнишь, что ли, или разыгрываешь дурачка?

Я помотал головой.

— Точно ты разыгрываешь дурачка, — ехидно
сказал Иван.

Я опять помотал головой.

— Пропили, хищники, бархатную кулису. И вообще, чего ты мне голову морочишь, мы же их вместе на собрании осуждали!..

— Я не о том, — зло сказал я. — Я о том, что
было потом.

— Потом я поехал на занятия в институт, а ты
вечером заболел и тебя отвезли в больницу. Странный ты какой-то сегодня, некоммуникабельный...

— Ну, а потом?

— А потом суп с котом! — рассердился Иван. —
Ну, чего пристал? Ничего потом не было...

— Ох, Ваня, было! Ох, было, друг ты мой нена-
глядный!..

Я сел на стол президиума и, болтая ногами, рассказал, как все было. Когда я закончил, Иван мно-
гозначительно помолчал, потом протер глаза безы-
мянными пальцами и сказал:

— Это, конечно, идеализм. Но как показывает
практика последних десятилетий, — у нас может
случиться все.

— Ну! — согласился я. — У меня еще когда
было подозрение, что смерть — это не совсем то, что
о ней думают. Но насчет воскрешения я, по правде

сказать, никакого мнения не имел, потому что я думал, что смерть — это бесповоротно.

— Проперций говорил: «Летум нон омниа финит».

— Это еще что такое?

— Не все кончается со смертью.

— Ну, это ладно: ты мне лучше скажи, почему никто ничего не помнит? Вот ты помнишь, как гулял у меня на поминках?

— Не помню, — сказал Иван с таким видом, с каким хитрые люди сознаются в неправоте.

Наш разговор еще продолжался довольно долго и в конце концов завершился тем, что я совершенно и окончательно успокоился. Я про себя решил, что, было дело, я помер, некоторое время провел на Никольском кладбище, а потом воскрес, чего, правда, не помнит ни одна живая душа, но сумму всех этих загадочных обстоятельств следует принимать как данность; скажем, киты время от времени совершают коллективные самоубийства, это непонятно, но мир между тем продолжает существовать. Правда, я долго не мог взять в толк, зачем, собственно, это было, но потом меня надоумило, что я просто-напросто прожил небольшой кусок будущего, которому не суждено было осуществиться. Тут, конечно, тоже не обошлось без фантастического элемента, но поскольку сравнительно с моими приключениями на том свете, это была какая-то приземленная фантастика, почти быль, я подумал, что так оно и случилось на самом деле. На всякий случай я еще раз пересказал про себя всю историю, чтобы перепроверить, нет ли в ней чего-то такого, что обличало бы меня как человека, спятившего с ума. Нет, ничего такого не находилось. Перипетии моей истории обличали кого угодно, но только не человека, спятившего с ума. Я сидел на стремянке в конференц-зале, смотрел на Ивана, который распутывал провода, и припоминал, как вечером семнадцатого числа я пришел с работы, переоделся в домашнее барахло и, пока не подоспел ужин, прилег с газетами на диван. Потом я поужинал, потом мы немного посплетничали с женой, потом я посмотрел программу «Время» и отправился в спальню спать. С этого все, собственно, и началось: я лег спать и не проснулся. Я почему-то всегда предчувствовал, что именно таким образом и умру, то есть как-нибудь лягу и уже никогда не встану. И вот я лег спать и не проснулся. Вообще все произошло немного иначе — это домашние думали, что я не проснулся, на самом деле в свою смертную минуту я как раз и проснулся. Я проснулся и подумал: а чего это я проснулся? Мне это показалось очень странным, потому что среди ночи я сроду не просыпался, и по этому поводу у меня в животе зашевелился какой-то испуганный червячок. Что такое, думаю... И тут я почувствовал, как к сердцу подступает... И даже не подступает, а подкрадывается что-то окончательное, какая-то итоговая дурнота. Она подкрадывалась, подкрадывалась и вдруг во весь рост встала посреди сердца, расперев его стенки до натянутости струны. Я стремительно сел в постели. По-видимому, дыхания уже не было, так как из выкатившихся глаз струями полились слезы, а рот, которым я пытался схватить хоть сколько-нибудь окаменевшего воздуха, раскрылся до того широко, что со стороны это, наверное, выглядело неописуемо безобразно. Я понял, что это все, и меня обуяла жуть. В последнее мгновение я попытался позвать жену, которой ввиду моего ухода вообще-то надлежало проснуться самостоятельно, но она, дрянь такая, спала, как говорится, без задних ног. Вдруг внутри меня произошел какой-то всесотрясающий взрыв, глаза занавесила бархатно-черная пелена и нежданно-негаданно стало так легко, так освобожденно, как бывает, когда ни с того ни с сего отпускает боль. Я лег и выпрямился.

Я сразу сообразил, что умер, но, как ни странно, меня это не испугало, не огорчило — ну разве что огорошило. Я лежал и тихо, хорошо дожидался рассвета, рисуя себе какие-то симпатичные пейзажи, какие-то милые лица, уж какие именно, не упомню, и прислушивался к тиканью часов в большой комнате — в спальне, как уже было сказано, часы встали и, сколько впоследствии над ними ни бились мои знакомые часовщики, по сию пору отказываются ходить. Как это опять же ни странно, я вовсе не думал о том, какой настанет трагический переполох, когда с наступлением утра обнаружится, что я мертв, хотя при жизни меня вообще не так пугал момент эстетического порядка: мне жутко было видение собственного трупа, а точнее, жутко, что другим жутко. Но вот оказалось, что в действительности покойнику до этого нет никакого дела.

Я даже не стану описывать, что творилось вокруг после того, как обнаружилось, что я умер, только из-за того не стану описывать, что посюсторонняя суета не вызывает у покойника ничего, кроме легкого раздражения. Видите ли, тут чувство такое, как будто ты летишь на большой высоте, а внизу всякая дребедень: люди, коровы, электрички, автомобили, которые мельтешат и поэтому раздражают. Но вообще состояние было настолько приятное, что я даже не заметил, как подоспел день похорон.

Я и о моих похоронах умолчу, оговорюсь только, что вообще славянские похороны — это дичь, дичь, дичь. Я даже удивляюсь, как до сих пор не запретят эту варварскую процедуру: человеческие жертвоприношения запретили, инквизицию запретили, даже смертную казнь кое-где запретили, а этот душевынимающий обычай, тем более нелепый, что все равно никто не знает, что, собственно, произошло, почему-то не запретят...

Ну ладно, похоронили меня и уехали поминать. Я себе лежу; тихо лежу, покойно, опять же мысли хорошие, категорические: если да, то да, если нет, то нет. Но любопытное дело: как бы одним желудочком сердца, или полушарием головного мозга, или ногой, ну, я не знаю чем, — я у себя в могиле, а другой своей половиной я вместе с родственниками и знакомыми. Например, я совершенно явственно видел свои поминки. Народ, можно сказать, без малого веселился, и только Иван опился до ненормального состояния и горько рыдал, рассказывая о том, какой я был уважительный человек; я слушал его и думал: «Вот дурак! вот дурак!..»

Но, как уже было сказано, другой своей половиной я бытовал в могиле. Я лежал и сквозь категорические мысли наблюдал поразительные картины: какое-то громадное собрание, на котором всем присутствующим делали нагоняй, потом что-то похожее на висячие сады Семирамиды... Только вдруг слы-

шу — вокруг меня раздаются шорохи, приглушенные вздохи, шепот. Что такое, думаю, или мне померещилось? Нет, не померещилось; не прошло и
минуты, как слева от меня кто-то постучал по дереву, на манер, как стучатся в дверь, и я слышу
голос:

— Как дела, товарищ?

Я насторожился, потом кашлянул для солидности и сказал:

— Ничего... то есть дела, как сажа бела. А у
вас тут что, тоже разговаривают?..

— Это смотря по настроению, — отвечает голос. — Если есть настроение поговорить, можно поговорить, если нет — нет.

— Держи карман шире! — вдруг доносится голос справа. — Есть настроение, нет настроения, все
равно не дадут покоя. Я вот уже третий год тут лежу и все никак с мыслями не соберусь. Третий год
никак с мыслями не соберусь, идит вашу мать! Все
бу-бу-бу, бу-бу-бу, бу-бу-бу!..

Сосед слева, слышу, тяжело вздохнул и примолк.
Но прошло очень немного времени, как он еще раз
тяжело вздохнул и сказал тоном ниже:

— Вообще-то у нас тут тихо. Кладбище новое,
лежат все, главным образом, ровесники, так что трений особых нет. Я представляю себе, что на Ваганькове творится...

— Да, на Ваганькове творится...

— Да, на Ваганькове небось дым коромыслом! — донесся голос откуда-то издалека. — Там у
них один Сергей Александрович чего стоит! Вот, наверное, дает публике прикурить!..

— Это скорее всего, — сказал мой сосед слева. — Тем более что там и его критики похоронены,
те самые, которые инкриминировали ему подпевание
кулаку.

— Моя бы власть, — сказал отдаленный голос, —
я бы этим критикам не дал помереть естественной
смертью...

— Интересно!.. — сказал голос справа. — Что
же по-вашему, нужно было нянькаться с идейными
прихвостнями кулака? Правильно их давили, да
только мало!

— А вы, полковник, вообще помолчите, — сказал какой-то совсем отдаленный голос. — Прошли ваши времена.

— Послушайте, ребята! — тогда сказал я. — Это что, и есть смерть? Если это и есть смерть, то на хрена козе баян...

— Гм! А чего вы, собственно, ожидали? — донесся до меня голос слева.

— Я ничего не ожидал, — сказал я, — я скоропостижно скончался — лег спать, и на этом все. Но, во всяком случае, я не думал, что у вас тут целые загробные конференции.

— Товарищ, видимо, предполагал, что за хорошие производственные показатели ему обеспечат райские кущи, — съехидничал голос справа.

— Рай не рай, — сказал я, — но элементарный покой я, наверное, заслужил.

— Так это и есть рай, — сказал отдаленный голос. — Мы как раз третьего дня пришли к выводу, что это и есть рай. А мы с вами в аду — это к бабке ходить не нужно...

— Но в таком случае непонятно — я-то за что в аду? — сказал голос справа.

— И он еще спрашивает... — донесся совсем отдаленный голос.

— Нет, тут действительно не все ясно, — сказал голос слева. — Главным образом, неясно, почему в так называемый ад нашего брата покойника попадает абсолютное большинство. Ведь у нас на все кладбище только один молчун! Как похоронили его в семьдесят девятом году, так он и молчит...

— А кто он был? — спросил я.

— Неизвестно, — ответил на мой вопрос отдаленный голос. — Он же молчит...

— Мы тут посоветовались и решили между собой, что это был просто отличный человек, — сказал голос слева. — То есть такой человек, который, что называется, умел жить.

— Что значит уметь жить? — зло спросил совсем отдаленный голос.

— Ну, туши свет! — сказал голос справа. — Сейчас пойдет философия...

— Если бы я это знал, я бы сейчас с вами не

разговаривал, — объяснил сосед слева. — Но, по всей видимости, существует какая-то формула умения жить. Даже может быть, что эта формула валяется под ногами, возможно, что открыть ее гораздо проще, чем найти кимберлитовую трубку или построить Панамский канал. И если подойти к этому вопросу с позиции монадологии Лейбница...

— Тьфу! — сплюнул в сердцах сосед справа.

— Хотя, — тем не менее продолжал голос слева, — умение жить может заключаться всего-навсего в том, чтобы постоянно осознавать, что ты не что-нибудь, а живешь. И сразу пойдет какое-то пристальное, въедливое бытие, этакий продолжительный праздник самосознания. Недаром древние говорили: «Когито эрго сум»...

— Послушай, друг, — сказал голос справа, — ты вообще-то русский?

— Ну, русский... — отвечал сосед слева.

— Тогда почему у тебя на языке одни иностранные слова? Откуда такой космополитизм?..

— Заткнитесь, полковник, слушать тошно! — донесся совсем отдаленный голос.

— А ты кто такой?! — сказал голос справа. — И чего ты меня все время полковником попрекаешь?!

Тут я не выдержал и сказал:

— Знаете что, ребята, это не смерть, а сумасшедший дом! Я в таких условиях отказываюсь лежать!

И вот что чудно: только я произнес эти слова, как в голове у меня начало светлеть, светлеть, и вскорости я воскрес. Я открыл глаза и увидел нелепые физиономии двух выздоравливающих мужиков, а потом старшая медицинская сестра отделения реанимации тетя Клава поздравила меня с возвращением, как если бы я вернулся не с того света, а из местной командировки. Вот и вся история, которая, с моей точки зрения, обличает в главном действующем лице кого угодно, но только не человека, спятившего с ума. Я пришел к этому выводу бесповоротно, после чего слез со стремянки и начал помогать Ивану распутывать провода. Мы распутывали их, распутывали, а потом я сказал:

— Послушай, Вань, а давай будем жить пристально, въедливо, чтобы это дело вылилось в продолжительный праздник самосознанья?

— Давай, — сказал Иван. — Только это как?

Я пожал плечами.

— Может быть, это должно выглядеть так, — сказал я после некоторой паузы. — Положим, мы с тобой в обеденный перерыв решили сходить выпить по кружке пива. На Кузнецком Мосту пиво стоит сорок шесть копеек, а на Богдана Хмельницкого двадцать шесть. Однако до Богдана Хмельницкого дальше, поэтому набрасываем пятачок за проезд и в результате получаем тридцать одну копейку; выходит, что хотя оно и дальше, но все равно дешевле. И вот так мы все думаем, думаем, ко всему придираемся — может быть, это и будет въедливая жизнь?

— Все может быть, — ответил Иван. — Как показывает практика, у нас все может быть...

Я И XX ВЕК, ИЛИ ПИР ПРОДОЛЖАЕТСЯ

Счастлив тот, кто преодолевал рубежи веков, кому довелось пожить в соседствующих столетиях. Почему: да потому что это как две жизни отбарабанить и даже как если бы одну жизнь ты проторчал в Саранске, а другую отпраздновал на Соломоновых островах, или одну пропел-прогулял, а другую в заточении отсидел, или в одной жизни ты был пожарником, а в другой предводителем мятежа. О том, что это именно так и есть, свидетельствует отечественная история: конец XVI столетия — заунывная тирания, начало же XVII — Смутное время со всеми его трагико-героическими обстоятельствами, конец XVII столетия — дичь и мрак Третьего Рима, начало же XVIII — веселая эпоха царя Петра, конец XVIII столетия — тупая, неодухотворенная евро-российская действительность, в начале же XIX французам наложили по шее, чуть ли не весь континент прошли из конца в конец под звуки походной песни «Наша матушка Россия всему свету голова», первые мягкотелые интеллигенты заявили о себе 14 декабря, конец XIX столетия — пошлый режим царя Николая, беспросветный альянс босяка, держиморды и палача, начало же XX — экономический бум, целых

три революции и опять альянс босяка, держиморды
и палача.

А я несчастен, как бедный Иов, поскольку я родился и умру пленником XX века, и в грядущем столетии обо мне не вспомнит ни один черт. То, что я
помру, много не доживя до 2001 года, это, как говорится, медицинский факт, к бабке ходить не нужно — вот уже месяц как доктора открыли у меня
ожирение печени в стадии уже угрожающей, чуть
ли не роковой. Так прямо и сказал мне лечащий
врач: «Допились вы, больной, до ручки, долго вы
не протянете, я, по крайней мере, больше года не
обещаю». Самое интересное, что я вообще не пью.

Лежу теперь в двухместной палате республикан-
ской больницы, куда я угодил по большому блату,
смотрю в окно, за которым под сырым ветром кор-
чится старый тополь, думаю и томлюсь. Сосед мой,
по художественному прямо-таки стечению обстоятельств, — заурядный шпик из госбезопасности, па-
стух, топтун, *гороховое пальто*. Он говорит «согласно
закона» и «прецендент», слегка пришепетывает, иногда смотрит так, точно ему известно имя-отчество моей
бабушки, но, с другой стороны, в нем симпатично то,
что он обожает Владимира Высоцкого, которого ему
приказали пасти еще в середине шестидесятых и которого он пас в течение всей своей богопротивной
карьеры вплоть до смерти великого барда в июле
восьмидесятого, что он знает абсолютно все его песни
и умеет их петь с той же самой трогательной хрипотцой; так как мой сосед уже несколько лет на пенсии,
он своей бывшей профессии не таит.

— Ну, и какой он был из себя? — как-то спросил
я о Высоцком своего неправедного соседа.

— Да маленький, худенький, кажется, в чем душа
держится, а голос, как у слона!..

— А крепко он керосинил?

— Что ты! Я даже, блин, один раз лично притас-
кивал его домой на своем горбу!

— Не понимаю: и откуда только берется у людей
такое неистовое здоровье?! В смысле, откуда у людей
берется такое неистовое здоровье, что его хватает на
двадцать лет самоуничтожения?..

— А я почем знаю!

— Хотя пожил парень — дай бог каждому так пожить.

— Это точно, полностью взял свое Владимир Семенович, сокол ясный! Можно сказать, раскрутился на всю катушку: в «мерседесах» ездил, два раза от алкоголизма лечился, каждая собака его знала, на француженке был женат!..

— Как это все же несправедливо: для одного жизнь — срок усиленного режима, для другого — профсоюзное собрание, для третьего — карнавал... Только я все равно не могу понять: откуда у людей берется такое неистовое здоровье, что его хватает на двадцать лет самоуничтожения?..

Я потому зациклился в этом пункте, что сроду не пил, не курил, не ездил на «мерседесах», а между тем заработал ожирение печени и, видимо, скоро отдам концы. Я, конечно, тоже пожил на своем веку, но в том-то все и дело, что неосновательно я пожил, как-то квело, на диетический манер, что ли, без этого порыва и огонька. Я не претерпевал, не страждал, не противоборствовал, не побеждал и даже не знал особенных поражений. Словом, я существовал, как среди людей существует огромное большинство, единого дыхания ради, изнурительно и невнятно. И то сказать: ничего-то не выпало на мой век экстраординарного, пламенного, имеющего прямое историческое звучание, что, в общем-то, странно по русской жизни; в период коллективизации я был еще сосунок, в тридцать седьмом году не мог при всем желании пострадать, войну я провел под Ташкентом, в сытости и тепле, никак не коснулись меня лютые кампании против врачей-отравителей и безродных космополитов, при Леониде же I я был настолько погружен в проблемы городов будущего, что искренне считал академика Сахарова наймитом враждебных сил. То есть вроде бы я — всецело гражданин XX века, а прошел его стороной, или он сам обошел меня стороной, то ли из горней жалости, то ли по какой-то иной причине — это еще надо обмозговать. И вот что удивительнее всего: трудно было ожидать такой снисходительности со стороны такого грозного столетия по отношению к такому пустопорожнему существу. Даже никак от него снисходительности не следовало ожидать, уж больно он вышел необузданный-костоломный, и главное, неразборчивый, безоглядный, как всеобщая мобилизация, этот самый XX век. А впрочем, удивительней будет то, что еще позавчерашнее XVIII столетие, сравнительно милосердное к малым сим, пожалуй, дало понять: человечество окончательно вышло из стадии дикости и наконец-то ввалилось в ту благословенную пору, когда гуманистические идеалы решительно берут верх над законами волчьей стаи. О XIX столетии уж и нечего говорить: наши прадеды, кажется, только и делали, что соревновались в приятных манерах, зачитывались новинками изящной литературы, изобретали разные разности да еще и явили сразу несколько учений о Божьем Царствии на земле; поди, англо-бурскую войну они считали последней в истории цивилизации, смертную казнь трактовали как вредный анахронизм, подражали литературным героям и каждый понедельник чаяли какого-то нового, чистого бытия. А изобилие товаров широкого потребления? а знаменитый убийца Пищиков, который привел в содрогание всю Россию единственно тем, что насмерть засек жену? а городовой на каждые четыреста душ обывателей, обязанный унимать всяческую уголовщину, а не подбирать на улицах трупы, чем главным образом занимается нынешняя милиция? а самый демократический в мире дворянский корпус, живое хранилище понятий о долге, чести, доблести и культуре? а смехотворные сроки за покушение на государственные устои? а курс рубля? И вот, представьте себе, грянул XX век: одна мировая война, другая мировая война, средневековые пытки, кровавый террор в некогда цивилизованнейших государствах, японский апокалипсис, абсолютные монархии под видом диктатуры пролетариата, ненависть, страх и трепет. Не моего ума дело разбирать, почему человечество так резко сдало назад, однако не могу надивиться такому бесславному отступлению; зачем тогда страждала великая русская литература, зачем жертвовали собой восемнадцатилетние мальчики, воспитанные на лирической философии Владимира Соловьева и угрюмых выкладках Карла Маркса, зачем вообще одни люди мыслили, а другие проводили идеи в жизнь, если в середине нашего века Россия взяла вдруг и превратилась в новое Вавилонское государство... — этого я никак не могу понять. И даже до такой степени у меня ум за разум заходит, что по ночам стали мучить увлекательные кошмары.

Положим, будто бы среди чиста поля, с трех сторон окаймленного перелесками, а с четвертой — темной рекой, почти не показывающей движения своих вод, накрыт длинный-предлинный стол, какие у нас еще накрывают по деревням на свадьбы и прочие торжества. За столом сидят званые и призванные, которым, кажется, не видно конца, как строю солдат на большом параде; иные исключительно пьют и закусывают, иные пьют и закусывают под занимательный разговор, иные шумят, иные о чем-то думают, уткнувши вилку в намеченный кусок снеди. Вообще что-то странное происходит: вроде бы это жизнь, а вроде бы и не жизнь, а чудесный сон с элементом бдения. И над всей этой тайной вечерей, что ли, раскинулось грациозное русское небо, набухшее сумерками, душистыми, как черемуха, и тревожными, как приветствие незнакомого человека.

— А помнишь, — вдруг спрашивает один мой сосед другого (первый пускай будет Иван, а другой Евлампий), — помнишь, сидел тут писатель Бабель и всю дорогу повторял: «Сталин — это не человек, он даже успевает руководить пролетарской литературой»...

— Господи Иисусе Христе! — испуганно сказал я. — Ребята, сколько ж вы тут сидите?

— Довольно давно сидим, — последовало в ответ. — Ну так вот, славословил он Сталина, славословил и вдруг исчез! Как будто его не было никогда, так стремительно он исчез!

— И поделом! — заявил Евлампий. — Потому что высовываться не надо. Дал тебе бог талант, ну и сочиняй литературу, а высовываться не надо.

— Совершенно с тобой согласен, — сказал Иван. — Вот я всю жизнь проработал расточником по горячему металлу, ни во что не лез, и поэтому пирую себе до упора, пока не приспеет пора... как бы это выразиться поинтеллигентнее — отходить. И заметь: исключительно своим ходом.

Евлампий добавил:

— Они, собаки, наверное, для того и выдумали активную жизненную позицию, чтобы тех, кто высовывается, — косить!

— Товарищи! — вскричал я. — Ведь это же чистой воды конфуцианство, вы что, изучали восточную философию?

Евлампий в ответ:

— Никакую философию мы не изучали, не те у нас были родители, а до всего доходили своим умом. Да и большого ума не надо, чтобы сообразить: ежели ты русской национальности, ежели ты муж, отец, расточник по горячему металлу да еще и живешь в Хорошове-Мневниках, то за-ради Христа не лезь в комсомольские вожаки.

— А ежели ты писатель, — продолжал сосед Иван, — то и пиши себе, заперевшись на три замка, а не води компанию с тузами из НКВД, потому что они стопроцентно тебя погубят.

— Приведу в пример наш Знаменский переулок, — это опять Евлампий. — Кого у нас при Сталине посадили: фотографа одного посадили за то, что он превратно снял первомайскую демонстрацию. Из этого я делаю вывод: правильно их сажали, не надо обслуживать проходимцев и палачей! А коли я, положим, всю жизнь трудился исключительно на благо своей семьи и плевал на ихнюю диктатуру пролетариата, то для меня что культ личности, что землетрясение в Португалии — все едино.

Я было собрался выговорить моим соседям за махровый индивидуализм и уязвить их отрывком из баллады Максима Горького, где «глупый пингвин робко прячет тело жирное в утесах», но тут внезапно пришел в себя. За окном по-прежнему гудел тополь, точно он жаловался на что-то ботаническое, свое, нервно тикал будильник на тумбочке у моего отставного опера, в коридоре кто-то надрывно кашлял. Я повернулся на другой бок и сказал себе внутренним голосом, в котором сквозила боль: какая это, в сущности, досадная неудача — родиться в треклятом XX веке, особенно если лучшие годы жизни пришлись на его закат, на время застенчивой деспотии, кромешной лжи и такого упадка народных сил, что

9*

последние тридцать лет в стране вообще ничего не происходило, и даже образовалась целая эпоха отсутствия новостей... Ну что я видел, будучи ее обездоленным гражданином? Практически ничего; люди хоть низвергались в ад, за то что они превратно фотографировали первомайскую демонстрацию, а я, сколько помню себя, все будто нес какую-то тягостную общественную нагрузку. Вообще на редкость квело отбыло свой срок мое кроткое поколение, ни тебе войны, ни традиционного горения вымышленной идеей, ни серьезной политической пертурбации, а просто наш султан и его нукеры поигрывали в свои тихие игры, а мы — в свои. Эх, кабы родился я в XVIII, скажем, веке, и был бы я поручиком какого-нибудь кирасирского Житомирского полка, чтобы получить турецкую пулю в лоб, или же сгинуть в Трансильвании от холеры, или быть посаженным в Шлиссельбургскую крепость «за неотдание чести начальству в нетрезвом виде», или засесть в своей деревеньке дворов так в пять и глушить очищенную под завывание вьюги и волчий вой... А то родиться бы мне вольным купчиной XIX столетия, чтобы летать по степи в прославленной птице-тройке, чтобы плутать и замерзать, питаться окаменевшими сухарями, чтобы разбойники достали меня как-нибудь кистенем, чтобы клопы меня жрали на постоялых дворах да ямах, чтобы таскался я по российским дорогам что в дождь, что в стужу, и помер бы невзначай в каком-нибудь Старобельске, где всех достопримечательностей — пожарная каланча. А то родиться бы мне хоть в начале нашего века, чтобы накануне революции быть борцом, чтобы красные меня расстреляли за антисоветские действия румынских властей, либо белые расстреляли за кожаную тужурку, либо сине-зеленые расстреляли за причудливую фамилию и непоказанный разрез глаз. Так нет: мало того, «что догадал меня черт родиться в России с душою и талантом», еще и развернулся-то я как мыслящее и деятельное существо в эпоху отсутствия новостей!.. Насчет таланта я, правда, присочинил; душа — это да, можно даже сказать, мучительного склада, истончившаяся душа, но с талантом дело обстоит худо. Ну хоть какой-нибудь талантишко пожаловал бы господь, самый бы незатейливый, бытовой, вроде каллиграфического дара, как у достоевского Идиота, а то я до обидного неискусен даже в области обыкновенных человеческих удовольствий. К примеру, иной человек свою приятельницу в шампанском искупает, заставит нагишом пылесосить комнату, ублаготворит, отлупит, зарплату отберет, а я только: «Ну что, Наталья Сергеевна, как ты себя чувствуешь?»; она: «Да опять плохо», — и вся любовь. Я даже в бога путем не верую, я в отлучке по родине не тоскую, для чего тоже требуется талант, даром что он встречается чаще, чем плоскостопие. Вот был я в Монголии прошлым летом, и, представляете, — ничего! что Монголия, что Павлодарская область, чувство одно и то же...

Мой отставной топтун вдруг как-то сердито пошуршал газетой и говорит:

— Совсем оборзели ребята в «Литературной газете», что им вздумается, то и пишут!

Я поинтересовался:

— Вы что, против свободы слова?

— Еще бы не против, конечно, против! Это некоторым интеллигентам невдомек, к чему в России приводит свобода слова, а я отлично знаю, чего боюсь. Сегодня ты им разреши запятые расставлять, как заблагорассудится, а завтра Оренбургская область выйдет из состава СССР!

— Очень может быть, — согласился я. — Только ведь не потому Лука плешивый, что в затылке чесал, а потому, что барин сто рублей не считал за деньги.

— Не понял? — сказал сосед.

— В смысле, угол падения равен углу отражения, чем злей тирания, тем кромешнее ее крах. В Испании вон была более или менее цивилизованная диктатура, поэтому и демократизация там прошла без особенных безобразий, а поскольку вы нам учредили Четвертый Рим, только без этого античного лоска, то и ждите теперь пугачевщину плюс восстание Спартака. Я, то есть, хочу сказать: что русское простонародье, что испанское простонародье — разницы в принципе никакой, и это не наш с вами соотечественник пламенный дуралей, а просто его довели до невменяемого состояния кремлевский богдыхан и его команда.

— Ну прямо вы поете с вражеских голосов! Да в том-то все и дело, что русский мужик — долдон! Ему дай свободу, так он перво-наперво нажрется ацетона и зарежет собственную жену!.. Нет, а все-таки интересно: почему вы поете с вражеских голосов?

— Дурак ты, — скучным голосом сказал я.

— А чего это ты, блин, меня оскорбляешь?

Я ответил:

— Это не оскорбление, а диагноз.

Тем не менее я не мог разрешить для себя вопрос: раз человек есть не причина, но продукт исторических передряг, то почему он так легкомысленно покинул античное благовременье и вступил в сумрак средневековья, почему наследниками французских энциклопедистов стали наполеоновские шаромыжники, почему наши пролетарии и крестьяне, скинувшие монархию и разгромившие с дюжину белых армий, не без энтузиазма надели на себя сталинское ярмо? Или же и вправду среднестатистический человек — долдон? Да нет вроде бы, не похоже; похоже больше как раз на то, что история от дьявола, пути которого неисповедимы, и она болезнь, а жизнь от бога, пути которого прекрасно исповедимы, и она здоровье, человек же есть несчастная жертва этого дуализма, но, даже подчиняясь диктату дьявола, он остается частицей бога, ибо и при царе Федоре Иоанновиче, и в Смутное время, и при Петре, и в пору беспросветного господства треугольника из босяка, держиморды и палача, он радовался, сострадал, любил, рожал детей и обустраивал свою землю. Его, видимо, только то сбивало с истинного пути, что вот он радуется, сострадает, любит, рожает детей, обустраивает свою землю, а, глядь, — помрет, и через двадцать лет о нем не вспомнит ни один черт. Сужу по себе: мне ведь не то обидно, что я жизнь прожил по-вегетариански, и не то, что талантов у меня нет, а то, что в XXI столетии обо мне не вспомнит ни один черт.

Полагаю, этот бедовый пункт тоже давно и прочно во мне засел, так как еще в первой молодости я алчно искал встречи с замечательными людьми; мне почему-то казалось, что вот я повстречаю знаменитого, несмертного человека и прикоснусь, то есть как бы приобщусь к памяти вечной и благодарной. Со временем я даже взялся было описывать свои встречи с великими мира сего из мелочного стремления как-то присоседиться к их величию, дескать, лет через сто прочитают люди мои записки и будут в курсе, что я тоже существовал, да простого, описательного таланта не оказалось, и, сколько я ни бился, выходила белиберда. А между тем я своими глазами видел Леонида Утесова, на которого натолкнулся 3 сентября 1956 года возле ресторана «Националь»: на нем был богатый бостоновый костюм, зеленая фетровая шляпа и лаковые ботинки. Весной 1964 года, в метро, на перегоне между станциями «Красные Ворота» и «Парк культуры», я ехал в одном вагоне с Александром Солженицыным — у него было темнобледное лицо, словно у третьеводнишнего покойника; тогда он уже пользовался широкой известностью как писатель и инсургент, но никому и в голову не пришло бы, что со временем он сядет в Вермонте фельдмаршалом протестантской литературы. В самом начале семидесятого года, у церкви Вознесения, я повстречал Вячеслава Михайловича Молотова: он был заурядный, в сущности, старичок в толстом пальто с опущенными плечами, точно он физически ощущал груз своего греха, однако этот политический разбойник отнюдь не ужаснул меня, а скорее вогнал в восторг, слегка отдававший в ужас, — ведь он, шутка сказать, всем нашим концлагерем управлял, с Гитлером ручкался, 22 июня сорок первого года провозглашал Великую Отечественную войну!.. Но вот что меня всегда смущало, настораживало при этих нежданных встречах: и Утесов, и Солженицын, и Молотов, и прочие знаменитости рангом помельче, с которыми случай меня сводил, конечно, смотрели гордо, однако сквозь схему гордости, окостеневшую на их лицах, проглядывало какое-то оскорбленное удивление, как если бы их самым беспардонным образом обманули, как если бы они жизнь положили во славу родины, а их отблагодарили почетной грамотой, и они спрашивают кого-то — и это все?! Из моего наблюдения вытекало: а может быть, ерунда — эта несмертность в памяти будущих поколений? может быть, вовсе не в этом дело? но тогда спрашивается — а в чем?..

Я лежал на своей панцирной койке, которая при каждом маломальском движении издавала этакое металлическое стенание, слушал, как мой отставной топтун напевает с трогательной хрипотцой балладу про несчастного капитана, а тем временем у меня в голове, словно бильярдный шар, перекатывалось изнурительное — «а в чем?»

В конце концов оно меня доконало, и я не заметил, как начал бредить; меня посетил давешний увлекательный кошмар, вернее, вторая часть увлекательного кошмара, где и действующие лица все были прежние, и натура та же — прямо не бред, а многосерийная постановка. Разница между частями означилась только в том, что в первый раз над чисто полем сгущались сумерки, теперь же был даже не вечер, а в полном смысле этого слова — ночь. Небо уже почернело, и только в западной стороне хрустально светилась изнеженно-голубая, какая-то прощальная полоса; высыпали звезды, не броские, не ядерные, как на юге, а блеклые, как и все в невидной нашей земле, грустно глядящие сверху вниз, но именно поэтому-то и возбуждающие взаимность; время от времени налетал ночной, особенный ветерок, ровный и благоуханный, похожий на дыхание возлюбленной, когда она спит на твоем плече. Званые и призванные по-прежнему восседали за предлинным столом, на котором горели свечи, навевая сравнение с Млечным Путем, причудливо отразившимся в земной тверди, и с таким упоеньем, что ли, внимали ночи, на какое способны только утонченные существа.

Немного погодя Евлампий с Иваном, соседи мои по бреду, затеяли меж собой приглушенный, сдержанный разговор. Евлампий басил, поскольку полушепотом изъяснялся:

— Однако, на нашем конце опять перебои с хлебом.

— Хоть вино не переводится, и на том спасибо, — вторил ему Иван.

— Пускай только попробуют устроить нам перебои с вином, я им моментально организую Октябрьский переворот! Ты хоть знаешь, почему у нас в семнадцатом году свершилась социалистическая революция? Потому что царь Николай II ввел в России «сухой закон» — вот тебе, Ваня, и весь марксизм!

— Да бросьте вы, ребята, переживать! — с весельем в голосе сказал я. — Вы только посмотрите, какая ночь, стихотворение, а не ночь: жить хочется, страдать хочется, чтобы, скажем, ты был влюблен в пятьдесят красавиц одновременно, а они чтобы все как одна видали тебя в гробу! Вы бы лучше восхищались, чем критику наводить...

— Мы и восхищаемся, — лениво согласился со мной Евлампий. — Только мне все равно обидно, что на нашем конце перебои с хлебом, а на ихнем конце жрут вареную колбасу.

— Чудак ты, — сказал Иван. — Они и слыхом не слыхивали, что такое вареная колбаса, они рубают, гады такие, омаров под белым соусом!

— Это еще обидней!

Я объявил:

— А вот мне плевать! Причем мне плевать исключительно потому, что жизнь строго блюдет баланс: если тебе везет в картах, то не везет в любви, если ты лопаешь омары под белым соусом, то тебе не о чем поговорить со своим соседом...

— Положим, — перебил меня Иван, — разговорами сыт не будешь.

— Ну, это для кого как, — возразил Евлампий. — Омары — это, конечно, отлично, и вареная колбаса сравнительно хорошо, но для меня первое дело — душевно поговорить. Такой я, понимаете, отщепенец. Нет, правда: в другой раз потолкуешь с привлекательным человеком, и такое возникает ощущение, как будто ты плотно перекусил.

С этими словами Евлампий приподнялся и заинтересованно глянул в дальний конец стола, где публика действительно помалкивала и налегала, главным образом, на съестное.

— Золотые твои слова! — сказал я Евлампию и от избытка чувств потрепал его по плечу. — Ведь мы, русаки, созданы вовсе не для того, чтобы, фигурально выражаясь, обедать, а для того, чтобы красиво поговорить. Такая наша причудливая звезда. Ребята на том конце пускай покушают за наше здо

ровье, а мы за их здоровье какую-никакую идеологию разовьем...

— Ну так и быть, — согласился со мной Иван. —
Давай развивай какую-никакую идеологию.

Я сказал:

— Жизнь прожить — не поле перейти.

— М-да... — произнес Евлампий.

Иван ядовито хмыкнул, но промолчал.

На самом деле я вовсе не это хотел сказать; при-
ведя известную нашу пословицу, я не то вовсе имел
в виду, что, дескать, жизнь прожить куда сложнее,
чем перейти поле, а что жизнь прожить — это одно,
поле перейти — это совсем другое, и не надо, по возможности, путать жизнь с ее третьестепенными обстоятельствами, вроде пересечения тех или иных про-
странств; что вот мы решаем одну за другой свои ко-
пеечные проблемы, претерпеваем, страждем, проти-
воборствуем и при этом думаем, что живем, в то
время как мы дурью маемся, по совести говоря, а
когда мы, скажем, считаем звезды и полагаем, что
дурью маемся, то, может быть, именно в эти-то мгно-
вения и живем; что всякая исторически насыщенная
пора есть смертный враг настоящей жизни, и только
те людские поколения благословенны, которым по-
счастливилось избежать политбезобразий века; что
века эти самые все на одно лицо. Такими вот сооб-
ражениями я зарядил пословицу «Жизнь прожить —
не поле перейти», но Евлампий с Иваном не захотели
меня понять.

Я огорчился и на короткое время пришел в себя;
временно очнулся я, наверное, потому, что мой быв-
ший топтун сказал:

— Ты чего, парень, отходишь, что ли?

Выслушав его, я опять окунулся в бред. Ночь
между тем была уже на исходе, на что намекали и
какие-то усталые, разомлевшие звезды, и блеклое небо, похожее фактурой не на черный тяжелый бархат,
как давеча, а на легкий, сквозящий креп. За предлинным нашим столом все было по-прежнему, то
есть кто беседовал времяпрепровождения ради или,
напротив, с жаром, кто целовался, кто песни пел, кто
шампанское пил стаканами, кто просто наслаждался
самим собой, сомнамбулически улыбаясь, я же толь-

ко присматривался к званно-призванным и постепенно укреплялся в такой дерзновенной мысли: конечно, это ни в какие ворота не лезет, но, кажется, мой
увлекательный кошмар есть не что иное, как потай-
ной ход в некое истинное измерение, где жизнь происходит так, как она на самом деле и происходит, но
только в обличье формулы, теоремы; причем, если
жизнь, в которую я просочился благодаря бреду,
есть формула, теорема, то жизнь, так сказать, дей-
ствительная, происходящая по ту сторону моего увлекательного кошмара, есть всего-навсего ее прост-
ранное доказательство, слагаемые, цифирь. То-то я
последние пятьдесят лет чувствовал себя не в своей
тарелке, словно я не туда попал...

За этими мыслями меня и застало утро. Небо сначала приготовительно посмурнело, точно невзначай
воротились сумерки, потом на востоке сделалось
ясно-прозрачным, схожим с хрустальной вещью, если
посмотреть сквозь нее на свет, потом нежным, еле
заметным золотом подкрасились облака, и внезапно
установилась несколько растерянная и одновременно пылкая тишина, из тех, что отделяет последний
аккорд Героической симфонии от бурных аплодис-
ментов.

Когда, наконец, высунулся багряный язычок солнца и на душе сделалось утешительно, точно кто тебе
сказал незаслуженный комплимент... — то есть этого
трудно было ожидать, но когда, наконец, высунулся
багряный язычок солнца и на душе сделалось утешительно, точно кто тебе сказал незаслуженный
комплимент, за нашим столом и впрямь разразилась
форменная овация. Следом грянули веселые возгла-
сы, звон стаканов, какой-то чересчур восторженный
тип начал из Тютчева декламировать, однако в бла-
годарственном этом гомоне послышался настолько
верный, единственно верный отзыв на деятельность
всевышних природных сил, да еще и такая вдруг уви-
делась бесконечная самоценность в каждой затрепе-
тавшей травинке, в каждом соседском лице, даже из
плутовских, в каждой пустой вещице, вроде спичечно-
го коробка, в каждом пятне молодого света, что показалось, будто бы мир на мгновение повернулся ко
мне той своей заветною стороною, где космос и

хаос — одно и то же. И все стало ясно, как божий день.

Именно тогда-то мне и почудилось, что я... как бы это выразиться поинтеллигентнее — отхожу. Однако такой поворот меня нисколько не напугал и даже особо не огорчил, так как было видно, что пир продолжается, продолжается пир-то, и ему нет до меня никакого дела.

Я И СНЫ

Я человек, видать, не совсем нормальный, человек, немного тронувшийся на почве чреватого противоречия между образом мышления и способом бытия; достаточно сказать, что на досуге я, гекзаметром же, сочиняю продолжение «Одиссеи» и уже дошел до греко-персидских войн, а живу в забубенном коммунальном кавардаке, где весной и осенью капает с потолков, тараканы, как голуби, уже не опасаются человека и по утрам нужно занимать очередь в туалет. Мнится мне, что тут виновато «окно в Европу», прорубленное государем Петром Великим; так я и жил бы, как эскимос, и думал, как эскимос, а то я думаю, как Паскаль, а живу, как обходчик Штукин. И тем не менее я люблю свою забубенную квартиру, вообще московскую жизнь и московского человека, хотя, должен сознаться, это какая-то каверзная любовь, на слезе настоянная, — так у нас еще любят беспутных мужей и болезненное потомство, — а иной раз я, напротив, воспламеняюсь решительным, буйным чувством, сродни тому, какое истерички питают к актерам кинематографа и то намереваются утопиться, то изуродовать свой предмет. Даже принимая в расчет многие темные стороны московской жизни и московского человека, я нахожу в них столько почтительного ума, благорасположения, тонкости и души, что порой спрашиваю себя, как это такие экзотические цветы могли произрасти на отечественных суглинках, и что бы это значило во всемирно-историческом смысле, и к чему вообще склоняется это дело. Взять, к примеру, моих соседей, ну, хотя бы Колупаева с четвертого этажа: он человек тяжелый, мне в нем многое непонятно, а его склонность к паразитическому образу жизни меня даже и настораживает, но вместе с тем он мне, как брат родной, так сильно в нем чисто московское, пронзительно дорогое; или возьмем Марину, которая живет направо по коридору: между нами ничего нет и не было никогда, мне чужды ее житейские установки и политическая позиция, однако если бы она попросила меня куда-нибудь переехать, я бы переехал и слова лишнего не сказал.

Я, между прочим, почему полагаю, что я человек не совсем нормальный: потому что мне аккуратно снятся чудны́е сны. Года так четыре тому назад меня еще банальные кошмары преследовали по ночам, то есть я падал в бездну, уходил от погони, еле волоча ноги, объявлялся в публичных местах нагим и совершал уголовные преступления, но года так четыре тому назад мне стало сниться примерно одно и то же — как будто я беседую с великими, историческими людьми, давно отошедшими в мир иной; причем беседы эти происходят настолько явственно и предметно, что, бывало, по пробуждении я еще держал в уме приготовленное, непростывшее восклицание, или, как в случае с Вольтером, остро чуял пряный запах его духов.

Приведу для наглядности пару снов, предположительно, наиболее ярких с точки зрения диагноста. Третьего дня я беседовал с государем Петром Великим; дело было в Ленинграде, неподалеку от Кузнечного рынка, Петр Алексеевич стоял, приналегши локтем на кованую ограду, курил фарфоровую трубку и рассматривал свои ногти; место нашей встречи считается многолюдным, но по неизъяснимым законам сна вокруг нас не было ни души, день выдался тихий, хотя и пасмурный, однако издалека было видно, как в том месте, где теперь музей Достоевского, отчего-то вздымаются высокие клубы пыли.

На беду, у нас с царем не получилось интересного разговора. Нет чтобы, положим, обратиться к нему с вопросом:

— Петр Алексеевич, скажите честно: зачем вы прорубили окно в Европу?

А он бы, положим, мне отвечал:

— Чтобы вы, сукины дети, видели, как добрые люди живут, — видели и казнились.

А я ему:

— Эх, ваше императорское величество! Если бы вы знали, какие к нам неудобства через это окно надуло! Царей немецких, я извиняюсь, надуло, всяких Адамов Смитов, партийность, egalité, наконец, всепобеждающее учение о диктатуре пролетариата. А если бы вы не прорубили окно в Европу, то мы, глядишь, сейчас жили бы тихо-мирно, коснея в древлем апостольском благочестии, словно какая-нибудь кооперативная республика Гайана, и в ус не дули.

А он мне:

— То-то и оно, что все бы вам, азиятам, коснеть в своей доисторической простоте! Тут, понимаешь, швед на носу, турок, того и гляди, державу ополовинит, а они, шпыни непотребные, затеяли свару насчет древлего благочестия, глаза друг другу готовы выцарапать за лишнюю загогулину в псалтыре! Вам бы, татарве московской, учиться, учиться и еще раз учиться, а вы кобенитесь, как невеста перед венцом!

А я ему:

— Касательно шведа, это еще вопрос. Во-первых, нам не привыкать под него идти, а во-вторых, давайте прикинем, ваше императорское величество, под кем русскому человеку спокойнее и вольготней, под культурным ли шведом, или под Тамерланом отечественной чеканки? Я скажу честно: у меня нет разгадки на эту испепеляющую загадку. Потому что шведы хотя и были сравнительно варвары в девятом столетии от рождения Христова, а все же организовали у нас пристойную государственность; потому что монголы хотя и были полные дикари, а провели на Руси первую перепись населения.

А он мне:

— За такие воровские слова тебя, по-хорошему, надо повесить в базарный день.

А я ему:

— Вот-вот! У вас, богдыханов кремлевских, только один резон: как во чистом поле да перекладинка. Ведь вы, Петр Алексеевич, в век классической философии, в век Лейбница и Канта, людей сажали на кол — было такое?

— Было! А как же с вами, идолами, иначе?! Ведь вы таковская нация, что вам Кант с Лейбницем не указ, вы яко тать в нощи своему отечеству, только и думаете, как бы урвать кусок, а там хоть трава не расти, одним словом, сволочь народ, ну как его не казнить! Вот если бы я родился царем в Голландии, тогда бы у меня другая была метода. А с русским отщепенцем без палки завтракать не садись!

Тогда я бы, предположительно, заключил:

— Ну, ваше императорское величество, вы вообще!.. Вы, собственно, отдаете себе отчет, каким народом вы управляете, или нет?

На беду, разговор у нас с государем Петром Великим вышел совсем другой. Незадолго до того, как мне прикорнуть среди бела дня, в мою комнатушку зашла Марина; мы с ней немного поговорили о Леопольде Захер-Мазохе, а потом некоторое время прислушивались к сцене, разыгравшейся у соседей за легкой перегородкой; путевой обходчик Штукин, горький пьяница, с похмелья жаловался жене:

— Нет, надо кончать эту алкогольную эпопею. А то, не ровен час, помрешь через эту хань. Я ведь, Клава, больше всего боюсь помереть, как говорится, в нетрезвом виде.

— Чего так? — снисходительно спрашивала жена.

— Ну ты даешь! Да как же я пьяным предстану-то перед Богом, в нетрезвом виде, ведь это же, Клава, срам!..

Марина, послушавши, покачала неодобрительно головой и такое сделала замечание:

— Вот дурында! Живет, можно сказать, в аду, а перед Богом боится предстать в непотребном виде, опасается — хуже будет...

На этих словах я и прикорнул среди бела дня.

И вот уже Ленинград, угол Кузнечного переулка и Владимирского проспекта, Петр Алексеевич покуривает свою трубку, приналегши локтем на кованую ограду, а я подхожу к нему, млея от восторга пред лицом государя всея Руси, делаю фрунт и ласково говорю:

— Позвольте поинтересоваться, ваше императорское величество: что это у вас в трубке за табачок?

— Знатный табачок! — с удовольствием сказал

царь. — Я, брат, мешаю с голландским бурлеем кнастер.

— Изысканный у вас вкус, Петр Алексеевич, — подобострастно заметил я. — То есть, я хотел сказать, причудливый у вас вкус. Вот вы зачем-то анатомией интересуетесь, зубы дергаете у вельмож... А голову красавицы Гамильтон вы почто отрезали и в банке заспиртовали?

— Чтобы не забывалась: всяк сверчок знай свой шесток! А заспиртовал я ее голову от большого чувства. Я, ежели хочешь знать, вынимаю голову время от времени из банки-то и целую. Уж больно я ее, гадюку подколодную, обожал!

— М-да... — промычал я в растерянности и засмотрелся вдоль Кузнечного переулка.

— Это еще что! — между тем продолжал царь Петр. — Вот в восемнадцатом году, когда я мужиков в три шеи согнал на строительство Ладожского канала, я, брат, собственноручно оскопил одного православного, потому что у него гениталия была чудовищного размера. Отрезал ножичком его вещь и заспиртовал как диковинку, на показ петербургским дамам.

— Как хотите, ваше величество, — сказал я, — а такие ваши поступки наводят на тяжкие размышления...

Вышло так, что последние слова я произнес в другом уже измерении, наяву; был вечер, часов так семь, уличный свет, проникавший сквозь узорную занавеску, приобрел спокойную, даже квелую интенсивность, из коридора доносился резкий капустный запах — видимо, кто-то из соседей мастерил кислые щи — будильник тикал не по-вечернему, а панически, как пульс опасно захворавшего человека; из-за того, что я упустил возможность толково поговорить с государем Петром Великим, на душе было скверно, точно я пьяным делом потерял дорогую вещь.

Марина сказала:

— Это, конечно, твое личное дело, но, по-моему, тебе нужно посмотреться у психиатра.

— Да нет, — лениво ответил я, — просто не надо спать на заходе солнца.

В другой раз, когда мне привиделась встреча с

Владимиром Ильичом, меня накануне посетил Колупаев, сосед с четвертого этажа. Он уселся в единственное мое кресло, закинул ногу на ногу и спросил:

— Ну, как подвигается «Одиссея»?

Я в ответ:

— Ты мне лучше скажи, когда вернешь сто рублей долгу, которые ты занимал аж на прошлое Рождество?

Колупаев вздохнул и сообщил простодушно:

— Наверное, никогда...

— Ну, кто ты после этого?! — не то, чтобы рассердившись, а скорее для проформы воскликнул я. — Да паразит, банальный совдеповский паразит! Как только не совестно жить долгами, тем более когда знаешь, что не отдашь? И ведь здоровый мужик, что называется, кровь с молоком, а существует, как последняя попрошайка!..

— Ты тоже скажешь — кровь с молоком... — сказал Колупаев и сделал глубоко обиженное лицо. — Да во мне места здорового нет, куда ни ткни пальцем, повсюду недуг. Да я ведь израненный нашей проклятой жизнью! Но главное, конечно, я в душу раненный, так сказать...

— В душу он раненный, бедолага,— съехидничал я. — Жулик ты порядочный, вот ты кто, если, конечно, не сумасшедший.

— Ну, будет ругаться-то, — предложил Колупаев, — ты лучше рассуди такой исторический феномен: от здоровых людей мир видел только крупные неприятности — приведу в пример хоть Наполеона, который точно был кровь с молоком, — а от болезненных людей — исключительно крупные гуманистические идеи — возьми Паскаля, Достоевского и многия иже с ними...

— Еще брюнеты сильно человечеству навредили, а блондины возглавили научно-техническую революцию.

— Нет, ты, пожалуйста, не шути, ты лучше послушай дальше: практически здоровым людям нужно в законодательном порядке запретить даже пальцем о палец ударять, под страхом тюремного заключения — в этом решение всех проблем.

— Хорошо: но ведь ты-то болезненный человек, что же ты пальцем о палец не ударяешь?

— Да пойми ты, наконец: я человек прежде всего отравленный грозной российской жизнью, и у меня уже руки не поднимаются ни на что, в какой-то я прострации нахожусь, точно кто меня опоил! Ну, ни одна живая душа меня не понимает в этой стране, живу, как Робинзон на необитаемом острове, только без Пятницы, кошек и попугая...

На этих словах я опять нечаянно прикорнул, словно на меня нашел обморок, и во сне повстречался с Владимиром Ильичом. Я давно предчувствовал эту встречу, но, во-первых, полагал, что она произойдет непосредственно в Мавзолее, то есть среди багрово расцвеченной полутьмы, в присутствии солдат, стоящих по углам саркофага, как слепые каменные изваяния, а Ленин вдруг сядет на посмертном своем одре, откроет глаза и скажет: «Ну-с?»; во-вторых, я думал, что мы с Владимиром Ильичом о деле поговорим — предположительно я бы его спросил:

— Интересно, Владимир Ильич, на что вы надеялись, когда совершали Октябрьский переворот?

А он:

— На революционную сознательность широких трудящихся масс, которые, освободившись от векового гнета помещиков и капиталистов, сумеют организоваться в общество свободных и равных тружеников, работающих на государство, как на себя.

А я:

— Но ведь вы же материалист, Владимир Ильич, вы же стоите на том, что бытие определяет сознание, а какое в семнадцатом году было наше российское бытие: 90% крестьянского населения, безграмотного, пропитанного собственническими предрассудками, молодой и посему дурной пролетариат, развращенный уравнительными настроениями, культ насилия, разруха и нищета. Ну, какое, по-вашему, сознание может определить таковское бытие?

А он:

— Вы, молодой человек, не учитываете огромной силы воздействия пролетарской идеологии, широкую воспитательную работу, которую развернет партия большевиков и которая способна поднять массы, зараженные мелкобуржуазной стихией, до понимания насущных задач социалистического строительства.

Наконец, что такое Октябрьский переворот, как не переделка бытия совершенно на новый лад!..

— А вы, Владимир Ильич, не учитываете того, что ни бытие, ни человека не переделаешь в одночасье, и самая распрекрасная идеология, не подкрепленная ничем, кроме призывов и деклараций, для человека якобы разумного — пустой звук. Вообще такое складывается впечатление, что вы совсем не знаете народа, которым собираетесь управлять. Вы представляете себе, чем в конечном итоге закончится эта революционная свистопляска? Не представляете... Ну так я вам сейчас подробненько расскажу...

После того, как я описал бы Владимиру Ильичу ход и результат *социалистического строительства,* он бы, наверное, мне сказал:

— Это все мелкобуржуазные бредни интеллигентика, напуганного революционной работой масс. За такой враждебный прогноз вас бы, молодой человек, следовало расстрелять по-нашему, по-большевистски, то есть без суда, следствия и на месте.

Однако на самом деле все вышло не так, как я полагал в своей отъявленной простоте. Сошлись мы с Владимиром Ильичом, как это ни странно, в пивном подвале, что на углу Пушкинской улицы и Столешникова переулка, среди характерного, какого-то конюшенно-химического зловония, диких выкриков, то и дело вспыхивающих скандалов, да еще говорили о постороннем, да еще присоседившийся к нам мужик в бросовой одежонке и с таким лицом, словно голову его сначала надули, как детский шарик, а потом приспустили воздух, несколько раз вмешивался в разговор, повторяя: «А Варавва бе разбойник», и мы постоянно теряли нить.

— А правда, Владимир Ильич, — спросил я невесть зачем, — что вы любите танцевать?

— И танцевать люблю, — сказал Ленин, — и красивым женщинам симпатизирую, и к пиву баварскому сильно неравнодушен.

— Кстати о пиве: как вам нравится этот бедовый напиток социалистического способа производства, бадаевского разлива?

— Ну какое же это пиво...

— А вот какое! Из чего его делают, не скажу, но

то, что оно частное следствие Октябрьской революции — это точно. Кстати, кто такой был Бадаев?

— Да наш, партиец. В IV Думе представлял фракцию большевиков.

— Видать, неверно, превратно он ее представлял, судя по качеству пива, или это такая линия?

Мужик в бросовой одежонке, внимательно посмотрев на меня, потом на Владимира Ильича, внятно проговорил:

— А Варавва бе разбойник. — И весело подмигнул.

— Так о чем мы? — примерно через полминуты продолжил я. — Ах, да, о вкусах... Неизысканные у вас все-таки вкусы, Владимир Ильич, уж вы меня извините. Тютчев, простенькие бетховенские сонаты, а вот Маяковского вы почему-то не полюбили. Маяковского-то за что вы не полюбили?

— Да просто я декадентщины не терплю, всяческих формалистических вывертов и гримас. В искусстве все должно быть просто, как и в политике, — базис, надстройка, классовая борьба — а все, что сложно, то против нас.

— Но ведь это означает, что вы, большевики, принципиально против искусства, что искусство для вас — нож острый, ибо оно в высших своих проявлениях крайне сложно. Это вообще наивный предрассудок, будто все великое «просто, как мычание», напротив — все великое очень сложно.

— Да, я думаю, впоследствии искусство будет нами отменено. В настоящий момент его упразднение было бы преждевременным, поскольку наша припадочная интеллигенция закатит истерику на весь мир, да и мы, старые партийцы, превратно воспитаны на Тютчеве да Бетховене, а молодая большевистская поросль решительно покончит с этим пережитком эксплуататорского сознания. Ведь тут налицо чистой воды эксплуатация и общественное неравенство, один сверхчеловек, понимаете ли, напишет, а простые люди, понимаете ли, читай!.. Я думаю, при социализме останется только искусство, непосредственно и откровенно пропагандирующее большевистскую идеологию, классовый взгляд на вещи, искусство как общепро-

летарское дело, доступное самым широким массам.
— Ну, вы, Владимир Ильич, вообще! Как хотите, а такие ваши слова наводят на тяжкие размышления...

Когда я проснулся, Колупаев уже ушел, и вместо него в кресле сидела Марина, делавшая вид, что она читает «Анналы» Тацита, но на самом деле с испуганным вниманием наблюдавшая, как я сплю; видимо, у меня на лице отражались перипетии нашей беседы с Владимиром Ильичом.

Я спросил ее, протерев глаза:
— Ну чего ты опять пришла?
— Собственно, вот чего, — последовало в ответ: — объясни мне, пожалуйста, почему в Древнем Риме так ненавидели христиан?
— Потому что римляне были рационалисты. А рационалисты никого так не боятся и не презирают, как иррационалистов, каковыми были первые христиане. Ведь они не только принципиально не отвечали пощечиной на пощечину, что с точки зрения римлянина, конечно, тихое помешательство, но еще и совершали разные уголовные преступления, чтобы пострадать и через страдание приобщиться к Богу. В общем, русская какая-то стилистика, недаром нас Запад терпеть не может.

Тем не менее Марина продолжала смотреть на меня с подозрительным интересом, а я призадумался вдруг о том, до чего же симпатичен московский люд, какой это милый, думающий народец, им скоро жрать будет нечего, а они себе почитывают Тацита и серьезно озабочены судьбой первых последователей Христа.

С течением времени меня до того замучили мои сны, да еще я повадился беседовать с тенью Суслова, который обыкновенно нес нудную чепуху, что я послушался Марину и сходил в наш психиатрический диспансер. Принявший меня врач первым делом не поверил, что я решил по собственной воле пройти осмотр, и даже сказал: «У вас положительно не все дома, если вы сами пришли сдаваться»; потом он, наверное, с час задавал мне наивнейшие вопросы, к примеру, очень ли я огорчусь, если ненароком сгорит мое продолжение «Одиссеи», на что я ответил: «Очень» — и психиатр неодобрительно сдвинул брови. В конце концов он сказал:

— У вас, пассажир, вяло текущая шизофрения.

Сказал и зачем-то откусил кончик карандаша.

ЧЕХОВ С НАМИ

НАШ ЧЕЛОВЕК В ФУТЛЯРЕ

Учитель древнегреческого языка Беликов, в сущности, не знал, чего он боялся, и умер от оскорбления; учитель русского языка и литературы Серпеев отлично знал, чего он боялся, и умер оттого, что своих страхов не пережил. Беликов боялся, так сказать, выборочно, а Серпеев почти всего: собак, разного рода привратников, милиционеров, прохожих, включая древних старух, которые тоже могут походя оболгать, неизлечимых болезней, метро, наземного транспорта, грозы, высоты, воды, пищевого отравления, лифтов — одним словом, почти всего, даже глупо перечислять. Беликов все же был сильная личность, и сам окружающих застращал, постоянно вынося на люди разные пугательные идеи; Серпеев же был слаб, задавлен своими страхами и, кроме как на службу, во внешний мир не совал носа практически никогда, и даже если его посылали на курсы повышения квалификации, которыми простому учителю манкировать не дано, он всегда исхитрялся от этих курсов как-нибудь увильнуть. Нет, все-таки жизнь не стоит на месте.

Уже четырех лет от роду он начал бояться смерти. Однажды малолетнего Серпеева сводили на похороны дальней родственницы, и не то чтобы грозный вид смерти его потряс, а скорее горе-отец потряс, который его уведомил, что-де все люди имеют обыкновение умирать, что-де такая участь и Серпеева-младшего не минует; обыкновенно эта аксиома у детей не укладывается в голове, но малолетний Серпеев ею проникся бесповоротно.

Ребенком он был, что тогда называлось, интеллигентным, и поэтому его частенько лупили товарищи детских игр. Немудрено, что во всю последующую жизнь он мучительно боялся рукоприкладственного насилия. Стоило ему по дороге из школы домой или из дома в школу встретить человека с таким лицом, что, кажется, вот-вот съездит по физиономии, съездит ни с того ни с сего, а так, ради простого увеселения, как Серпеев весь сразу мягчал и покрывался холодным потом.

Юношей, что-то в начале шестидесятых годов, он однажды отстоял три часа в очереди за хлебом, напугался, что в один прекрасный день город вообще оставят без продовольствия, и с тех пор запасался впрок продуктами первой необходимости и даже сушил самостоятельно сухари; автономного существования у него всегда было обеспечено что-нибудь на полгода.

В студенческие времена в него чудом влюбилась сокурсница по фамилии Годунова; в объяснительной записке она между делом черкнула «ты меня не бойся, я человек отходчивый» и вогнала его во многие опасения, поскольку, значит, было чего бояться; действительно, из ревности или оскорбленного самолюбия Годунова могла как-нибудь ошельмовать его перед комсомольской организацией, плеснуть в лицо соляной кислотой, а то и подать на алименты в народный суд, нарочно понеся от какого-нибудь третьего человека; с тех пор он боялся женщин.

Впоследствии мир его страхов обогащался по той же схеме: он терпеть не мог подходить к телефону, потому что опасался ужасающих новостей, и еще потому, что, было время, ему с месяц звонил неопознанный злопыхатель, который спрашивал: «Это контора ритуальных услуг?» — и внимательно дышал в трубку; он боялся всех без исключения звонков в дверь, имея на то богатейший выбор причин, от цыган, которые запросто могут оккупировать его однокомнатную квартиру, до бродячих фотографов, которых жаль до слезы в носу; он боялся всевозможных повесток в почтовом ящике, потому что его однажды по ошибке вызвали в кожно-венерологический диспансер и целых два раза таскали в суд; он боялся звуков ночи, потому что по ночам в округе то страшно стучали, то страшно кричали, а у него не было сил, если что, поспешить на помощь. Между прочим, из всего этого следует, что его страхи были не абстракциями типа «как бы чего не вышло», а имели под собой в той или иной степени действительные резоны.

То, что он боялся учеников и учителей, особенно учителей, — это, как говорится, само собой. Ученики свободно могли отомстить за неудовлетворительную отметку, чему, кстати сказать, были многочисленные примеры, а учителя, положим, написать анонимный донос, или оскорбить ни за что ни про что, или пустить неприятный слух; по этой причине он с теми и другими был прилично подобострастен.

В конце концов Серпеев весь пропитался таким ужасом перед жизнью, что принял целый ряд конструктивных мер, с тем чтобы, так сказать, офутляриться совершенно: на входную дверь он навесил чугунный засов, а стены, общие с соседями, обил старыми одеялами, которые долго собирал по всем родственникам и знакомым, он избавился от радиоприемника и телевизора из опасения, как бы в его скорлупу не вторглась апокалипсическая информация, окна занавесил ситцевыми полотнами, чтобы только они пропускали свет, на службу ходил в очках с незначительными диоптриями, чтобы только ничего страшного в лицах не различать. Придя из школы, он обедал по-холостяцки, брал в руки какую-нибудь светлую книгу, написанную в прошлом столетии, когда только и писались светлые книги, ложился в неглиже на диван и ощущал себя счастливчиком без примера, каких еще не знала история российского человечества.

Теперь ему, собственно, оставалось позаботиться лишь о том, как бы избавиться от необходимости ходить в школу и при этом не кончить голодной смертью. Однако этот вопрос ему казался неразрешимым, потому что он был порядочным человеком, и ему претила мысль оставить детей на тех злых шалопаев, которые почему-то так и льнут к нашим детям и которые, на беду, составляли большинство учительства в его школе; кроме того, он не видел иного способа как-нибудь прокормиться.

Со временем эта проблема решилась сама собой. Как-то к нему внезапно явилась на урок проверяющая из городского отдела народного образования, средних лет бабенка с приятным лицом, насколько позволяли увидеть его диоптрии. К несчастью, то был урок на самовольную тему «Малые поэты XIX столетия», которой Серпеев подменил глупую плановую тему, что он вообще проделывал более или менее регулярно. К вящему несчастью, Серпеев был не такой человек, чтобы немедленно перестроиться, да и не желал он перестраиваться на виду у целого класса, и, таким образом, в течение тридцати минут разговор на уроке шел о первом декаденте Минском, который в свое время шокировал московскую публику звериными лапами, привязанными к кистям рук, о Якубовиче, авторе «на затычку», о самоубийце Милькееве, пригретом Жуковским из непонятных соображений, и особенно некстати было процитировано из Крестовского одно место, где ненароком попался стих «И грешным телом подала» — не совсем удобный, хотя и прелестный стих.

Проверяющая была в ужасе. На перемене она с глазу на глаз честила Серпеева последними словами и в заключение твердо сказала, что в школе ему не место. Но потом она присмотрелась к ненормально забитому выражению его глаз, подумала и спросила:

— Послушайте: а может быть, вы чуточку не в себе?

И тут Серпееву, с эффектом внезапного электрического разряда, пришло на мысль, что это они все чуточку не в себе, а он-то как раз в себе. Через несколько минут он окончательно в этом мнении укрепился, когда вышел из школы и возле автобусной остановки увидел пьяного учителя рисования с настоящей алебардой и слепым голубем на плече.

Дня два спустя от директора школы последовало распоряжение подать заявление об уходе. Серпеев заявление подал, и у него как гора с плеч свалилась, до такой степени он почувствовал себя выздоровевшим, что ли, освобожденным. Вот только детей было жаль, особенно после того, как к нему в вестибюле подошел середнячок Парамонов и сказал, что он не представляет себе жизни без его уроков литературы.

— Без уроков русского языка, — далее сказал он, — я ее себе очень даже представляю, но литература — это совсем другое.

Парамоновские слова натолкнули Серпеева на идею, так сказать, внешкольного курса словесности, который он мог бы вести для особо заинтересованных учеников хотя бы у себя дома. Таким образом, этическая сторона его отступления была обеспечена:

человек пятнадцать-двадцать ребят из старших классов стали приходить к Серпееву дважды в неделю, и он по-прежнему учил их, если можно так выразиться, душе, опираясь главным образом на светлую литературу девятнадцатого столетия.

Знал Серпеев, чего боялся, да не до логического конца. Месяца через два после начала занятий, в назначенный день недели, к нему явился один середнячок Парамонов и сообщил, что прочие не придут.

— Почему?.. — спросил его Серпеев в горьком недоумении.

— Потому что нам велели на вас заявление написать. Что вы на дому распространяете чуждые настроения. Конечно, кто же после этого к вам придет!

— Но ведь ты-то пришел, — с надеждой сказал Серпеев.

— Я человек конченый, — ответил Парамонов, неизвестно что имея в виду, откланялся и ушел.

Словом, случилось худшее из того, чего только мог ожидать Серпеев, — его вот-вот должны были арестовать и засадить в кутузку за подрывную агитацию среди учащейся молодежи. Он сорок восемь часов подряд поджидал ареста, а на третьи сутки с ним приключилась сердечная недостаточность, и он умер.

В глазах коллег и кое-каких знакомых он ушел из жизни с репутацией просто несчастного человека, и это обстоятельство заслуживает внимания: сто лет тому назад учителя Беликова с большим удовольствием провожали в последний путь, потому что держали за вредную аномалию, а в конце текущего столетия учителя Серпеева все жалели. Нет, все-таки жизнь не стоит на месте.

ДЯДЯ СЕНЯ

Актер областного драматического театра Семен Литовкин, уже человек заслуженный и в годах, однако существующий все по чужим углам да еще на мизерную зарплату, как-то под вечер свалился в обморок неподалеку от Хлебной площади; то ли в этом случае дала себя знать усталость, что вовсе не удивительно, ибо иногда ему приходилось играть по четыре спектакля в день, то ли сказалось некачественное питание, что тоже неудивительно, поскольку питался он, разумеется, отечественными продуктами и, главным образом, всухомятку, то ли прорезалась какая-то затаившаяся болезнь, что совсем уж неудивительно, если учесть преклонные его годы, но факт, как говорится, тот, что он прямо на улице потерял сознание и упал.

Очнулся он на нарах, причем без пальто, карманных часов и своего дряхлого кошелька, в котором хоть не было ничего, кроме проездного билета и банального обеденного рубля; рядом с ним на нарах сидел какой-то бандит, раздетый до пояса, и уныло бранился матом. Литовкин почти сразу сообразил, что находится в капээ. «Должно быть, за пьяного меня приняли», — подумал он, отвернулся от бандита и задремал.

Наутро его предположение оправдалось. Старший лейтенант милиции, сидевший в дежурной части, установил его личность, велел подписать неведомую бумагу и некоторым образом по-свойски, даже сочувственно пожурил.

— В вашем возрасте, папаша, — хорошим голосом сказал он, — пора уже не водочкой, а внуками заниматься. Хочешь не хочешь, а придется «телегу» на вас писать.

— Да не пил я! — взмолился Литовкин, не без артистизма прижимая к груди скрещенные кисти рук.

— Тогда, может быть, наркотики? — вкрадчиво осведомился лейтенант.

Литовкин подумал, что дальнейшие препирательства могут только усугубить его положение, и значительно замолчал.

— Пальто хоть отдайте, — единственно напоследок попросил он.

— А вот этого не надо! — сразу посуровев, сказал ему лейтенант. — Все же здесь отделение милиции, а не пункт по сбору утильсырья. Наверное, вас прохожие обобрали, когда вы валялись на улице в бессознательном состоянии. У нас ведь прохожие — огонь, подошвы на ходу режут, не то что какого-нибудь пьяницу обобрать.

Литовкин обиделся, но мысленно согласился с тем, что пальто и вправду никак не могло заинтересовать избалованную милицию и что, наверное, его и вправду прохожие обобрали. Однако на незаконное задержание он пожаловаться решил.

С тем Литовкин и отправился в городскую прокуратуру. Протомившись в очереди около двух часов, он наконец попал на прием к утомленной женщине в униформе, изложил ей свою обиду и услышал в ответ следующие слова:

— Послушайте товарищеского совета: бросьте вы это дело. Кровь у вас не брали на алкоголь, мужчина вы еще крепкий, так что особых оснований валяться на тротуаре у вас, насколько я понимаю, нет, а в протоколе о задержании все записано как положено — это я вам гарантирую за глаза. Вообще с милицией судиться бесперспективно, да и не в наших это традициях, как-то даже не по-советски. Словом, лучше забудьте про этот случай, считайте, что просто с вами произошло неприятное приключение.

— Ничего себе, забудьте! — возмутился Литовкин, но как-то жалобно возмутился. — Ничего себе, приключение! А «телега»?!

— А что «телега»? — спокойно сказала женщина в униформе. — Ну «телега», ну осудят коллеги ваше недостойное поведение, ну и что? Жизнь на этом не прекратится.

Литовкин мысленно согласился, что его жизнь будет иметь продолжение, даже если его выгонят из театра, но на душе было сильно нехорошо, и он с горя решил напиться; вечером ему предстояло играть в чеховском «Дяде Ване», однако уж больно было гадостно на душе. Он нащупал в глубине нагрудного кармана талон на водку, который вечно таскал с собой, и, выйдя из прокуратуры, направился в сторону винного магазина.

Там кишела очередь часа на два, и тем не менее Литовкин к ней все равно примкнул. Уже стало смурнеть, уже возле магазина валялось несколько пьяных, уже прошел мимо сменившийся с дежурства давешний лейтенант и, увидев в очереди Литовкина, ему понимающе подмигнул, уже заметно похолодало, что было особенно чувствительно без пальто, уже повалил народ из проходной шелкомотальной фабрики и до заветного прилавка оставалось с полсотни мятущихся мужиков, когда из магазина выглянула продавщица исполинской конфигурации и объявила, что на сегодня лимит исчерпан. Литовкин от огорчения продал свой талон какой-то старушке, напоминающей букву «г», и на вырученные деньги отвратительно пообедал.

Потом он долго бродил по городу, неся в себе такое подлое ощущение, какого можно добиться только нарочно, если, например, попросить прощения у прохвоста, который наставил тебе рога, а в половине седьмого вечера был в театре. Он машинально загримировался, машинально надел костюм своего героя, именно Войницкого, «дяди Вани», поднялся на сцену и встал у левой кулисы, где находился пульт, рядом с помощником режиссера. Своего выхода Литовкин тоже дожидался с противным чувством; он его потому дожидался с противным чувством, что новый главный режиссер, приехавший в прошлом году из Вологды, по молодости лет, от избытка самомнения, а также из чисто кассовых интересов коверкал классику как хотел; дело дошло уже до того, что в середине четвертого действия Войницкий, по прихоти вологодского умника, кончает самоубийством.

Перед самым выходом помощник режиссера ему сказал:

— Дядя Сеня, одолжи до среды червонец...

На что Литовкин не без артистизма развел руками, давая понять, что он сам сидит без гроша, вдохнул пыльный воздух и вышел из-за кулисы со словами:

— Да... Очень... — После чего неестественно зевнул, как того требовала чеховская ремарка.

В дальнейшем текст он произносил, то же самое, машинально, поскольку знал его назубок, но отчего-то как бы очнулся в начале второго действия, когда он говорит Елене Андреевне:

— Сейчас пойдет дождь, и все в природе освежится и легко вздохнет. Одного только меня не освежит гроза. Днем и ночью, точно домовой, душит меня мысль, что жизнь моя потеряна безвозвратно. Прошлого нет, оно глупо израсходовано на пустяки, а настоящее ужасно по своей нелепости...

Но что ему в ответ говорила Елена Андреевна, он уже не слыхал.

В другой раз он как бы очнулся накануне самоубийства, которое придумал неистовый вологодский авангардист; он невзначай увидел, как монтировщики на колосниках пьют портвейн, и снова пришел в себя.

— Ничего, — говорил в это время актер Скородумов, игравший Астрова, в миру сплетник, склочник и интриган.

— Дай мне чего-нибудь, — сказал свою реплику Литовкин и показал на сердце, как того требовала чеховская ремарка. — Жжет здесь.

— Перестань! — отмахнулся от него Скородумов. — Те, которые будут жить через сто, двести лет после нас и которые будут презирать нас за то, что мы прожили свои жизни так глупо и так безвкусно, — те, может быть, найдут средство, как быть счастливыми, а мы...

И опять провал; и опять как бы возвращение восвояси:

— Послушай, — продолжал Скородумов, — если тебе во что бы то ни стало хочется покончить с собою, то ступай в лес и застрелись там!..

Соответственно задумке главного режиссера, Литовкин вытащил из кармана оловянный пугач, отошел в глубину сцены, где стояли зеленые фанерные щиты, символизировавшие подлесок, и приставил пугач к виску; помощник режиссера выстрелил из стартового пистолета, который издал орудийный звук, и Литовкин рухнул на сцену, два раза нарочито дернулся и затих.

Спектакль продолжался своим чередом, коллеги двигались, жестикулировали, говорили, а Литовкин лежал на пыльных сосновых досках, тупо разглядывал ржавый гвоздь, оброненный кем-то из монтировщиков, и злобствовал про себя: «Слюнтяи, сволочи, жизнь была им нехороша! Небось в отличных пальто ходили, воронцовскую водочку трескали под икру, с феями общались, философствовали, гады, с утра до вечера от безделья — и еще, видите ли, жизнь им нехороша! Вас бы, сукиных детей, в лапы плановой экономики, вас бы предложить вниманию исполкома — они бы вам показали вишневый сад! Нет, какую жизнь профукали, собаки, — феерию, а не жизнь!..»

От злых этих мыслей его оторвали аплодисменты.

Д. Б. С.

Эта криптограмма, это самое Д. Б. С., расшифровывается как — действительно беззащитное существо. Фортель с зашифровкой и расшифровкой трех обыденных русских слов вот чем хочется оправдать в глазах испытанного читателя: бабка Софья, можно сказать, на этих сокращениях и свихнулась, и если бы она сознавала себя в качестве действительно беззащитного существа, она себя так и называла бы. Д. Б. С. В доказательство такой ее *пунктуации* уместно привести то, что председателя товарищеского суда Михаила Васильевича Дубинина она кличет не иначе как МВД, что категория «коммунальная квартира» в ее устах звучит даже и неприлично, что ругательство «жид» она также считает аббревиатурой.

Свихнулась бабка Софья еще в бытность отроковицей, во время гражданской войны, когда пошла мода на сокращение имен нарицательных до их полной неузнаваемости, которую следует объяснить... а черт его знает, чем эту моду следует объяснить. Прежде жизнь была органической и понятной: бабка Софья отлично училась в женской гимназии города Николаева, музицировала на скрипке и даже сочиняла по-немецки лирические стишки, но в девятнадцатом году, когда в городе то трупы висели на фонарях, то в пользу мировой революции шли официальные грабежи, то дворянство выгоняли на расчистку панелей, то из картинной галереи делали лазарет, но главное, когда уже вовсю бушевали разные «добрармии» и «укомы», ее нежная, неокрепшая еще психика дала трещину, и сознание как-то одеревенело, прочно отгородив будущую бабку Софью от реалий советского времени до их полного непонимания или извращенного понимания. Ну что привести в пример: индустриализацию она восприняла как знамение скорого конца света, директора парфюмерной фабрики, на

которой проработала двадцать лет, называла «хозяином» и демонстративно кланялась ему в пояс, Лазаря Кагановича подозревала в тайном сговоре с
Австро-Венгрией... Уж бабку Софью и товарищи прорабатывали в круголке, то есть в красном уголке, и
срок она отсидела в политизоляторе, и в ссылке она
была, и, естественно, политических прав лишалась —
ничто ее не могло пронять, и в конце концов на нее
махнули рукой как на полную и безнадежную идиотку. В семидесятом году она вышла на пенсию и переехала в город Очаков, к двоюродной сестре по линии матери. Между прочим, пенсию ей положили
что-то тридцать рублей с копейками, но этому она
как раз нисколько не удивилась.

А в Бердянске у нее жила еще одна родственница — это уже по отцовской линии. В 1948 году эта
родственница скончалась, отказав бабке Софье в наследство швейную машинку и холодильник. Дальше
Херсона бабка уже лет тридцать не забиралась, и
вот осенью восемьдесят четвертого года вынуждена
была ехать в Бердянск принимать наследство.

В один прекрасный день идет она в морской порт,
заворачивает в кассовый зал и по-хорошему просит
билет в Бердянск.

— Нету туда билетов, — в ответ говорит кассирша.

— Это, наверное, на сегодня нету, — делает предположение бабка Софья, — а на завтра, должно
быть, есть.

— И на завтра нету.

— А на когда же есть?

— На никогда.

— Как же так? Это даже удивительно, за что
Бердянску такое пренебрежение... В Одессу билеты
есть?

— Есть.

— На сегодня есть?

— Хоть сейчас садись, старая, на «Ракету» и дуй
в Одессу. Как раз туда в психдиспансер завезли партию старичков.

— То-то и удивительно, — говорит бабка Софья,
оставляя без внимания едкую справку о старичках, —

что в Одессу билеты есть, а в Бердянск их даже и не бывает.

Мужик, стоявший через человека от бабки Софьи, не выдержал и сказал:

— Ты, старушка, совсем плохая. Ты, голова садовая, пораскинь умом: где Одесса, а где Бердянск!

— А чего тут раскидывать, — говорит ему бабка Софья. — И Одесса стоит на море, и Бердянск на море, я же не прошу доставить меня в Москву. Тем более что это не Турция какая, чтобы туда население не пускать.

— На море-то на море, — сказал мужик, — да акватории разные у них, тем более разные пароходства.

Бабка Софья приняла слово «акватория» за какую-то новую аббревиатуру, перед которыми у нее всегда расступался разум, и с мужиком решила больше не говорить. Она повернулась к кассирше и ласково ей сказала:

— Ты все-таки, дочка, сделай мне до Бердянска один билет.

— Все! Мое терпение лопнуло! — в ответ говорит кассирша. — Отойди, старуха, от кассы, а то я не отвечаю за свои действия!

Бабка Софья сообразила, что сейчас она не добьется толку по причине плохого настроения у кассирши, и решила несколько переждать. Она поставила в уголок свою сумку, сшитую из клеенки, кряхтя, на нее уселась и стала пережидать. Когда очередь у окошка кассы иссякла до последнего человека, бабка со смущением в голосе вернулась к старому разговору:

— Мне бы до Бердянска один билет...

— Миша! — заорала кассирша не своим голосом.

На зов моментально явился милиционер, который по летней поре выписывал чуть ли не загранпаспорта на соседнюю Кинбурнскую косу, а в прочие времена года затачивал у себя в конурке карандаши; он явился и выставил бабку Софью на свежий воздух.

— Сынок, — говорила она дорогой, — ну что я такого сделала? Мне же только нужен билет в Бердянск!

Милиционер отвечает:

— Мамаша, до Бердянска билетов в природе нет.

— Ну как же так? — все не может она уняться. — До Одессы билеты есть?

— До Одессы есть.

— А до Бердянска нет?

— До Бердянска нет.

Бабка Софья все равно не поняла этого совьетизма, но как-то обмякла от официального сообщения относительно того, что до Бердянска билетов в природе нет, и с обреченным видом пошла на выход. В маленькой ее фигуре вдруг проявилось нечто настолько жалкое, что милиционер решил потрафить старческому безумию: он догнал бабку Софью, вырвал листок из блокнота, написал на нем — «Билет до Бердянска» и вручил этот листок старухе. Пятерку, которую совала ему повеселевшая бабка Софья, он отринул с негодованием, но карамельку вынужден был принять.

Бабка Софья после пошла на пирс, обнаружила там катер, отправлявшийся на Покровские хутора, и было взошла на палубу, но матрос, дежуривший у трапа, ее вовремя развернул. При этом он сказал:

— С Мишкиной бумажкой я бы тебя на луну доставил, но мы идем на Покровские хутора.

Бабка Софья уселась возле кнехта на свою сумку и заплакала не столько от обиды, сколько от недоумения.

Бог, который все это время наблюдал за старухиными злоключениями с расстояния в десять световых лет, отвернулся в беспомощном сочувствии ее горю. Он ничего не мог сделать для бабки Софьи. Он давно уже ничего не мог поделать с этой страной и ее народом.

1988—1989

КОЛДУНЬЯ

«Сегодняшним вечером он окончательно
убедился в своих предположениях относительно жены. Что жена его при помощи
нечистой силы распоряжалась ветрами и
почтовыми тройками, в этом уж он более
не сомневался».

А. Чехов, «Ведьма»

В деревне Новоселки, где я прошлым летом гостил
у тетки, стоит несколько на отшибе достопримеча-
тельная изба. Достопримечательна она, конечно, не
тем, что снаружи удивительно похожа на ветхий,
сносившийся башмак допотопного образца, а тем, что
живет в ней колдунья Татьяна Абрамовна Иванова.
Женщина она еще сравнительно молодая, статная и
вообще недурна собой, но причесана, одета, обута
Татьяна Абрамовна без малого издевательски, чуть
ли не так, как в средние века убирали ведьм, когда
приготовляли их к очистительному костру. Впрочем,
тут она почти ничем не отличается от соседок, разве
что постоянно носит белоснежный передник, который
отзывается медициной, и это, видимо, неспроста: колдунья Иванова заговаривает грыжу, останавливает
кровотечения, ловко вправляет вывихи и лечит множество разных хворей, вплоть до бесплодия и паду-
чей.

Хотя к Татьяне Абрамовне, чуть что, обращается
вся округа и даже наезжают страдальцы из Костро-
мы, в родной деревне ее не любят. Никто к ней запросто не заходит, материалистически настроенные
пацаны то дрова из принципа украдут, то подожгут
плетень, участковый инспектор дважды привлекал ее
к ответственности за незаконное врачевание, старухи, по старой памяти, бывает, плюют ей вслед, бригадир Вася Мордкин, как напьется, так с грозным
видом уведомляет, что у него давно припасен осино-
вый кол для ее могилы, но регулярнее всего достает-
ся Татьяне Абрамовне от супруга: несмотря на то,
что супруг уже четыре года не работает в колхозе
и живет на ее хлебах, несмотря на то, что он, в общем-то, малый тихий, он целыми днями зудит, зудит...

Раз у меня разболелся зуб. Когда терпеть уже

стало невмоготу, захожу это я к колдунье Ивановой
на предмет неотложной помощи и застаю такую не-
умилительную картину: Татьяна Абрамовна сидит
за столом и, потупясь, перебирает какие-то корешки,
а ее супруг лежит на русской печи, высунув нечеса-
ную голову из-за выцветших ситцевых занавесок, и
монотонно, точно по   неприятной необходимости, ей
делает нагоняй:

— У всех бабы как бабы, — говорит он, скучно
глядя прямо перед собой, — а у меня прямо какая-
то гадюка подколодная, вражеский элемент.   Люди
вокруг расширяют кругозор, наяривают пропаганду
и агитацию, и только у нас в Новоселках процветает
это самое чародейство и волшебство... Ты чего меня
перед народом позоришь, а? Ладно бы хоть прибыток
от тебя был в материальном смысле, какая-то не-
посредственная отдача, а то ведь шиш с маслом ты
имеешь за свое черносотенное искусство, если, конечно, не считать, что тебя собаки, и те боятся...

Вполуха слушая эти речи, я между тем осматри-
вал интерьер: в избе у Ивановых было опрятно, даже как-то вызывающе, по-особенному опрятно, с привкусом хлорки, что ли, в простенке висело мутное
зеркало с несколькими фотокарточками, заткнутыми
за раму, на крашеной   тумбочке стоял старинный
радиоприемник, накрытый резной салфеткой,   над
столом висел оранжевый, гигантский, шелковый аба-
жур с кистями, похожий на балдахин... — а впрочем, меня так донимала зубная боль, что в эти минуты мне было ни до чего, и слушать было больно, и
смотреть — больно.

— Ну, в кои веки перепадет от какого-нибудь за-
езжего дурака краска для морды или справочник по
растениям, — вдумчиво   продолжал супруг, как бы
рассуждая с самим   собой, — только что от них
толку-то, если тут тебе, как говорится, ни выпить,
ни закусить... Стало быть, в общем и целом мы ничего не имеем в итоге от этой вредительской ворож-
бы, кроме срама перед народом, ведь мне на деревне проходу нет через твои проделки. Давеча Васька
Мордкин подходит и говорит: «Как ты, — говорит, —
с ней спишь-то в одной кровати, это же чистый Аф-
ган, с такой бабой спать...»

— Уймись ты, идол, — мирно осаживает Татьяна Абрамовна своего супруга, но он продолжает канючить на той же самой тоскливой ноте.

— Нет уж, извините-подвиньтесь, — канючит он. — Иначе говоря, ты давай сворачивай эту махровую самодеятельность, не то я скажу тебе «талак»...

Тут колдуньин супруг наконец-то продрал глаза, то есть увидел меня, переминавшегося в дверях, печально вздохнул, убрался на печь с головой и задернул за собой ситцевую занавеску. А я пожаловался Татьяне Абрамовне на зубную боль, получил от нее скляночку с каким-то темным составом, вышел на двор и начал полоскать рот. Только я выполоскал причудливое зелье, отчего-то вдруг взопрел и сел на скамеечку у калитки, как Татьяна Абрамовна вышла за мной на двор, присела рядом, провела пальцами по щеке в районе больного зуба — и сразу боль как рукой сняло. Кто помнит, что случается с человеком, когда его напрочь отпускает мучительная — острая, многодневная, душевынимающая боль, тот поймет мое тогдашнее состояние; я как-то немедленно полегчал, точно сбросил несколько килограммов, глаза раскрылись, словно прежде они были незрячими или зрячими, но вовнутрь, в направлении моей боли, и я снова обрел визуальную благодать: был чудный июльский день, не знойный, не прохладный, а, что называется, в самый раз, мухи нудели, в небе стояли небольшие плотные облака, в которых было что-то от свежевыстиранного белья, рядом древняя ветла еле-еле пошевеливала продолговатыми своими листьями, как человек в задумчивости пальцами перебирает, где-то поблизости тявкала, видимо, мелкая собачонка, а прямо напротив был привязан к поскотине грязный бычок, смотревший на меня слезящимися глазами, как смотрят нищие, которые еще стесняются своей роли.

— Прямо вы волшебница, Татьяна Абрамовна, — молвил я.

— Ну вы тоже скажете, — отозвалась она в некотором смущении, впрочем, сквозящем затаенным самодовольством. — Какое тут волшебство, одна народная медицина, травки да коренья, плюс, конечно, такое целебное электричество, которое живет у меня внутри. Да ведь сейчас его и наука признает, и в газетах про него пишут — дескать, что есть, то есть. Только вот до того в наших местах отсталое население, что мне житья нет из-за этого электричества, хоть собирай манатки и уезжай. В Костроме бы, поди, меня на руках носили, а тут отсталый у нас народ — образ мыслей у него как при Владимире Мономахе...

По дороге, продолжающей деревенскую улицу и уходящей за перелесок, прошли мимо двое пьяных подростков в кирзовых сапогах, которыми они взбивали клубы желтой пыли, и, точно в подтверждение слов Татьяны Абрамовны, посмотрели на нас с откровенной злобой.

Татьяна Абрамовна продолжала:

— Настоящее колдовство — это совсем другое. Вот если бы я сибирку на скотину наводила, зеленя заговаривала или приворотное зелье варила, — тогда понятно...

— Интересно: а как оно изготовляется, это зелье? — на свою голову спросил я.

— А очень просто, — начала Татьяна Абрамовна, увлекаясь, и лицо ее потемнело, как-то по-дурному преобразилось: — в ночь под Духов день нужно сварить черную кошку, вынуть у нее, значит, такую двойную косточку, высушить, истолочь ее в ступе вместе с пометом годовалого петуха...

Ни с того ни с сего вдруг поднялся ветер, причем пронизывающий, студеный, что было довольно странно ввиду солнечного сияния и неподвижности облаков.

РАССУЖДЕНИЯ
О ПИСАТЕЛЯХ

ВЕЧНЫЙ ВИССАРИОН

Много лет назад в «умышленном» городе Петербурге жил-был подданный Российской империи Виссарион Григорьевич Белинский, который изо дня в день ходил теми же маршрутами, что и мы, положим, Поцелуевым мостом или мимо Кузнечного рынка, как и мы, говорил общие слова, чихал, тратил деньги и ежился от балтийских ветров, которые слегка припахивают аптекой. Сейчас это трудно себе представить, но он был нисколько не хрестоматийный, а самый нормальный человек немного достоевского направления: болезненный, издерганный, пообносившийся, вообще живущий в разладе с жизнью и при этом свято верующий в то, что красота спасет мир. В сущности, от нас с вами этот человек отличался тем, что носил картуз на вате и что талантище у него был такой, какой выпадает не чаще чем раз в эпоху, а то и в две. Однако «вечным Виссарионом» его следует отрекомендовать не только потому, что истинный талант вечен, но еще и потому, что писатели-то по-прежнему пописывают, а читатели по-прежнему почитывают, и предела этим старинным занятиям не видать.

Для того чтобы объяснить, почему это так и есть, необходимо указать на один неприглядный факт: сейчас Белинского практически не читают; как пройдут его в школе, как зазубрят, что «жизнь Белинского — яркий пример беззаветного служения родине, народу», так уж больше и не читают. А зря!..

Возьмем хотя бы вопрос о значении литературной критики; литературная критика существует у нас, по крайней мере, сто пятьдесят лет, и тем не менее вопрос: нужна ли она, а если нужна, то зачем? — для многих вопрос открытый. Нормальный читатель скажет, что если книга хороша, то народ в этом и без критики разберется, нормальный писатель скажет: литература-де, к счастью, не становится лучше или хуже в зависимости от того, бранят ее или хвалят.

Тут даже не то важно, что оба правы, хотя и периферийной, мелкотравчатой правотой, а важно то, что вопрос-то давно закрыт. И закрыл этот вопрос Виссарион Григорьевич Белинский, который, в сущности, и открыл его и закрыл. И если он до сих пор остается для нас вопросом без исчерпывающего ответа, так, в частности, потому, что мы Белинского не читаем...

Если бы мы читали Белинского, то разобраться со значением литературной критики нам помогла бы следующая его фраза: «Разве мало у нас людей с умом и образованием, знакомых с иностранными литературами, которые, несмотря на все это, от души убеждены, что Жуковский выше Пушкина?» Вероятно, в ответ на это предположение девяносто девять человек из ста теперь заявили бы, что у нас таких нет, что Пушкин — великий художник, что это известно всем. Однако в большинстве случаев они скажут так вовсе не по убеждению, вынесенному из чтения Пушкина, а потому, что в восьмом классе учительница литературы им так сказала. Но ведь и не учительница это открыла, и не профессора, которые учили учительницу в педагогическом институте, и даже не профессора ее профессоров — это открыл Белинский. В то время как многие современники Пушкина, и среди них люди даже в высшей степени культурные, понимающие, считали его всего-навсего сочинителем острых стишков, занятным прозаиком и неудавшимся драматургом, Белинский безошибочно указал на первого гения в русской литературе — Пушкина. А что, если бы Белинский этого не открыл? Холодный пот прошибает от такого предположения, потому что, попроси иного сегодняшнего читателя глубоко лично и, что называется, положа руку на сердце отозваться о сочинениях Александра Сергеевича, мы не гарантированы от следующего ответа: «Пушкин, конечно, гений, но, знаете ли, ланиты какие-то, коты разговаривают и вообще».

Уместен вопрос: а действительно ли это важно, чтобы каждый читатель знал, что Пушкин гений, Жуковский талант, Козлов дарование, Кассиров пустое место? Не просто важно, а очень важно! Как говорили римляне, искусство вечно, да жизнь коротка, что можно понять и так: вырасти из человека по форме в человека по существу означает еще и успеть приобщиться к духовному достоянию, наработанному, в частности, гениями художественной литературы, которое у нас сказочным образом превращает человека по форме в человека по существу. Но ведь к нему нужно еще пробиться, потому что искусство-то вечно, и путь, например, к «Преступлению и наказанию» лежит через дремучие дебри из «Милордов английских», «Кирюш», «Недовольных», «Собак в истории человечества» и прочих образчиков, так сказать, необязательной или даже сорной литературы. Следовательно, необходима какая-то санитарная служба, которая занималась бы прореживанием и расчисткой, которая прорубала бы путеводительные просеки и налаживала спасительные дорожки.

Что же касается значения литературной критики для тех, кто книги преимущественно сочиняет, то оно еще более велико, так как литературная критика — это, во-вторых, санитарная служба, а во-первых, камертон и родительница новых эстетических положений. Конечно, критика не в состоянии сделать *писателя* из писателя, но, во всяком случае, она может навести человека на ту дельную мысль, что, например, 76 лет спустя после смерти Толстого никому не нужны писатели, которые пишут теми же словами, что и Толстой, и о том же, о чем Толстой, но только гораздо хуже. В этом месте нужно будет вернуться к цитате: «Разве мало у нас людей с умом и образованием, знакомых с иностранными литературами, которые, несмотря на все это, от души убеждены, что Жуковский выше Пушкина?» — потому что эта цитата имеет насущное продолжение: «Вот вам объяснение, почему в нашей литературе бездна самых огромных авторитетов». Дело тут в том, что огромные, то есть по преимуществу фальшивые, авторитеты, возникающие в тех случаях, когда критика недобросовестна или она просто не начеку, — это не так безобидно, как может показаться со стороны. Мало того, что «маленькие великие люди с печатью проклятия на челе» всегда разжижали репутацию нашей литературы, они еще и закономерно тяготели к тому, чтобы теснить и преследовать истинные таланты, которые для них — нож острый, поскольку самим фак-

том своего существования они на корню разоблача-
ли «огромный авторитет». Что это означает в практическом смысле: в практическом смысле критика крот-
кая, неталантливая и ручная всегда была той силой — точнее, слабостью, — которая воспитывала
кумиров из ничего и, следовательно, строила козни
против настоящей литературы под девизом «Каждому Моцарту по Сальери!». Потому что писателя эти
кумиры норовили подвести под лепажевский писто-
лет, а, в свою очередь, из читателей делали либо
нечитателей, либо читателей всякой белиберды. Следовательно, истинная критика есть, в частности, иммунная система литературы, и доказал это «вечный
Виссарион».

Но самая значительная заслуга Белинского перед
отечественной словесностью, даже вообще перед словесностью, такова: по сути дела, Белинский вывел,
что такое литература, чем она занимается, чему служит и ради чего мобилизует под свои знамена наиболее замечательные умы; тем самым он положил
начало такому органическому, живому литературно-
му процессу, при котором дела устраивались по Дар-
вину, то есть стихи и проза журдэновского пошиба
обрекались на прозябание в настоящем и забвение
в будущем, а талантливой литературе, по крайней
мере, обеспечивался читатель. Словом, Белинский
сделал для словесности то, что сделал для химии
Менделеев, ибо он не изобрел ничего, кроме порядка,
открывшего широчайшую перспективу. И уже поэтому был титан.

Между тем при личном знакомстве Виссарион
Григорьевич разочаровывал своих современников, потому что они ожидали встретить титана, а видели за-
стенчивого молодого человека очень невысокого ростом, сутулого, с белесыми волосами, нездоровым цве-
том лица, испорченными зубами, мелкими, как гвоз-
дики, который к тому же «сморкался громко и не-
изящно». Действительно, внешне он был дюжинным
человеком, разве что у него были прекрасные жен-
ские руки и глаза необыкновенной, какой-то умытой
голубизны, и житейские симпатии с антипатиями у
него были самые дюжинные, и обстоятельства внешней жизни ничего особым не отличались. Он родился

в захолустном городке Пензенской губернии, в семье штаб-лекаря, владельца семерых крепостных, который хотя и попивал, но не ходил в церковь и читал Вольтера. Заочным восприемником у Белинского был цесаревич Константин Павлович; в детстве его звали Висяшей, а уличное прозвище дали почему-то Брынский Козел. Образование он получил в уездном училище, в пензенской гимназии и в Московском университете, из которого его исключили на третьем курсе «по причине болезни и безуспешности в науках». Сначала он жил в Москве, потом в Санкт-Петербурге, где тридцати двух лет женился на Марии Васильевне Орловой, особе немолодой. Свою карьеру он начал секретарем у графомана Дермидона Прутикова, а закончил ведущим критиком некрасовского «Современника», фигурально выражаясь, в чине канцлера русской литературы. Несмотря на то что ему как канцлеру и платили, жил Виссарион Григорьевич очень скромно, в небольших квартирках, обставленных кое-как. Больше всего на свете он любил комнатные растения и никого так не опасался, как пьяных мастеровых. Поскольку классического барского воспитания он в детстве не получил, то одевался неэлегантно, иностранными языками практически не владел, а из музыки сочувствовал только «Шарманщику» Шуберта и «адской пляске» из «Роберта-дьявола», которой он особенно симпатизировал за апокалиптическую окраску. Друзей в нынешнем понимании этого слова у Белинского не было, хотя его окружали лучшие люди своего времени; вообще, он был человек малообщительный, живущий преимущественно в себе. Работать Виссарион Григорьевич мог в любой обстановке: положим, под окнами играет музыкант-итальянец из 3-го Подьяческого переулка, дочь Зинаида ревма ревет, Мария Васильевна обсуждает с соседкой манеры генеральши, обитающей в бельэтаже, свояченица Аграфена под шумок учит сына Владимира площадным словам, пришла кухарка и требует задержанное жалованье, а Виссарион Григорьевич стоит за конторкой в халате на белой атласной подкладке, с пунцовыми разводами, купленном в Париже, и знай себе исписывает страничку за страничкой, которые складываются в неаккуратную стопку на правом углу конторки, да еще время от времени переспросит:

— Ну и что генеральша?..

Впрочем, работал он, как правило, только дней десять — пятнадцать в месяц, а остальные жил в свое удовольствие, но писал так много, споро и мудро, как в его время никто, наверное, не писал. Тем не менее он самым серьезным образом считал себя литератором второстепенным и, бывало, жаловался со вздохом:

— Из своей кожи не выпрыгнешь...

Надо полагать, Белинского смущало то обстоятельство, что в области собственно художественной литературы он оставил только две скромные пьесы: одна — «Дмитрий Калинин», во многом вещь юношеская, другая — «Пятидесятилетний дядюшка, или Странная болезнь», которая была поставлена в щепкинский бенефис. И это, конечно, странно, если это, конечно, так, потому что на самом деле Белинский прямой соавтор всех наших великих писателей, потому что активами своего разума и души он обеспечил золотой век русской литературы, потому что, явившись на том переломе, когда из аристократического занятия она становилась огромным национальным делом, он основал литературную критику, как основывают религии, государства. То есть в области эстетики литературы Белинский копнул так объемно и глубоко, что вот уже 150 лет, как нам, в сущности, нечего добавить к его наследству, кроме кое-каких вариаций и мелочей, ибо нет такого коренного литературного вопроса, на который Белинский не дал бы исчерпывающего ответа, который он не решил бы на неопределенно продолжительное время, можно сказать, навек. И эти вопросы отчасти потому до сего времени остаются вопросами, что мы опять же Белинского не читаем, словно его сочинения писаны не про нас. Хотя они, безусловно, писаны и про нас, поскольку срок годности у них — вечность, поскольку писатели по-прежнему пописывают, а читатели по-прежнему почитывают, и конца этим старинным занятиям не видать...

Если бы мы читали Белинского, то нам, например, было бы ясно, что литература — это не «невинное и полезное занятие... для успеха в котором нужны только некоторая образованность и начитанность», что «творчество есть удел немногих избранных, а вовсе не всякого, кто только умеет читать и писать», и тогда мы, возможно, избежали бы того недуга, какой во времена Белинского только-только приобретал хронические черты. «Теперь же пишут и сапожники, и пирожники, и подьячие, и лакеи, и сидельцы... — в свое время подметил он, — словом, все, которые только умеют чертить на бумаге каракульки. Откуда набралась эта сволочь? Отчего она так расхрабрилась?» Отвечает на эти вопросы Белинский так: все дело в том, что, во-первых, за «каракульки» деньги платят, и они — самое доступное средство от бренности бытия, а во-вторых, «каракульки» у пирожников на поверку выходят ничуть не хуже, чем у «огромных авторитетов», и это, конечно, вводит людей в соблазн.

Если бы мы читали Белинского, у нас вряд ли затеялся спор о том, хорошо делают те писатели, которые строят свои тексты на основе синтаксиса районного значения, или нехорошо? Ибо Белинский очень давно ответил на этот вопрос: нехорошо, и объяснил, почему нехорошо: потому, что захолустный вокабуляр созидает не народность, а простонародность, и всякими «кабыть» и «мабуть» читателя за нос не проведешь, потому что литература — это не этнография, а литература.

Если бы мы читали Белинского, то давным-давно оставили бы глупую моду возводить в степень очернительства всякое изображение теневых сторон жизни, всякую художественную беду, всякого литературного негодяя. По этому поводу Белинский писал, что обвинять художника в том, что он оклеветал общество, выведя, положим, подлеца генерала, так же неумно, как осуждать мадонну Рафаэля на том основании, что женщинам свойственны еще и другие качества, кроме материнства, и утверждать, что посему Рафаэль женщину оболгал. Между тем у критиков присяжных и по склонности характера ничто не вызывало такого негодования, как именно нервный интерес русской литературы к несовершенствам человека и бытия. Критик «Москвитянина», например, сетовал: «Перебирая последние романы, изданные во Франции, с претензией на социальное значение, мы не находим ни одного, в котором бы выставлены были одни пороки и темные стороны общества...»

Эту мысль продолжал критик по склонности характера граф Бенкендорф.

— Вот французы пишут, — говорят, возмущался он, — бедный журналист изобрел способ получения дешевой бумаги, у господина такого-то длинный нос, жандарм ходит к прачке, а нашим нужно обязательно в каждый горшок плюнуть!

Эти упреки, конечно же, вытекали из недостаточности культуры, из непонимания того, что в силу своей природы художественная литература занимается главным образом недугами личностного и общественного порядка, и занимается ими потому, почему медицина в силу своей природы занимается болезнями человеческого организма. Тем более некстати было требовать благостности от русской литературы, которая испокон веков отвечала за неприкаянную душу человека...

Если бы мы читали Белинского, то с удовольствием обнаружили бы, какое это тонкое, художественное и, что самое неожиданное, веселое чтение: «добродетельный химик», «безнаветная критика», «двести мильонов нелепого наследства», «профессор Вольф, человек, конечно, не гениальный, но весьма ученый и совсем не дурак...». Правда, уже с неудовольствием мы обнаружили бы и то, что местами Белинский банален, что прописные истины — это его конек. Но такое заключение было бы обманчивым, поскольку, во-первых, то, что банально сейчас, 150 лет тому назад было еще в новинку, а во-вторых, бывают такие несчастные времена, когда приходится выказывать чудеса ловкости и терпения, чтобы разоблачить какой-нибудь нелепейший общественный предрассудок, положим, доказать, что между чтением «Journal des Débats» и изменой отечеству существует все-таки значительная дистанция. Наверное, подивились бы мы и тому, что Белинский настолько жестоко и издевательски критиковал сочинения своих выдающихся знакомых, приятелей и друзей, что впору было стреляться, и тем не менее они оставались знакомыми, приятелями и друзьями, из чего, кажется, вытекает, что критики панически боится только посредственность, фальшивый авторитет, а талант, он что? — он все равно ведь талант, как его ни ругай.

Наконец, если бы мы читали Белинского, нам было бы очевидно, что настоящее критическое дарование неотделимо от своего рода мужества, дара провидения и абсолютного художественного чутья. Даже не так: талант нужен, а все прочее прилагается: мужество, дар провидения, художественное чутье или, если перелицевать эти качества на житейскую сторону, непрактичность, беспечность и в некотором роде бедовый нрав вытекают из таланта естественно, как следствия из причины. Перелицовка качеств тут нужна потому, что иначе мы Белинского не поймем. Ведь действительно нужно быть не только мужественным, но и довольно беспечным человеком, чтобы свергнуть «огромный авторитет» Марлинского или Владимира Бенедиктова, по которым в начале прошлого столетия сходила с ума вся читающая Россия. Нужно быть, конечно, непрактичным провидцем, чтобы предсказать нашей отчизне, что она скорее и радикальнее всех покончит с социальной несправедливостью. Нужно обладать бедовым художественным чутьем, чтобы сказать о Тургеневе то, с чем и сегодня редко кто согласится, а именно, что у него «чисто творческого таланта или нет — или очень мало», а также чтобы угадать в прозе Гоголя эстетическую революцию, в то время как многие серьезные люди считали его просто веселым клеветником, и при этом объяснить, почему Гоголь революционер; Чехов, уж на что был умница, и то не мог объяснить, почему ему нравится Шекспир и не нравится Потапенко, а Белинский — мог. Словом, нужно быть литератором гигантского дарования, чтобы позволить себе непрактичность, беспечность, бедовый нрав. Поскольку такое дарование — раритет, то нет ничего удивительного в том, что прочие наши критики, за редким исключением, были покладистыми и предусмотрительными людьми; одни просто предлагали выколоть глаза всем мадоннам, другие были заняты не столько анализом литературного процесса, сколько тем, чтобы себя показать, третьи вообще творили по принципу

Полевого, который он не постеснялся изложить в беседе с Иваном Ивановичем Панаевым.

— Я вот должен хвалить романы какого-нибудь Штевена, — говорил Полевой, — а ведь эти романы галиматья-с.

— Да кто же вас заставляет хвалить их? — удивлялся Панаев.

— Нельзя-с, помилуйте, ведь он частный пристав.

— Что ж такое? Что вам за дело до этого?

— Как что за дело-с! Разбери я его как следует — он, пожалуй, подкинет ко мне в сарай какую-нибудь вещь да и обвинит меня в краже. Меня и поведут по улицам на веревке-с, а ведь я отец семейства!..

Разве вот еще что: если бы мы читали Белинского, то обязательно пришли бы к заключению, что он был писатель увлекающийся, горячий. В статье «Взгляд на русскую литературу 1846 года» собственно о русской литературе 1846 года написано только шестнадцать страниц, а на остальных двадцати семи страницах речь идет о славянофильстве, народности, национальном вопросе, бессмертии, московских князьях, значении художественного творчества Ломоносова, ничтожности «вечного труженика» Тредьяковского, способности русских к приспособлению, «натуральной школе», программе «Современника», соотношении формы и существа. Статья «Горе от ума» написана о гоголевском «Ревизоре».

Горячностью же характера следует объяснить и то, что Белинский был несвободен от ошибок, опрометчивых идей и неправедных увлечений, которые отчасти вытекали из старинной русской болезни не мысль извлекать из жизни, а жизнь подгонять под дорогую, облюбованную мысль; отсюда его монархическая «Бородинская годовщина», подогнанная под Гегеля, из-за которой порядочные люди долго не подавали ему руки (вот какой был простодушный век, идейным противникам руку не подавали), отсюда его убежденность в том, что как художественный мыслитель Клюшников выше Пушкина, отсюда следующее свидетельство: Белинский говорил, будто от «фанфарона» Лермонтова он не слышал ни одного умного или хотя бы дельного слова.

Впрочем, Белинский и в быту был человек чувства. При всем своем добродушии и застенчивости он частенько впадал в крайнее озлобление, если при нем неосторожно порочили демократические принципы, русский народ, святителей нашей литературы, и так горячо атаковал своих оппонентов, что казалось, еще немного — и поколотит. Или взять карты, в которые Белинскому не везло: играя в трехкопеечный преферанс, он проигрывал так, как иные натуры гибнут. Однажды, оставшись без четырех взяток, он до того огорчился, что Тургенев ему сказал:

— Если так убиваться, то уж лучше совсем не играть.

А Белинский в ответ:

— Нет, не утешайте меня, все кончено, я только до этого роббера и жил!

Страстен он был даже в собирании грибов: когда Виссарион Григорьевич отправлялся со свояченицей Аграфеной Васильевной по грибы, то нарочно забегал далеко вперед и, увидя какой-нибудь подберезовик, буквально падал на него, «громогласно заявляя свои права». Как-то его приятель переводчик Андрей Кронеберг был обманут издателем Краевским, который выпустил книжкой «Королеву Марго» и не заплатил переводчику ни копейки. Кронеберг, запасшись соответствующим томом свода законов, явился к Краевскому и вытребовал гонорар. Когда потом он рассказал об этой победе Белинскому, тот протянул ему трость, встал на колени и попросил:

— Андрей Иванович, голубчик, поучите меня, дурака!

Его литературная известность началась с того, что в салоне Владимира Одоевского он упал со стула; все стали спрашивать хозяина: «Кто это у вас мебель ломает?» Одоевский отвечал: «Как же, это Белинский, критик, блестящее дарование. Дайте срок — он еще нам всем поприжмет хвосты».

Такая была интересная эпоха, что прошло совсем немного времени, и в России не осталось культурного человека, который Белинского не читал, — его знали даже прасолы, приказчики и раскольники из крестьян. Правда, в конце концов за гробом «вечного Виссариона» на Волково кладбище тронулось только че-

ловек двадцать, включая случайных любителей похорон.

Умер Белинский в мае 1848 года, прожив только
тридцать семь лет, из которых, по крайней мере,
пять лет он мучительно угасал. По замечанию Каве-
лина, «угасал он очень кстати» — дело было накануне европейских революций сорок восьмого года,
которые повлекли за собой превентивный террор против литературы. Хотя еще прежде Виссарионом Гри-
горьевичем вплотную заинтересовалось III отделение; кто-то подкинул нецензурный памфлет на императора Николая, и в III отделение стали вызывать
литераторов, чтобы путем сличения почерков выйти
на критикана. Вызвали и Белинского, но он был уже
при смерти и в царскую инквизицию не явился. Естественно, Виссариона Григорьевича этот вызов заин-
триговал, и он попытался узнать через одного своего
знакомого, инквизитора, зачем его вызывают. Знакомый слукавил: он ответил, что просто-напросто с ним
желает познакомиться Леонтий Васильевич Дубельт,
«отец русской литературы».

Вскоре Белинский умер. Без него прошумела
Крымская война, рухнуло крепостное право, пришла
и ушла целая плеяда гигантов художественного слова, разразились три революции, неузнаваемо изменилась русская жизнь — вот только все теми же остались проблемы литературы, поскольку у нас не только читатели, но и писатели Белинского не читают.

А впрочем, может быть, это и к лучшему, что писатели Белинского не читают, потому как в противном случае «у вечного Виссариона» завелась бы тьма
посмертных недоброжелателей и врагов.

ТАЛАНТЫ И ПОКЛОННИКИ

> ...Жалеем об одном: зачем столь блестящее
> дарование окружено обстоятельствами са-
> мыми неблагоприятными?..
>
> *«Московский телеграф» за 1830 год*

Если перейти Москву-реку по Устьинскому мосту и,
миновав начало Большой Ордынки, повернуть в быв-
шую Малую Ордынку, то вскоре по левую руку

увидится небольшой двухэтажный дом той добродушной архитектуры, которую подмывает назвать «губернское рококо». Здесь 31 марта (12 апреля по новому стилю) 1823 года родился Александр Николаевич Островский — великий русский драматург, «Колумб Замоскворечья», основоположник отечественного реалистического театра.

Культурное значение этого имени всем хорошо известно, но, видимо, оттого, что в школьные годы мы знакомились с Островским главным образом по статьям Добролюбова, а впоследствии — по телевизионным постановкам, мало кто из нас знает Островского-человека. Между тем судьба драматурга таит в себе немногим меньше открытий, чем его творения, во всяком случае, в той области человеческих отношений, которые с легкой руки Пушкина в прошлом веке именовались отношениями «поэта и толпы». Островский предпочел более демократическую терминологию — «таланты и поклонники».

История мировой культуры, между прочим, показывает одно печальное правило: биографии почти всех великих художников — это своеобразный перечень всевозможных несчастий, от тяжелых недугов и нищеты до непризнания современниками и остракизма. Разумеется, в каждом отдельном случае причины несчастий были свои, но если попытаться привести их к общему знаменателю, то окажется, что никакие внешние обстоятельства не причиняли столько зла лучшим представителям рода человеческого, как некий загадочный антагонизм между талантами и поклонниками, который в свое время подвигнул В. Кюхельбекера написать: «Горька судьба поэтов всех племен», но который, надо признать, нигде не принимал таких безобразных форм, как у нас в России.

Судьба Александра Николаевича Островского не исключение из этого печального правила. Он не отличался особой оппозиционностью взглядов, и, кроме слов, сказанных по поводу убийства шефа жандармов Мезенцева: «Так ему и надо», история не сохранила нам других примеров его политического радикализма. На его долю не выпали те тяжкие испытания, через какие, например, прошел Достоевский, которого водили к расстрелу, Чернышевский и Писарев, которые сидели в Петропавловской крепости, наконец, Герцен, который был обречен на пожизненное изгнание. И тем не менее у Островского были веские основания писать: «В моем положении не только работать, но и жить тяжело».

По правде говоря, эти слова не вяжутся с благодушным обликом великого драматурга, сложившимся под влиянием, во-первых, известного портрета Перова, — обликом широколицего человека, которого застали в поношенном домашнем халате, и потому встречающего нас застенчиво-детской полуулыбкой; во-вторых, под влиянием воспоминаний современников, рисующих добродушного русака, большого любителя резьбы по дереву и рыбной ловли, курящего жуковский табак в черешневой трубке, слегка заикающегося, то и дело вставляющего свое любимое словцо: «Невозможно!» — милого, домашнего, чадолюбивого, жизнерадостного человека. И на тебе — «В моем положении не только работать, но и жить тяжело»!..

Кажется, ничто вначале этого итогового признания не предвещало. Александр Николаевич родился в благополучной мещанской семье, его мать была дочерью пономаря, отец — сыном священника, частным поверенным, по-нашему, адвокатом. На юридическом поприще Островский-отец приобрел солидное состояние и дослужился до чинов четвертого класса, которые давали потомственное дворянство, и, в то время как Александру Николаевичу шел семнадцатый год, фамилия Островских была вписана в родословную книгу Московской губернии. Его гимназические годы также не предвещали тревожного будущего, напротив: он поступил сразу в третий класс 1-й московской гимназии, показав на приемных экзаменах недюжинные способности. Затем следует учеба на юридическом факультете Московского университета и служба в качестве чиновника Совестного суда. На это время падают его первые литературные опыты, но как о замечательном драматическом писателе Москва узнала о нем несколько позже, когда он перевелся в Коммерческий суд, где ему определили четыре рубля жалованья и дали первый табельный чин — коллежского регистратора; 14 февраля 1847 года на квартире профессора Московского университета Шевырева он читал свою пьесу «Картины семейного счастья». Этот день Александр Николаевич считал первым днем своей творческой жизни.

«Он начал необыкновенно...» — писал о нем Тургенев, и действительно, его первое же крупное произведение «Свои люди — сочтемся» произвело магическое впечатление на читающую публику, было поднято ею до высоты лучших образцов европейской драматургии. Однако блестящее начало литературного пути было и началом его мытарств.

Едва разошлась книжка «Москвитянина», в которой были напечатаны «Свои люди — сочтемся», как московские купцы, впоследствии, сколько это ни удивительно, преданнейшие поклонники таланта Островского, обратились к генерал-губернатору Закревскому с жалобой на то, что «автор пустил мораль на целое сословие». Последовали санкции: император Николай I лично запретил пьесу к постановке; генерал-адъютант Назимов, попечитель Московского учебного округа, вызвал молодого автора к себе и сделал ему внушение; наконец, Островский был отдан под негласный надзор полиции, вследствие чего его вынудили уйти из Коммерческого суда, как бы мы теперь выразились, по собственному желанию. Есть слух, что будто бы по этому поводу критиком Урусовым, кстати удачно окрестившим место действия многих пьес Островского «замоскворецкой Азией», были сказаны следующие сакраментальные слова: «Любишь кататься, люби и саночки возить», которые ядовито намекали на то, что право творить сопряжено у нас со многими тягостными обязанностями.

Блестящее начало не имело соответствующего продолжения. Собственно, тогдашняя критика и салонная молва восторженно приняли только первую пьесу Островского, все последующие они более или менее единодушно принимали в штыки. При этом критические отзывы были очень разнообразны. Поэт Щербина писал об Островском: «Трибун невежества и пьянства адвокат»; композитор Верстовский, тогдашний управляющий московскими театрами, горевал, что по милости автора «Своих людей» «сцена провоняла овчинными полушубками и смазными сапогами»;

Боборыкин, самый плодовитый писатель в истории русской литературы, если не брать в расчет еще более плодовитого Василия Ивановича Немировича-Данченко, утверждал, что Островский «попал в сценические писатели по колоссальному недоразумению»; критик Авсеенко называл Островского «губителем русской сцены». Кстати, весьма показательно для критики этого сорта, что особенно шумным нападкам со стороны прессы обеих столиц подверглось «Доходное место», одна из наиболее драматургически совершенных пьес Островского того времени, которую тем не менее называли и «низменной», и «бестолковой», и прямо указывающей на «окончательный упадок таланта». Но это еще полбеды, поскольку Островского преследовали критики того дикого племени, которые в свое время ставили «Ивана Выжигина» выше «Евгения Онегина» и утверждали, что Гоголь — плохой писатель. Настоящая беда заключалась в том, что Островского далеко не всегда понимали те, чьи имена составляют гордость и славу русской литературы. Тот же Тургенев прочил его таланту неминуемое угасание, Достоевский писал о нем: «Мне кажется, он поэт без идеала», и ни один критик дикого племени не подвергал его творения таким разносам, как Писарев с Чернышевским. К примеру, обширная статья Писарева «Мотивы русской драмы» имела ту отправную точку, что Катерина из знаменитой «Грозы» отнюдь не «луч света в темном царстве», как на том настаивал Добролюбов, а просто неумная и взбалмошная женщина. В свою очередь, Чернышевский писал о пьесе «Бедность — не порок», что «новая комедия г. Островского слаба до невероятности». Немудрено, что среди прочих до нас дошло и такое признание Александра Николаевича: «Если бы не Добролюбов, то хоть бросай перо...»

А между тем общественное мнение, вопреки всем претензиям и нападкам, уже признало Островского первым драматическим писателем России. Таким образом, сложилась довольно странная ситуация: с одной стороны, говорили, что имя Островского «так же популярно в Москве, как имя папы — в Риме», пьесы Островского неизменно приносили полный кассовый сбор, а купцы, еще вчера изображавшие оскорбление, нынче до драк конфликтовали со студентами, требовавшими «изящного» на подмостках, и это как раз понятно; но, с другой стороны, газетная критика норовила распушить буквально каждое новое произведение Островского, литераторы второго и всех последующих эшелонов их попросту отрицали, а великие снисходительно принимали или снисходительно не принимали — вот это уже загадочно, другого слова не подберешь... Ну, с газетной критикой, положим, не так загадочно, что касается второстепенных писателей, то их позицию можно объяснить тем, что «средний» читатель вообще восприимчивее «среднего» писателя, великие же оказывали снисхождение, видимо, потому, что им близка только такая литература, которая написана в ключе, обеспечившем им величие, — недаром Гоголь журил Тургенева, Тургенев — Островского, Островский — Толстого, а уж Толстой — почти всех, включая Шекспира.

Наконец, о неблаговолении поклонников из высших слоев общества: вряд ли его можно объяснить общим демократическим направлением таланта Островского, как это делают некоторые преподаватели литературы; в этом же направлении творили многие драматурги, бичевавшие нравы «темного царства», включая его уездные филиалы. Например, о самодурах писал Матинский, о борцах за правду — Дружинин, о взяточниках — Сологуб, о попранной добродетели — Плавильщиков, и все благоденствовали...

Наверное, точнее будет сказать, что в случае с Островским демократическое направление было подхвачено настолько мощным и ни на что не похожим талантом, что его творения в лучшем случае закономерно недопонимали, а в худшем случае вовсе не понимали. В сущности, это даже естественно, как пятница после четверга, поскольку Островский открыл фактически новый художественный материк — недаром его прозвали «Колумбом Замоскворечья». В его сочинениях все было так неожиданно, незнакомо, так беспримерно умно, что, напротив, было бы странно, если бы вещи Островского принимались по первому предъявлению. Тем более что он, по сути дела, был первым «чистым» драматургом России, приближавшимся по культурному значению своего творчества к Достоевскому и Толстому; но если у этих имелись свои блестящие предшественники, подготовившие почву, указавшие направление, то Островский был для русского театра тем, чем Пушкин был для поэзии, а, возможно, в еще большей степени для прозы — то есть началом.

Островский фактически основал отечественный театр, наполнил волковскую форму неисчерпаемым содержанием, которое задало высокую народную ноту всему нашему сценическому искусству. С его легкой руки задолго до Станиславского на подмостках появились герои, проводившие сверхзадачу: она состояла отнюдь не в том, чтобы показать жизнь как она есть, чем главным образом и занимались драматурги кроткого дарования, а в том, чтобы указать, что есть жизнь, человек, а что — прямое надругательство над жизнью и человеком. В этом смысле пьесы Островского совершенно затмили российские варианты пошлостей Пиксерекура и Коцебу, а также беззубо-сатирические и бестолково-демократические опусы современников.

Наконец, к прямо-таки громадной заслуге Александра Николаевича Островского перед отечественной драматургией следует отнести создание качественно нового образа — образа сложного, противоречивого, угловатого человека, то есть собственно человека. Русский драматический герой был прежде либо одномерен — уж если дурак, то по всем статьям дурак, либо состоял из двух уравновешенных половин, например: проходимец, но шутник и вообще славный малый; или тиран, но в силу служебного положения; или же взяточник, но борзыми щенками. И только в пьесах Островского появляются фигуры, которые действуют, подчиняясь не условиям игры, а условиям жизни в ее художественном преломлении, как, скажем, Сергей Сергеевич Паратов из «Бесприданницы», Паратов-аристократ, Паратов-хитрец, Паратов-бретер, Паратов-негодяй, Паратов — несчастный человек, Паратов-жертва...

Разумеется, для своего времени все это было настолько ново, что художественная суть драматургии Островского ускользала даже от искушенных умов.

Например, Н. Я. Соловьев, соавтор Островского по многим произведениям, упорно не понимал идею «Дикарки», которую они создавали вместе, так что Александру Николаевичу даже пришлось изложить ее в специальном письме.

Притесняем он был еще в силу той странной особенности отношений между талантами и поклонниками, которая заставляла «поклонников» находить в каждом отдельном несчастье, выведенном в художественном произведении, в каждой отдельной незадавшейся жизни, в каждой отдельной социальной беде личное оскорбление. Но и это закономерно: великий талант — необъяснимая сила, которая способна воспроизводить жизнь в ее наготе, для присных всяческих общественных суеверий страшнее какой бы то ни было политической оппозиции. Вот почему в те времена «поклонники» благоволили к посредственным драматургам, а Островскому норовили всячески подкузьмить. Скажем, пустили по Москве слух, будто Островский пьет горькую и живет с простой деревенской бабой, которая им помыкает; слух оказался таким настойчивым, что знаменитый цензор А. В. Никитенко, лично познакомившись с Островским, был искренне изумлен, открыв, что Александр Николаевич — это совсем не то, что о нем рассказывают. После написания пьесы «Свои люди — сочтемся» газеты обвинили Островского в том, что он украл ее у актера Горева. В то время как на изготовление декораций для пьесы Аверкиева «Смерть Мессалины» было ассигновано 4 тысячи рублей, для пьесы «Правда хорошо, а счастье лучше» не нашлось средств, чтобы построить несчастную садовую беседку, и ее на собственные деньги вынужден был заказать бенефициант Музиль. Репертуарное начальство при всяком удобном случае снимало пьесы Островского, всегда обеспечивавшие аншлаг, и ставило какие-нибудь диковинные «Петербургские когти». Наконец, Острозский был одним из самых низкооплачиваемых драматургов своего времени.

Тут мы подошли, пожалуй, к самому больному месту в жизни нашего великого сценического писателя: в материальном отношении Александр Николаевич был необеспеченным человеком. Это странно, но драматург, как правило работавший в бальзаковском режиме, написавший 47 оригинальных пьес, 7 пьес в соавторстве и переведший 22 драматических произведения с шести языков, бедствовал так, что едва сводил, как говорится, концы с концами. Это обстоятельство в свое время вызвало из-под его пера такие угрюмые строки: «Везде драматическое искусство считается высоким искусством, везде участь талантливого драматического писателя завидна; а у нас известный драматический писатель, с успехом трудившийся всю жизнь, должен чувствовать только позднее и бесплодное раскаянье в том, что в молодости слепо поверил своему призванию и пренебрег другими, более выгодными занятиями, — и выносить укоры совести за то, что бросил детей в жертву нищете...»

Одно время Островский пытался поправить свои денежные дела за счет рациональной эксплуатации поместья Щелыково, которое на паях с братом было куплено у мачехи, баронессы Эмилии Андреевны фон Тессен, но, как и следовало ожидать, его хозяйственная деятельность приносила одни убытки. Причем убытки не только семейному бюджету: в одном из листков чернового варианта «Последней жертвы» после строк: «Тут может быть каждая копейка оплакана, прежде чем она попала в мой сундук, а там любовник...» следует: «Взято 20 ф. муки, 5 ф. соли, 1 м овса».

В конце концов Островский вынужден был просить у правительства ежегодную пенсию в 6 тысяч рублей, которые обеспечили бы ему безбедное существование, но просьба была категорически отклонена. Только вследствие долгих унизительных исканий, и главным образом благодаря протекции брата — человека, не отмеченного особенными талантами, но занимавшего пост министра государственных имуществ, то есть, как бы мы сейчас сказали, «руке», незадолго до смерти Островскому был назначен трехтысячный пенсион. Если прибавить к ним деньги, получаемые от постановки пьес, то общий доход драматурга составит сумму, значительно меньшую жалованья какой-нибудь примадонны. И только в год смерти Островского, когда уже пожилым и тяжелобольным человеком он был назначен на пост начальника репертуара московских театров, его материальное положение худо-бедно стабилизировалось.

Видимо, в силу той забубенной логики, по которой деньги тянутся к деньгам, а беды к бедам, Островский был не то чтобы счастлив и в личной жизни. Его первая супруга Агафья Ивановна, скончавшаяся на семнадцатом году замужества, родила четырех детей, трое из которых умерли еще в детстве, а старший сын, Алексей, едва дожил до юношеского возраста. Впоследствии Александр Николаевич был влюблен в актрису Любовь Николаевну Никулину-Косицкую, но безответно — она вышла замуж за «миллионщика» Соколова. Второй брак Островского был внешне благополучным, но к разряду счастливых его, увы, можно отнести только с серьезными оговорками. Марья Васильевна была нежной матерью и преданной женой, но от Александра Николаевича ее все же отделяли 23 года разницы, практические интересы и тот склад характера, о котором приятель Островского, разорившийся купец Федюкин, отзывался снисходительно, но всегда начинал с такой оговорки: «При всей лютости их супруги...» Впрочем, принимая во внимание неколебимое духовное здоровье Островского, отнюдь не странно, что он умел находить в семейственной жизни утешение и покой.

Вот уж что действительно странно, так это следующее... После смерти Александра Николаевича, последовавшей 1 (14) июня 1886 года, «поклонники» не угомонились. Мемориальная доска на том самом доме на Малой Ордынке, где он родился, появилась только 22 года спустя после его кончины. Затем дом Островского умудрились временно потерять, и даже в специальной литературе сообщалось, что он якобы был снесен. Первый памятник великому драматургу — тот, что стоит перед Малым театром, — был открыт 43 года спустя. Наконец, скромной лептой обязан Островский и «поклонникам» нашего поколения: в Щелыкове не так давно был построен огромный мемориальный музей, который посещает ежегодно лишь 15—16 тысяч человек; причина тому невероятного, саркастического порядка: шоферы Костромского экскурсионного бюро не любят ездить древним

Галицким трактом, по которому, как говорил еще сам Островский, в непогоду ни конному не проехать, ни пешему не пройти. Так что по отношению к костромским дорожникам крылатая фраза Пушкина «они любить умеют только мертвых» в некотором роде незаслуженный комплимент.

И все же, несмотря на сложные отношения Островского с поклонниками его таланта, было бы несправедливо завершить этот рассказ на пессимистической ноте. Что бы там ни было, Александр Николаевич сохраняется в памяти поколений открытым, добродушным, жизнерадостным русаком, именно таким, каким его нам показал Перов и каким его запомнили современники. Собственно, таким он и был, в том-то все и дело, что наш великий драматург был счастливым человеком, потому что он сознавал истинное значение своих творений и с полным правом писал: «По своим врожденным способностям я встал во главе сценического искусства»; потому что, как и всякий мудрец, был согласен с Сенекой в том отношении, что «благ процветания следует желать, благами бед — восхищаться»; потому что настоящий талант — это такая сила, которая способна перемалывать в художественную продукцию даже удары судьбы; потому что радость творческого труда слишком светла, чтобы ее могли помрачить частные неудачи.

УВАЖАЕМЫЙ АНТОН ПАВЛОВИЧ!

Исключая самую зловредную категорию читателей, а именно интеллигента в первом поколении, воспитанного на модном романе, обычно переводном, и еще любителей того рода чтения, о котором Белинский писал, что доставляемое им наслаждение относится, конечно, ко вкусу, но не к эстетическому, а к тому, какой у одних удовлетворяется сигарами, у других — щелканьем орешков, — мы до такой степени пристрастны по отношению к нашим титанам художественного слова, что, как невесты о женихах, хотим знать о них все. Несмотря на нагоняи целомудренных литературоведов, нам почему-то важно понять не только, скажем, Толстого-философа, но и Толстого-аристократа, не только Достоевского-революционера, но и

Достоевского-семьянина, не только Чехова-писателя *вообще,* но и Чехова-человека. То есть не «почему-то» важно понять, а потому, что личность большого писателя развивает и толкует его художественное наследие полнее самых обстоятельных комментариев. Во всяком случае, к несколько прямолинейной античной философии проникаешься особенным уважением после того, как выясняется, что и Сократ, и Гераклит, и Диоген как думали, так и жили; с другой стороны — понятие о писаниях Бэкона и Уайльда значительно обогащено тем, что первый сидел в тюрьме за взяточничество, а второй, как принято говорить, за преступление против нравственности.

Это удивительно, но еще не так давно образ живого Чехова был для меня невообразим, как четвертое измерение, и сколько, бывало, ни силишься представить себе жизнеспособного Антона Павловича, Антона Павловича из плоти, крови, пиджака, туфель, пенсне, в лучшем случае делается не по себе от той мысли, что кто-то мог запросто пихнуть его на улице или сказать: «Ну, ты!..» Объяснялось это, видимо, тем, что в школьном учебнике по литературе было написано: «Личность Чехова поражает сочетанием душевной мягкости, деликатности с мужеством и силой воли», что и сама чеховская проза, и литературоведческая традиция рисовали фигуру нежного меланхолика, благостного полуаскета, вообще личность такой небывалой нравственности, что Книппер называла его человеком будущего, а многие товарищи по перу серьезно утверждали, будто Чехов источает какой-то свет. Мало того, что такая чрезвычайная порядочность убивает воображение, она еще беспокоит, потому что чрезвычайная порядочность в принципе беспокоит; не воспитывает, не подтягивает даже, а именно беспокоит. Мы привыкли к тому, что бывают люди непорядочные и околопорядочные, которые, конечно, не пришлют вам посылкой бомбу, но книгу у вас сопрут. Эта среднеарифметическая нравственность, впрочем, естественна и понятна, так как даже самое счастливое общество несвободно от условностей и предрассудков, заметно колеблющих этические устои, а тут человек, который сорок четыре года прожил в «царстве грабежа и благонамеренности», где личность стояла в цене ниже махорки, во всю свою жизнь не только не совершил ничего такого, чего следовало бы стыдиться, но творил методическое, повсеместное и повсевременное добро: строил на свой счет школы для крестьянских детей, даром лечил, всячески поддерживал начинающих литераторов, собирал средства для голодающих, сложил с себя звание академика, когда Николай II лишил этого звания поднадзорного Горького, на что, кроме Чехова, отважились только два академика — Короленко и математик Марков, наконец, предпринял мучительную поездку на Сахалин, не прибавившую ему ни славы, ни состояния, чтобы ткнуть русское общество носом в трагическое положение каторжан. А как-то Антон Павлович подобрал на улице двенадцатилетнего ярославца, у которого в Москве умерла мать, приехавшая лечиться, снабдил его всем необходимым и отправил к поэту Трефолеву в Ярославль с сопроводительным письмом, содержащим насчет сироты следующее наставление: «Когда к вам явится мальчуган, то вы объявите ему, что вам уже все известно, что у него такие-то и такие-то вещи, что вы имеете громадную власть и что если он продаст или потеряет что-нибудь из одежи или променяет штаны на пряники, то с ним будет поступлено со всей строгостью законов. Так и скажите ему, что если он пропадет, то о нем Бисмарк скажет речь в рейхстаге...» Словом, Чехов более, чем кто-либо из писателей его времени, жил по правилам мыслителей древности, то есть как писал, так и жил, в полном соответствии со своей формулой: «В человеке должно быть все прекрасно: и лицо, и одежда, и душа, и мысли» — жил до такой степени чисто, что если бы он просто описал свою жизнь, то это была бы великая литература. Ну, не к чему придраться! Не находится в его биографии ничего такого, что подсахарило бы боль от собственных слабостей и грехов, и, как было загадано, все стучит, стучит в дверь своим совестным молоточком этот изумительный человек, не поддающийся силам воображения, этот величественный художник, который и жил прекрасно, и писал прекрасно, что, между прочим, большая редкость. И при этом еще имел деликатность не напрашиваться в классные руководители человечеству...

Кажется, у нас не было трагически несчастных писателей, хотя многие из них любили посетовать на судьбу. Чехов тоже не всегда жаловал свою жизнь, а между тем первый же его рассказ был принят и напечатан, никогда он не знал особой нужды, еще при жизни был признан великим, дружил с лучшими людьми своего времени, любил красавиц и был любим красавицами, видел рай — Цейлон и ад в образе Сахалина, наконец, его, как нарочно, всю жизнь окружала художественная проза, выделяемая порами обыкновенного бытия, так сказать, в чистом виде литература — просто выдумывать ничего не надо, примечай и пиши. Конечно, может быть, это свойство писательского глаза — различать в самых будничных обстоятельствах художественное зерно, а может быть, это именно свойство российской жизни — окружать писателя чистой литературой, однако, как бы там ни было, Чехова постоянно сопровождали по жизни его герои. Он жил бок о бок с «человеком в футляре», ездил на вскрытие с ионычами, чаевничал с симпатичными артиллерийскими офицерами, лечил чудных девушек из обедневших дворянских гнезд и бывал на вечеринках у попрыгуний. Он даже умер художественно, литературно: за несколько минут до кончины выпил бокал шампанского, сказал по-немецки «я умираю», хотя по-немецки почти вовсе не говорил, повернулся на правый бок и скончался; в эту минуту пугающе выстрелила пробку початая бутылка шампанского, а в окно влетела страшно большая панбархатная ночная бабочка и начала биться о стекло, панически шелестя.

И доставили его из Баденвейлера домой в вагоне для перевозки остендских устриц и похоронили на Новодевичьем рядом с Ольгой Кукаретниковой, вдовой кубанского казака, наверное, «печенега»...

Что уж совсем неясно, так это то, что до сих пор мы недостаточно понимаем писателя Чехова, хотя это — самый понятный «туз» из всех «тузов литературной колоды», как выражался Писарев. Это недо-

понимание имеет давнюю историю: когда еще критики были так простодушны, что писали от первого
лица множественного числа, когда одним из самых
читаемых сочинителей был Игнатий Потапенко, Боборыкин считался живым классиком, а самым пер-
спективным литературным направлением полагалось
оголтело-народническое, девизом которого были пле-
щеевские строки «Вперед, без страха и сомнения»,
когда Толстой методически раскачивал трон Романовых-Голштейн-Готторпских и Щедрин смешно глу-
мился над всероссийскими дураками, — критик Ми-
хайловский писал о Чехове: «Я не знаю зрелища
печальнее, чем этот даром пропадающий талант».
Критика того времени вообще делала Антону Павло-
вичу регулярные выговоры за то, что он не был
социален в том ракурсе, в каком это было принято
у литераторов демократического склада, но кроткого
дарования, которые даже табуретку умели описать
с уклоном в славянофильство и средствами прокламa-
ции, что он-де не поднимал больные общественные
вопросы и не давал портретов земских безобразников,
фрондирующих курсисток, жертв полицейского произ-
вола, а писал вообще о человеке со всем, что ему
довлеет. Современному читателю эти претензии, наверное, покажутся дикими, поскольку с нынешней
точки зрения требовать от Чехова того, что от него
требовали сторонники остросоциального лубка, так
же нелепо, как требовать от микроскопа приспособ-
ленности к заколачиванию гвоздей. Сейчас для нас
очевидно то, что около ста лет тому назад было
недоступно даже серьезной критике: более всего
социальна, то есть общественно насущна, такая художественная литература, которая более всего художе-
ственна; сейчас это очевидно уже потому, что целые
поколения обличителей давно и заслуженно позабы-
ты, что любитель острых общественных вопросов
Дружинин остался в истории нашей словесности
только как основатель Литературного фонда, Лу-
кин — только как изобретатель прилагательного
«щепетильный», а «жреца беспринципного писания»
Чехова народное сознание безошибочно возвело на
соответствующий пьедестал.

Собственно, причина недоразумений между Чеховым и критиками Чехова состояла в том, что они по-разному понимали художественность литературы, точнее будет сказать — ее сущность и назначение. Критики простодушно толковали ее как средство от общественных неустройств, хотя Герцен и наставлял, что литература — это редко лекарство, но всегда — боль, а Чехов принимал ее так, как, кроме него, принимали еще только два-три писателя, — говоря грубо и приблизительно, в качестве средства духовного просвещения человека и, стало быть, средства воспитания такой естественной жизни, которая была бы свободна от общественных неустройств, ибо все в человеке — и следствия и причины. Другими словами, Чехов отлично понимал, что литература — инструмент чрезвычайно тонкий и предназначенный не для удаления бородавок, а для операции на душе; что успех этой операции обеспечивает только высочайшее художественное мастерство, ибо по-настоящему созидательно и по-настоящему разрушительно только то, что захватывает и чарует. Действительно, можно целый рулон бумаги исписать обличительной фразой: «Николай Кровавый, Николай Кровавый, Николай Кровавый...» — однако этот рулон вряд ли будет иметь такую возмутительную, разоблачающую силу, как коротенький портрет императора Николая II, принадлежащий чеховскому перу: «Про него неверно говорят, что он больной, глупый, злой. Он просто обыкновенный гвардейский офицер. Я его видел в Крыму...» Значит, все же социально в литературе то, что художественно, и, возможно, Чехов — один из самых социальных писателей своего времени, который всеми силами дарования долбил в одну болевую точку, связанную нервными токами с тем отдаленным будущим, когда каждый из нас поймет, что другого выхода нет, что в человеке должно быть все прекрасно: и лицо, и одежда, и душа, и мысли; позже мы формулировали эту задачу иначе, но сущность ее нисколько не изменилась. Может быть, Чехов даже не просто социальный, а в определенном смысле революционный писатель, в том смысле, в каком революционны все титаны художественного слова. Другое дело, что сам он это вряд ли сознавал и даже... — с душевным раскаяньем вписываю это наречие — наивно считал себя художником вне партий, как это следует из его письма к поэту Плещееву: «Я боюсь тех, кто между строк ищет тенденцию и кто хочет видеть меня непременно либералом или консерватором. Я не либерал, не консерватор, не постепеновец, не монах, не индифферентист. Я хотел бы быть свободным художником...»

Вообще современный читатель намного толковее причеховской критики, но зато в большинстве он держится того мнения, что проза Чехова сильно пессимистична, что в литературе он печальный насмешник, «певец сумеречных настроений» и сторонник камерной философии. Между тем Чехов есть писатель большого личностного и социального оптимизма, особенно чувствительного в его драматических произведениях, а в рассказах и повестях малоприметного потому, что чеховская проза напоена любовью к русской жизни и русскому человеку не в ракурсе глагола «любить», а в ракурсе глагола «жалеть», которым для обозначения любви пользовалось тогда 99 процентов российского населения. С другой стороны, оптимизм Чехова — это вовсе не оптимизм уровня «завтра, бог даст, спички подешевеют»; это чувство будущего, свойственное человеку, которого по весне запах навоза не мучает, а бодрит. Как повсюду в прозе Толстого стоит высокое небо, так повсюду сквозь чеховскую прозу видится волнующе-отрадная даль, и даже в одном из самых унылых его рассказов, «Свирели», светится любовь к человеку, такая вера в него, такая надежда на благообразную перспективу, что апокалиптическая беседа Мелитона Шишкина с Лукой Бедным, кажется, несет в себе больше оптимизма, чем иная производственная эпопея.

Чехов многое закрыл в жанре рассказа, как закрывают математические разделы. Дочеховский рассказ был отчасти этнографической картинкой, «смесью пейзажа с жанром», тем, что равномерно могло быть и отрывком и заготовкой, то есть разделом литературы без строго определенных законов формы и содержания. Возможно, Чехов внес в развитие жанра не так уж много, но это «не так уж много» стало решающей конструктивной деталью, которая, собственно, и определила архитектуру рассказа, как ботаническая линия — стиль модерн. Чехов выработал то, что впоследствии Томас Манн назвал «продуктивной точкой», такой поворотный пункт, в котором количество повествования чудесным образом превращается в качество откровения. Происходит это примерно так: один человек, задумавший собрать миллион почтовых марок, в один прекрасный день собрал-таки этот миллион, выложил марками пол своей комнаты, лег на них... — «продуктивная точка» — и застрелился.

Все, что после Чехова делалось в области рассказа, обогащало жанр только декоративно или за счет оригинального наполнения, и вот уже сколько времени, как вопреки библейской мудрости молодому вину не претят старые мехи...

Опять о писателе-человеке, уж больно притягательна эта тема.

Воспоминания о Чехове его современников, как это ни странно, рисуют довольно путаную картину: Потапенко утверждал, будто у Чехова никогда не было друзей, на что, впрочем, память подсказывает приличное возражение из Островского: «Как же ты хочешь, чтоб он разговаривал, коли у него миллион!»; Измайлов вспоминает, что Чехов был необязательным человеком, так как однажды он не поехал через всю Москву лечить его горничную от мигрени; кто-то называл Антона Павловича трусом, кто-то гордецом, поскольку из-за дефекта зрения ему ловчее было смотреть, высоко вскинув голову, кто-то обличал его мещанские предрассудки в связи с тем, что, например, он не сразу решился жениться на актрисе, которые по тем временам третировались наравне с содержанками, а сестру Марию Павловну не пустил работать к Суворину в «Новое время» со словами: «Ты служить у него не будешь — такова моя воля». Но в том-то все и дело, что скоро становится ясно: все эти претензии набраны с бору по сосенке из той же растерянности перед исключительной нравственностью, которая способна ввести в искушение даже самое доброжелательное лицо и которая неприятно смущает тем, что уж больно она прочна. Последнему обстоятельству можно подобрать только одно объяснение: чеховская нравственность — это нравственность выработанная, нажитая, а она глубже и принципиальнее привитой. Ведь Антон Павлович вышел, что называется, из народа: отец его был крепостной, только в зрелые года записавшийся в купцы третьей гильдии, и, следовательно, понадобилась какая-то отчаянная внутренняя работа, чтобы в конце концов вышло то, что вышло из обыкновенного мальчика, который родился в сквалыжном городе Таганроге, на Полицейской улице, в доме Гнутова, мальчика, которого секли за корку хлеба, скормленную собаке, заставляли петь на клиросе и торговать в лавке колониальных товаров, который по два года сидел в третьем и пятом классах, был воспитан на чинопочитании, любил обедать у богатых родственников и поил скипидаром кошек. Сейчас даже трудно вообразить себе объем этой внутренней работы, в результате которой явился человек, до такой степени светлый, что единственно вооруженным глазом увидишь, что это был все же живой человек, а не ходячий памятник самому себе, человек из плоти, страдавший как минимум двумя неизлечимыми недугами, из тщательно вычищенного пиджака, стоптанных туфель и пенсне на синей тесемке, оставляющем на переносице пятнышки, похожие на укус. Неловко в этом сознаваться, но легче становится на душе, когда выясняется, что Чехов не умел тратить деньги и вечно сетовал на то, что «денег меньше, чем стихотворного таланта»; что он, как многие смертные, умел ценить женскую красоту, изящную одежду, вкусную еду, удобные рессорные экипажи, но не так, как волокита, щеголь, гуляка, привереда, гурман, а как культурный человек, который уважает жизнь и прекрасное во всех его проявлениях; что он не всегда удачно острил, был неисправимый мечтатель, то планирующий поездку в Австралию, то проектирующий дворец-санаторий для сельских учителей с музыкальными инструментами и лекциями по метеорологии, обожал потолковать о том, какова будет жизнь через пятьсот лет; что на пирушках он симпатичным баском певал тропари, кондаки и пасхальные ирмосы, а в Монте-Карло с карандашом в руках искал тайну рулетки; что под рассказом «Гусев» он для шика велел проставить — Коломбо, хотя рассказ был написан в Москве; что он очень боялся смерти и в тяжелую минуту мог пожаловаться на жизнь: «Длинные, глупые разговоры, гости, просители, рублевые, двух- и трехрублевые подачки, траты на извозчиков ради больных, не дающих мне ни гроша, — одним словом, такой кавардак, что хоть из дому беги. Берут у меня взаймы и не отдают, книги тащат, временем моим не дорожат... Не хватает только несчастной любви». И вот что интересно: этот Чехов уже не смущает, а как бы дает понять, что он просто продолжает художественную работу счастливой своей жизни счастливым своим характером, необидно наставляя потомков в том, что порядочный человек может выйти из любого теста, что безупречная нравственность — это вовсе не обременительно, а, напротив, выгодно и легко.

Нелепая, но пленительная мечта: будто бы Чехов по-прежнему живет в своей Ялте, читает, пишет «в стол» и копается у себя в саду, сквозь усы посмеиваясь над «собачьей комедией нашей литературы». И вот в минуту жестокой нелюбви к самому себе, в минуту смятения, когда дороже жизни возможность высказаться перед всепонимающим человеком, ты берешь лист чистой бумаги, ручку — и выводишь: «Уважаемый Антон Павлович!..»

Возможно, литература не имеет особого прикладного значения и ее дидактическая отдача очень невелика, но почему-то кажется, насколько меньше пролито крови и совершено несправедливостей, насколько больше сделано добра, насколько любовнее мы по отношению к нашей земле и друг к другу из-за того, что над русской жизнью затеплен неугасимый огонек — Чехов.

ВСЕМ ПРАВДАМ ПРАВДА

Известная особенность нашей культурной жизни заключается в том, что писательские биографии имеют у нас серьезное филологическое значение, потому что наши колдуны в области художественного слова жили литературно, то есть, так сказать, дополнительно

и разъяснительно к тому, что они писали. И даже
когда они жили отчасти наперекор, то все равно их
наперекорные биографические обстоятельства очень
даже ключик к пониманию их творений. Что же
касается Исаака Эммануиловича Бабеля, то он писатель еще и несколько призабытый, и поэтому остано-
виться на его жизни вовсе не дань традиции жанра,
а прямая необходимость.

Бабель родился в 1894 году в губернском городе
Одессе, весело известной своими космополитическими
кабачками, критической плотностью рыцарей ножа и
отмычки на квадратный километр Молдаванки, французской топонимикой, памятником герцогу Ришелье и
уютными двориками, в которых идиш мешается с
нежным украинским говорком. Дед Исаака Эммануиловича был расстриженным раввином и отчаянным
атеистом, а отец держал лавку сельскохозяйственного
инвентаря; впрочем, торговля шла у него через пень-
колоду, и он главным образом посиживал в дверях
своей лавочки, держа на руках любимого кота по
кличке Иегудиил. Образование Бабель получил, как
бы мы сейчас сказали, экономическое: он окончил
Одесское коммерческое училище имени императора
Николая I, а затем поступил в Киевский коммерческий институт, но тут разразилась империалистиче-
ская война, и все пошло прахом. В шестнадцатом
году Бабель был уже в Петрограде, где и началась
его писательская карьера: в горьковской «Летописи»
он опубликовал два рассказа под псевдонимом Баб-
Эль и был привлечен к уголовной ответственности за
порнографию, а также «за кощунство и покушение
на ниспровержение существующего строя». Затем
лира его примолкла, так как жизнь и история затре-
бовали свое: он воевал на Румынском фронте против
австро-германских войск, на Северном против Юденича и на Юго-Западном против белополяков, работал
в «чрезвычайке», репортерствовал в Тифлисе и Петрограде, то есть «1600 постов и должностей переменил, кем только не был», как он писал в письме к
одному своему товарищу. Однако и в мирное время
он жил достаточно суетно, как говорится, на чемо-
данах, хотя по природе был любитель покоя и домо-
сед: скажем, сегодня он еще покуривает сигару в

богемной кофейне Иванова и Шмарова на Невском проспекте, а через пару дней уже заседает в кабинете у Бетала Калмыкова в Кабарде; он ездил по конным заводам, бывал на великих стройках двадцатых и тридцатых годов, живал во Франции, Бельгии и Италии, снимал у черта на куличках «Бежин луг» с Сергеем Эйзенштейном и, даже пребывая в Москве, то и дело сновал между домом и своей звенигородской избушкой или совершал многочасовые прогулки по кольцу московских застав.

Из прочих кардинальных пунктов бабелевской биографии нужно упомянуть следующие: Бабель был делегатом 1-го съезда советских писателей и Всемирного форума писателей в защиту культуры; он был трижды женат и имел троих детей — старшая Наталья живет в Вашингтоне, средний Михаил — московский художник, младшая Лидия — архитектор; 12 мая 1939 года Бабель был арестован у себя на даче в Переделкине, через несколько месяцев приговорен к десяти годам лишения свободы без права переписки и вскоре погиб — где и когда именно он окончил свои дни, это покрыли «сороковые роковые».

Внешность его тем была необыкновенна, что для писателя была, пожалуй, слишком обыкновенна: он представлял собой плотного, даже, можно сказать, упитанного человека невысокого роста, с круглой головой, глубоко утопленной в плечи, пухлыми губами и толстым носом, лысоватого, в круглых очках, за которыми как бы светились две лампочки добрых и умных глаз. Было в его внешности, по-видимому, еще и что-то повелительное, внушающее инстинктивное уважение — теща Гронфайн даже называла его по фамилии:

— Бабель, — говорила она за завтраком, — почему вы не кушаете яички?

Вероятно, у всякого крупного дарования есть некая метафизическая сторона, которая пленительно действует на обыкновенного человека, во всяком случае, Бабель пользовался таким магнетическим влиянием, что, например, мог напоить до положения риз в принципе непьющего человека. Кое-кто его попросту опасался: хозяйка из парижского пригорода Нейи, у которой Бабель одно время квартировал, за-

пирала его в комнате по ночам, опасаясь, как бы
квартирант ее не зарезал.

Из прочих достопримечательностей его личности:
он был добр, как блаженный, и раздавал все, что
только можно поднять и унести, включая обстановку
своей квартиры, а также вещи, принадлежащие не
ему; когда его спрашивали по телефону, а ему необходимо было слукавить, будто его нет дома, он говорил женским голосом, что его нет дома; он был гастроном и чаевник из тех, кто, как говорится, без поло-
тенца не сядет за самовар, причем всегда заваривал
чай самолично и со всеми китайскими церемониями;
любопытен он был в диковинной степени, к примеру,
в Париже присутствовал на заседании палаты депу-
татов, в Киеве ходил смотреть на голубятника, который застрелил другого голубятника из обреза, наблюдал в жуткий глазок кремацию Багрицкого и одно
время, как на службу, каждое утро отправлялся в
женскую консультацию на Таганке, где часами вы-
слушивал жалобы женщин на своих любовников и
мужей; друзей-приятелей имел тьму, и среди них
Ежова, Рыкова, Пятакова, что скорее всего его и
сгубило; приехав в какой-нибудь город, он пять тысяч
человек оповещал о своем прибытии и всем говорил,
что путешествует инкогнито; вдова его, Антонина Ни-
колаевна Пирожкова, утверждает, что фундаменталь-
нейшая бабелевская черта — это надежность, он был
надежен, как старорежимная кирпичная кладка; он
также отчаянный был лошадник и даже помогал пе-
чататься графоманам из жокеев Московского иппо-
дрома; он охотно брал издательские авансы и не-
охотно их возвращал, даже просто не возвращал,
если не поспевал представить рукопись к сроку или
же если было нечего представлять, и при этом оправ-
дывался, как школьник: «Я не сволочь, напротив,
погибаю от честности». И это была чистая правда,
потому что Бабель писал трудно и долго, многократ-
но переиначивал текст и ни за что не соглашался
отпустить в печать то, что казалось ему недостаточно
совершенным. Разумеется, Бабель в конце концов
представлял авансированную рукопись, но за продол-
жительные родовые муки частенько расплачивался
тем, что писал насущного хлеба ради неинтересные

киносценарии, редактировал статьи для Медицинской энциклопедии или просто служил секретарем сельсовета в Звенигородском районе.

Как он писал: как он писал — не видел никто. Известно только, что писал он чернильным карандашом на узких полосках бумаги, и когда обдумывал рассказ, то ходил по комнате из угла в угол, запутывая и распутывая какую-нибудь веревочку. Работал он очень много и тем не менее производил впечатление человека, который не работаег вообще. Когда бы ни зашел посетитель в деревянный двухэтажный особнячок на Покровке, в Большом Николо-Воробинском переулке, который снесли двадцать два года тому назад, Бабель беззаботно вводил его в комнаты, сажал, положим, на кованый сундук, где, по слухам, хранил свои рукописи, заказывал для чаепития кипяток и начинал балагурить:

— Гляди, какая страшненькая уродилась, — положим, говорил он, показывая гостю свою крохотную дочь. — Зато замуж не отдадим, на старости лет будет отцу утешение.

Или вспоминал свою одесскую молодость и на весь дом кричал голосом популярной торговки с 10-й станции Большого Фонтана:

— Вы окончательно сказились, молодой человек? Или что?

Но литературное наследие его не обширно: за двадцать четыре года работы он написал два тома рассказов, несколько статей, киносценариев и пьесы — «Закат» и «Мария», причем последняя так и не была поставлена на театре. Вообще судьбу его творений благоприятной не назовешь: многие его рукописи бесследно исчезли, включая наброски романа о коллективизации, часть рассказов, опубликованных в периодике двадцатых годов, не вошла ни в один из его сборников, наконец, «Конармия» в последние десятилетия издавалась крайне редко, можно сказать, через не хочу, да еще и с купюрами: рассказ «У батьки нашего Махно» почему-то исключался из книги с тридцать второго года. В этом смысле Бабель своего рода веха в истории нашей литературы, потому что он был, пожалуй, первым блестящим писателем, которого после смерти начали последовательно забывать и скоро позабыли до такой степени, что два поколения советских читателей слыхом не слыхивали, кто такой Исаак Бабель.

На все это были свои причины. Главнейшая из них заключается в том, что Бабель являл собой талант слишком крупный, чтобы его сочинениям слишком благоприятствовала судьба. Ведь первыми же своими рассказами из военного быта Конармии в пору польской кампании двадцатого года, которые стали завязью будущей книги, он продемонстрировал возможности еще неслыханные в нашей литературе, дар настолько яркий и оригинальный, что ему трудно подобрать ровню в недавнем прошлом и настоящем. Может быть, сказать так будет слишком смело, но хочется сказать так: он открыл совершенно новый стиль прозы... а впрочем, не совсем чтобы прозы и не то чтобы совсем новый; стиль этот обозначил еще Тургенев, когда написал «Последний день июля; на тысячи верст кругом Россия...» — стихотворение в прозе, но именно обозначил, поскольку, похоже на то, не предъявил нового литературного качества, а просто сочинил выспренние адресы орловской деревне, свежей розе, русскому языку. А. Бабель предъявил; его конармейские рассказы суть именно стихотворения в прозе, только что записанные не столбиком, а в строку, именно поэзия как образ восприятия мира, как алгоритм преображения жизни в литературу. Впрочем, точнее будет сказать, что Бабель работал на грани поэзии и прозы, на том пределе, где исчерпываются чисто повествовательные возможности языка и начинается то, так сказать, сердцевещание, которое мы называем поэзией, на том рубеже, где еще работают решения типа «гости съезжались на дачу», но уже и решения типа «неуютная жидкая лунность» вступают в свои права. Ну что это, если не соединительная линия, фигурально выражаясь, земли и неба литературы: «И, пробивши третий звонок, поезд тронулся. И славная ночка раскинулась шатром. И в том шатре были звезды-каганцы. И бойцы вспоминали кубанскую ночь и зеленую кубанскую звезду. И думка пролетела, как птица. А колеса тарахтят, тарахтят...» Или: «— Развиднялось, слава богу, — сказал он, вытащил из-под сундучка револь-

вер и выстрелил над ухом дьякона. Тот сидел прямо
перед ним и правил лошадьми. Над громадой лысею-
щего его черепа летал легкий серый волос. Акинфиев
выстрелил еще раз над другим ухом и спрятал ре-
вольвер в кобуру.

— С добрым утром, Ваня, — сказал он дьякону,
кряхтя и обуваясь. — Снедать будем, что ли?»

Этого у нас не умел больше никто, и даже такая
сила, как Борис Пастернак, который, положим, в случае с «Детством Люверс» просто перевел поэму о
девочке с поэтического на прозу, и даже такая сила,
как Андрей Белый, который, положим, в случае с
«Петербургом» переложил сновидение на верлибр.

Видимо, бывают ситуации и времена, требующие
из ряду вон выходящих художественных решений,
поддающиеся только такому таланту, который какы-
ми-то своими нервными точками совершенно совпа-
дает с нервными точками бытия. Надо полагать,
именно таковым и оказался бабелевский талант, вы-
лившийся в «Конармию», ибо никакая другая книга
о гражданской войне не поведала о той эпохе так
широко и проникновенно, не вылущила правду еди-
ную и неделимую, как душа.

Ведь правда правде рознь. И «Сорок первый»
Бориса Лавренева есть правда о гражданской войне,
и «Железный поток» Александра Серафимовича тоже
правда, но это скорее правда жизни, нежели правда
литературы, и оттого правда скучная, как диагноз.
А все почему? Да потому, что истина критической
концентрации, как говорится, истинная правда, не
подвластна только мастерству, гражданственности,
человеческой порядочности, желанию и тенденции,
даже дарованию, а подвластна только высокому таланту, всегда вооруженному всевидением и всеслыша-
нием, а эти качества подразумевают некую высоту,
некую неземную, что ли, позицию, с которой открывается соответствующий обзор. Для Бабеля этой вы-
сотой был его поэтический взгляд на мир, который
откликался на грозные события и дела по-детски
чисто и непосредственно, который по-детски же не
умел что-то замечать, а что-то не замечать. Тут уж
кому что дано: кто-то смотрит на мир, как на единство и борьбу противоположностей, а Бабель еще и

«как на луг в мае, как на луг, по которому ходят женщины и кони», для кого-то конармеец исключительно красный герой, а для Бабеля еще и «барахольство, удальство, профессионализм, революционность, звериная жестокость». И ведь почему «Война и мир» — это великая литература, а наша проза о Великой Отечественной войне, во всяком случае, не великая литература? В частности, потому, что наши прозаики исходят преимущественно из единства «человек и война», что, может быть, истинно с точки зрения войны, а Толстой исходил еще и из противоречия «человек и война», что, видимо, все-таки истиннее с точки зрения человека. Короче говоря, только всевидящее око большого таланта способно углядеть все ответвления правды и сфокусировать их в художественную действительность, каковая может быть даже более действительной, нежели сама действительность, тем, что мы называем — всем правдам правда.

На несчастье, всем правдам правда в той или иной степени ошарашивает, и это так же понятно, как то, что от слишком яркого света у людей побаливают глаза. Всеволод Вишневский на «Конармию» даже написал драматическое опровержение под названием «Первая Конная», а маршал Семен Михайлович Буденный напечатал в журнале «Октябрь» на нее филиппику, которую в предельно концентрированном виде следует привести: «Будучи от природы мелкотравчатым и идеологически чуждым нам... гражданин Бабель рассказывает нам про Конную Армию бабьи сплетни... выдумывает небылицы, обливает грязью лучших командиров-коммунистов... через призму садизма и дегенерации... оплевывает художественной слюной классовой ненависти... фантазирует, просто лжет». Алексей Максимович Горький корректнейшим образом отвечал: «Вы не правы, товарищ Буденный. Вы ошибаетесь», — и был совершенно прав.

Спустя шестьдесят три года даже нам очевидно, что Семен Михайлович заблуждался, что сердиться на художественную действительность так же невозможно, как сердиться на смерть, таблицу Менделеева или Большой Кавказский хребет. Потому что худо-

жественная действительность есть продукт взаимодей-
ствия действительности и высокого таланта, а высокий талант — инструмент редчайший, беспристраст-
ный, как время, и абсолютно точный, как ватерпас.
Верить надо таланту, хотя это, в сущности, и колдов-
ское свойство души делать искусство из ничего, хотя
это и белая магия превращения объективной реальности в драгоценность. Но верить не так, как мы
верим в приметы, а так, как мы верим в материю,
которую тоже не попробуешь на зубок.

СТРАДАНИЯ ПО РОССИИ

Это, собственно, не вопрос — отчего мы так легко
расстаемся с отечественными талантами и так последовательно снабжаем ими Америку и Западную Европу, — поскольку ответ на него слишком уж оче-
виден: оттого, что талант в России есть сам по себе
отрицание политического режима, как правило, же-
стокого, косного, малокультурного, а главное, антина-
родного по структуре и существу. Отсюда печальный
реестр изгоев, какого не знает ни одна цивилизованная страна; от Курбского до Герцена, от Мечникова
до Плеханова, от Куприна до Некрасова и целой
культуры русского зарубежья. Особливого слова заслуживает случай Александра Ивановича Куприна.

Вот нынешние писатели живут как-то жидко, по
общегражданскому образцу. Они не стреляются из-
за филологических разногласий, не волочатся за осле-
пительными красавицами, которые им по праву
принадлежат, не учат власти предержащие уму-
разуму и даже не устраивают причудливых кутежей;
ну разве что раз в год напьется какой-нибудь «де-
ревенщик» в Дубовом зале — вот и вся фронда ко-
дексу строителя коммунизма. И то сказать: нынеш-
ний писатель — человек бедный, стесненный семейством, общественной деятельностью, разными страхами, а также огорченный равнодушием современников, которые вряд ли его поймут, если он, скажем,
искупает в Москве-реке постового милиционера.

Иное — Александр Иванович Куприн, писатель
колоритной натуры и, как следствие, затейливой
биографии. По матери он был отпрыском старинного

рода татарских мурз Кулунчаков, которые вышли из
Казанского ханства еще при Василии Темном, а по
отцу, письмоводителю земской больницы, крестьяни-
ном Тамбовской губернии, что и предопределило его
фамилию: она происходит от тамошней речки Ку-
пры. Отца он не помнил за ранней его кончиной, а
своим ордынским происхождением гордился с мла-
дых ногтей; и действительно, Александр Иванович
отличался незначительным ростом, квадратным те-
лосложением крепыша, узким разрезом зеленых, про-
зрачных глаз и некоторой надменностью в общении
с незнакомцами, да еще он не снимал с головы цве-
тастую татарскую тюбетейку.

В семилетнем возрасте Куприн предпринял свой
первый опыт в литературе, он написал стихотворение, которое открывалось следующей строфой:

> В лучах запестреют цветочки,
> И солнышко их осветит,
> У деревьев распустятся почки,
> И будет прелестный их вид...

С тех пор Куприн возвращался к перу более или
менее регулярно. Между тем он окончил кадетский
корпус, Александровское юнкерское училище и на
двадцатом году жизни был выпущен подпоручиком в
46-й Днепровский пехотный полк. После того как
Куприна не допустили до экзаменов в Академию Ге-
нерального штаба за то, что он выкупал в Днепре
полицейского пристава, он вскоре подал в отставку,
и начались его долгие скитания по Руси. Он работал
на сталелитейном заводе в Волынцеве, торговал уни-
тазами в Москве, одно время держал «Бюро объяв-
лений, эпитафий, спитчей, острот и пр.», судил
французскую борьбу в петербургском цирке «Модерн», выращивал на Юге махорку, репортерствовал
где ни попадя, домушничал в Киеве — это, впрочем,
из чисто литературных, эмпирических побуждений —
в Одессе летал с Иваном Заикиным на биплане, в
Балаклаве спускался на дно морское и, говорят,
горько жалел о том, что ему не дано побывать бере-
менной женщиной и таким образом познать роды.
То есть вон еще когда, с легкой руки Иегудиила
Хламиды, распространилось то наивное суеверие,
будто писателю следует прежде всего познать жизнь

через побродяжничество и, так сказать, разные физические упражнения, в то время как разуму очевидно, что писатель вовсе не тот, кто испробовал сто профессий, и не тот, кто пешком обошел страну, а, в сущности, тот писатель, у кого на плечах волшебная голова.

Надо полагать, не столько из-за буйного нрава, сколько из чувства мести к молодой своей обездоленности, Куприн в благополучные годы много безобразничал, или, лучше сказать, гусарил: хотя у него были и общечеловеческие чудачества, например, он обожал топить печи, он свободно мог нанять кавалькаду извозчиков под шляпу, трость, пальто, перчатки и прочие принадлежности; бывало, он заезжал верхом в фешенебельный ресторан и, не вылезая из седла, выпивал рюмку дворянской водки; однажды он послал в Ливадийский дворец императору телеграмму с просьбой о даровании Балаклаве статуса вольного города, на что Николай II, человек культурный, ответил ему пожеланием плотнее закусывать за столом; во время своих причудливых кутежей он, бывало, выписывал хор певчих из Александро-Невской лавры во главе со знаменитыми басами Здобновым и Ермиловым, обливал горячим кофе корифеев литературы и раз даже обедал на животе у одного замечательного поэта; женившись на Марии Карловне Давыдовой, владелице популярного издания «Мир божий», которая, между прочим, бивала его за пьянство посудой по голове, он образовал филиал редакции в ресторане «Пале-Рояль» и принимал литераторов под французское шампанское, шустовский коньяк и «Староверочку», которую бесконечно исполнял огромный цыганский хор. И что должно быть особенно обидно для пишущей братии наших дней: такая искрометная литературная жизнь совершалась, по сути дела, совсем недавно, в предыдущую художественную эпоху, и еще в начале восьмидесятых годов были живы и Петр Иванович Капитанаки, и Ольга Дмитриевна Ометова, любовница Юры Паратино, рыбака, контрабандиста, башибузука, и до сих пор стоят на месте купринской хижины три старые туи, живые свидетельницы былого. И до чего же привлекательна эта художественная эпоха!

Вопреки фальшивым характеристикам нашего литературоведения, добрые это были для изящной словесности, можно сказать, благословенные времена: бог с ними, с причудливыми кутежами, но ведь тогда работали тысячи изданий и издательств самого разного направления и не было проблемы напечататься даже у графоманов, предварительная цензура после пятого года перестала существовать, корпус классиков отнюдь не власти формировали, писательский труд так высоко оплачивался, что тогдашние гонорары нынче не приснятся даже в ночь с четверга на пятницу, наконец, читающая публика благоговела перед писателем и вполне разделяла точку зрения Гегеля, который считал его «доверенным лицом мирового духа». Но прошло каких-то пятнадцать лет серебряного века русской литературы, и воцарились иные ценности — писатели уступили статус живого бога генералам-от-пролетариата и почему-то быстро смирились с положением социально ненадежной прослойки, которую можно было отблагодарить за труды ордером на галоши и запросто взять в ЧК хотя бы за избыток человеческого достоинства. Те же из поверженных идолов, что не смирились с новой культурной политикой, как известно, образовали вторую волну литературно-политической эмиграции — на этой волне оставил отечество и Куприн.

В отличие от тех своих товарищей по перу, кто не принимал Советской власти, так сказать, теоретически, Александр Иванович имел случай на практике убедиться в кавалерийских ее повадках: за статью в газете «Молва», написанную в защиту великого князя Михаила Александровича, действительно простого и доброго малого, который всегда резал правду-матку в глаза своей венценосной родне и даже в сердцах отстреливался от личной охраны, Куприн был арестован по приказу Зиновьева и доставлен в петроградский ревтрибунал; здесь его продержали только три дня и отпустили домой, но на всякий случай занесли в список заложников для показательного расстрела. Первой литературной работой, которую Куприн написал после освобождения, был гневный отклик на убийство комиссара по делам печати Володарского, застреленного эсером.

Видимо, так уж устроена психика истинно русского человека, что он принимает свою родину всякой, и нищей и обильной, и могучей и бессильной, как всякими принимают у нас матерей, или мужей, возвращающихся с войны, или расположение звезд на небе, и почитает первейшим сыновьим долгом до конца разделить с родиной ее путь. Поэтому-то Куприн об эмиграции даже не помышлял, а, напротив, чистосердечно пытался сотрудничать с новой властью. В восемнадцатом году он составил проект общероссийской крестьянской газеты «Земля», которую собирался редактировать лично, и даже дошел с ним до Ленина, но проект, как говорится, спустили на тормозах; Владимир Ильич нашел в нем многие неприятные пункты, передал дело Каменеву, а тот, поволынив какое-то время, газету решительно запретил, да еще и конфисковал значительные средства на ее издание, собранные по нитке. Таким образом, на первых порах романа с Советской властью не получилось, и Александр Иванович вернулся в свою Гатчину, где у него был «зеленый домик», стоявший по Елизаветинской улице (ныне улица Достоевского, 19а), и по старой памяти загулял с пропившимся миллионером Трознером и гусаром Минеем Бестужевым-Рюминым, потомком казненного декабриста.

Эмигрировал Куприн, можно сказать, нечаянно. В октябре 1919 года Гатчину заняли войска генерала Николая Николаевича Юденича, бывшего начальника штаба Кавказской армии, которые наступали на Петроград. Генерал чуть ли не в первый же день пребывания в Гатчине предложил Куприну редактировать газету «Приневский край» — Александр Иванович согласился; однако согласился он не из желания вести, в сущности, пустую армейскую газетенку, а потому что Юденич мобилизовал его в свою армию — Куприн же был строг в понятиях о чести русского офицера. Как бы там ни было, Александр Иванович получил в свое распоряжение походную типографию и отправился в действующие войска. Недели через две вслед за Куприным пустилась его семья — вторая жена Елизавета Морицевна и дочь Ксения, — так как Юденича уже погна-

ли на запад, и они опасались остаться по разные
стороны баррикад. Соединилась семья в городе Ям-
бурге, оттуда попала в Нарву, а затем оказалась в
Ревеле вместе с остатками белой армии. Дальней-
ший их маршрут был таков: Хельсинки, Копенгаген,
Гуль, Лондон, Париж — и вот что интересно: не успел Куприн ступить на чужую землю, как он уже
жаловался в письме к Репину на цивилизованных ев-
ропейцев: «...это люди с другой планеты, селениты,
морлоки, жители о-ва доктора Моро. Тоска здесь...
Впрочем, тоска будет всюду, и я понял ее причину
вовсе недавно. Знаете ли, чего мне не хватает? Это
двух-трех минут разговора с половым Любимовского
уезда, с зарайским извозчиком, с тульским банщи-
ком, с володимирским плотником, с мещерским каменщиком. Я изнемогаю без русского языка!»

Цивилизованная Франция наши таланты не обла-
скала, хотя за полтора века до 25 октября российские власти широко приютили жертвы 14 июля,
и даже такой неталантливый человек, как буду-
щий король Людовик XVIII, осевший в Митаве, по-
лучал от императора Павла трехсоттысячный пенсион. Так же, как Куприны бедовали во Франции,
наверное, никто из наших литературных эмигрантов
не бедовал. Дело доходило до того, что они открыли переплетную мастерскую и на продажу выращи-
вали укроп, который французы в пищу не потреб-
ляют. Но, главное, в эмиграции Куприн ничего сколько-нибудь значительного так и не написал.

И тут возникает принципиальный вопрос: может
ли русский писатель без России работать и просто
существовать? Когда Достоевский выдумал форму-
лу — «химическое единство», он многое объяснил в
отношениях между русскими и Россией, но вопрос о
русском писателе-эмигранте, кажется, остается еще
открытым. Впрочем, и то не исключено, что закрыть
его в принципе невозможно, потому что Гоголь свои
«Мертвые души» в Италии написал, Тургенев бывал
на родине, можно сказать, наездами, Герцен в эмиграции, собственно, и сделался нашим выдающимся
публицистом, — хотя с него взятки гладки, ибо он
был «гражданином мира», — Бунин в своем Грассе
все самое сильное написал, а Лев Толстой, три раза

собиравшийся эмигрировать в Англию, так и не отважился на существование без России, а Белинский еле-еле выдюжил две недели парижской жизни, а Пушкин за границей даже сроду и не бывал. Принимая во внимание такой патриотический разнобой, уместно предположить, что вопрос о том, может ли русский писатель-эмигрант работать и просто существовать, это вопрос выдуманный, а вовсе не принципиальный, и ответ на него лежит в плоскости самой нефилософской: кто-то может, а кто-то нет. Но кое-какие общетеоретические соображения он все-таки навевает. Например, замечено, что русскому писателю, живущему в условиях зарубежья, критически не хватает некой культурной ауры, которую в России образуют товарищеские пирушки, глубокое народное уважение к писательскому труду, русские женщины, жестокий разлад между горней внутренней жизнью и безобразной жизнью внешней, то есть гражданской, общественно-политической, бытовой, собственные дети, которые, как правило, получаются ни в мать, ни в отца, а в проезжего молодца, одним словом, все то, что возбуждает почтительное внимание к жизни, иначе называемое интеллигентностью. Потом, у русской литературы есть два источника, которые действуют в более или менее строгих географических рамках, — это смертный страх и страдания по России. В том смысле смертный страх, что вот когда одного знаменитого убийцу тащили казнить в подвал, он панически расписывался на стенах огрызком карандаша, а во-вторых, русского культурного человека почти ничего не привязывает к жизни, кроме самой жизни, отчего он так ею и дорожит. В том смысле страдания по России, в каком у нас называются страданиями лирические частушки, и самые обожаемые чада суть беспутные и больные. Вне нашей культурной ауры и помимо обоих источников нашей литературы русский писатель чаще всего вырождается в писателя вообще, каким стал, например, Набоков. Это, конечно, тоже по-своему интересно, но ведь русский-то писатель тем и отличается от писателя вообще, что он сосредоточен на духовной жизни так или иначе несчастной личности, что Чистая Сила подрядила его на подвиг одухотворения человека до степени Человека. Поэтому поменять гражданство для русского писателя отчасти означает профессию поменять. Иной писатель-эмигрант и смерти уже, наверное, не боится, потому что, кроме самой жизни, у него есть вилла и счет в «Креди Лионе», и Россия представляется ему географической абстракцией, страной даже как бы маловероятной, точно она ему когда-то приснилась в кошмарном сне. Недаром русский человек меняется на чужбине и как человек: Куприн, например, почти сразу оставил свои княжеские замашки, не безобразничал, не интересничал, не гусарил, не задирался — вот, спрашивается, почему? Наверное, потому, что в России писатель — святитель, а во Франции что-то вроде директора департамента. Зато в Куприне с особой силой проявилось все самое чистое и нежное, что составляло сущность его натуры, и, возможно, именно благодаря этому чудесному превращению он в отличие от многих своих товарищей по несчастью в конце концов вернулся к великой истине, запечатленной в нашей пословице — «Россия, что мать родная, какая есть, такая и слава богу». Домой Куприн возвратился в тридцать седьмом году, глубоко больным человеком, в полной уверенности, что «двадцать лет жизни пошли псу под хвост», скоро умер от рака пищевода и был похоронен на Волковом кладбище в Ленинграде. И вот почему купринский случай — это особый случай: Цветаева вернулась в Союз из-за мужа, Алексей Толстой с голоду, Горький потому, что Сталин обещал его сделать Саваофом советской литературы, а Куприн оттого, что он двадцать лет не жил в строгом смысле этого слова.

Как известно, большинство наших литературных эмигрантов так и остались за рубежом; то есть лучше, конечно, писать в России, но можно и за границей, Бунин вон даже Нобелевскую премию получил. Но с самой Россией-то как быть, как быть с этим мучительным ощущением «химического единства», от которого не в радость никакие европейские благополучия?! Вот ездил недавно один наш писатель во Францию: француженки, всюду вызывающая опрятность, в магазинах только черта лысого нет, все вокруг для человека и во имя человека, а он, отчасти, правда, под воздействием паров «Шато Нёф» урожая восемьдесят первого года, целовал в капоты родимые «Жигули», которые ему изредка попадались; французам это было, конечно, дико, но товарищи по делегации его безукоризненно понимали.

Нет, можно, конечно, писать за границей, но лучше писать в России.

1989

ПОСЛЕДНИЙ ГЕНИЙ

Утром они проснулись, позавтракали чем бог послал, выпили по немалому кофейнику кофе и вышли на палубу дожидаться армейского «козелка». Уже заступил октябрь, но здесь, в хазарских степях, осенью только слегка припахивало, и тальник, яблони в садах, пирамидальные тополя все еще были по-летнему зелены, разве что чуть подсохли.

— Читал вчера воспоминания о Некрасове, — сказал сам, задумчиво глядя в воду. — Ну как же нет бога, когда страстно влюбленные в жизнь натуры, вот вроде Николая Алексеевича, под старость страдают такими мучительными болезнями, что уже ждут не дождутся смерти!.. Не может его не быть.

И у самого на лице стало приметно некое тонкоотчаянное выражение, как будто он внимательно прислушивался к себе и обнаруживал грозные перемены, какие-то неизвестные прежде знаки, обещавшие катастрофу.

Тронутая было тема не получила развития, и они стали молча дожидаться транспорта от военных.

— Послушай, — сказал наконец Георгий, — тут всего и идти-то три километра — давай на своих двоих? — И он показал при помощи пальцев, как передвигаются своим ходом.

— Ноги болят, ты понимаешь русский язык! — внезапно озлился сам, причем в его голосе проскользнула нота фальцетная, истерическая почти; вообще в последнее время он что-то частенько плакал и бесился, по пустякам.

Через некоторое время подкатил-таки «козелок», и они поехали к месту съемок. Дорогой сам пересказывал Георгию финал одной недавно напечатанной зарисовки:

— Сцена суда: тут публика, тут судьи, тут подсудимые. Вдруг председательша суда замечает среди публики загадочную женщину и спрашивает ее: «Вы, собственно, кто такая?» Та отвечает: «Я, собственно, совесть». — «Вот! — наставительно говорит председательша подсудимым. — Даже сама ваша совесть явилась судить вас за оголтелый алкоголизм!» — «Ну почему только ихняя, — говорит совесть, — ваша тоже...»

Это была последняя сцена фильма, и сцена прошла, как говорится, на легкой ноге. Когда сам уже принялся смывать грим, у него попросили автограф здешние комсомольские вожаки. Болезненно поморщившись, он отказал из-за усталости, опасного самочувствия и антипатии к комсомольскому аппарату, но Георгий воззвал к снисходительности, и сам нехотя согласился.

— Ну ладно, что там у вас... — согласился он.

— Мы вот запланировали слет областного актива и хотели бы ребятам сделать памятные подарки, — сообщили вожаки и протянули ему толстенную стопку фотокарточек совэкспортфильмовской фабрикации.

Сам с готовностью принял стопку, и тотчас фотокарточки взмыли в воздух, как вспугнутая стая нелепых птиц.

Потом он поехал на почту звонить домой, но никого не застал и почему-то был этим крайне обеспокоен, хотя стояло воскресенье и домашние могли просто-напросто отправиться погулять. После поехали париться в деревенскую баньку, истопленную хозяевами на прощанье. Уже подъезжая к баньке, задавили ненароком глухого кота, когда между плетнями сдавали задом.

Сам в ужасе закрыл руками лицо, а шофер Николай сказал:

— Погиб Пушок геройской смертью! — и вылез из машины прибрать несчастную животину.

— Все, что ли? — с гадливым нетерпением спросил сам.

— Все, — сказал Николай, но когда сам отнял

от лица руки, Николай еще только собирался пере-
бросить окровавленную тушку через плетень.

Местный старичок с орденскими планками на ни-
щенском пиджачке, из ровесников века и любителей
изложить перед городскими свою историческую
биографию, в надежде что ее *пропечатают* в назида-
ние опустившейся молодежи, который давно уже
поджидал компанию возле баньки, проводил мертво-
го Пушка̀ взглядом и почему-то с укоризною произнес:

— Нехорошая примета. Обязательно кто-то у нас
помрет.

— Типун тебе на язык! — сказал ему Николай.

Дед уже собрался перейти непосредственно к ав-
тобиографии, но компания невозмутимо проследова-
ла в предбанник, и последний со значеньем захлопнул дверь.

Самому что-то париться не хотелось; он немного
посидел из уважения к хозяевам на полке́, но вскоре
вернулся в предбанник, со словами: «Что-то не па-
рится мне сегодня». И опять у него на лице означи-
лось некое тонко-отчаянное выражение, как будто
он внимательно прислушивался к себе и обнаруживал грозные перемены, какие-то неизвестные прежде
знаки, обещавшие катастрофу.

После баньки вернулись обедать на пароход и
ближе к вечеру у самого слегка прихватило сердце;
настоящего лекарства под рукою не оказалось, и ему
пришлось довольствоваться чуть ли не киндербаль-
замом — тем не менее сердце потихонечку отпустило.

На сон грядущий они выпили по немалому кофейнику кофе и вышли на палубу подышать. Явился
некто администратор и поинтересовался у самого:

— Ну что вы решили насчет директора?

— Есть директор, — ответил сам.

— И кто же он, интересно?

— Милькис.

— И что вас все тянет к этим гешефтмахерам, не
пойму?!

Сам вдруг заиграл железными желваками и диким голосом закричал:

— На сегодняшний день Лазарь Моисеевич

Милькис самый русский директор на всем «Мос-
фильме»!

Некто администратор в панике удалился, а сам
еще долго молчал, смотрел в сгущавшуюся темень и
раза два смахнул с уголка правого глаза набегаю-
щую слезу.

Над плоским берегом затеплилась какая-то низ-
кая оранжевая звезда, и сам в раздумье заговорил:

— Ты знаешь, Жора, я, кажется, вышел на героя
нашего времени... — И он принялся развивать пре-
любопытную социально-филологическую идею.

— Гениальная мысль, — сказал про нее Георгий. — Я вот только опасаюсь, что народ этого не
поймет.

— Народ?! — внезапно озлился сам и опять заиграл железными желваками. — Какой народ-то?
Народу-то осталось четыреста человек!

Было уже поздно, и они разошлись по каютам
спать. Напоследок Георгий заглянул к самому спра-
виться о здоровье; тот пытался читать, но видно было, у него опять расходилось сердце.

— Может, сгонять за врачом к военным? — предложил Георгий, почувствовав смутное беспокойство.

— Ну, сгоняй... — как-то отрешенно ответил сам.

Пароход по случаю окончания съемок был беспробудно пьян, и никого из шоферов растолкать так
и не удалось. Георгий вернулся назад ни с чем и
сказал на прощание самому:

— Ты, если что, мне крикни. Я нарочно оставлю
открытой дверь...

Сам пообещал Георгию крикнуть, если что, и на
этом они расстались.

Утром 2 октября 1974 года Георгий первым делом зашел к самому в каюту: тот мирно спал на левом боку, уткнувшись щекой в подушку. Тогда он
уселся на свободную койку и стал спокойно дожидаться пробуждения самого. Что-то он долго не просыпался; в конце концов Георгий тронул товарища
за плечо и тот легко повернулся на спину — всю его
левую щеку занял багровый кровоподтек, дыхания
не было, а тело, кажется, источало какой-то нездеш-
ний холод.

Так умер Василий Макарович Шукшин, последний гений нашей литературы.

Уместен вопрос: почему же именно гений? За какие исключительные дела он достоин звания превосходительного, фактически неземного? Вообще говоря, табель о рангах в применении к писательскому труду, включающая такие градации, как великий, гениальный, выдающийся и прочее в этом роде, имеет не просто факультативное значение, а просто никакого значения не имеет. Потому что все писатели в действительности делятся только на писателей и тех, кто в той или иной мере заблуждается на свой счет. Потому что на Руси уже сама должность писателя соответствует званию — гений и обозначает его принадлежность к вечности, как звание святого и принадлежность к вечности обозначаются нимбом, изображенным над головой.

Таким образом, все занятые в литературном процессе делятся на гениев и... скажем, тружеников пера. Последних, конечно, огромное большинство, однако на судьбах литературы это не отражается, но зато отражается на судьбах настоящих писателей, русских во всяком случае, во-первых, потому, что они народ всеблаженный и, как Красная Шапочка, видят в каждом волчьем оскале родственную улыбку, во-вторых, отечественный Парнас сродни коммунальной квартире со всеми вытекающими последствиями, в-третьих, русский писатель любит литобъединяться, а любое литобъединение для него — смерть, поскольку в них всегда верховодят заблуждающиеся на свой счет, как элемент, имеющий массу свободного времени и энергии, которые надо куда-то деть, в-четвертых, наша российская действительность и наша советская, точнее будет сказать антисоветская, действительность устроены таким оканянным образом, что все, выходящее из ряда обыкновенного, представляет собой государственную измену. Этот четвертый пункт особенно влиятелен на гражданскую жизнь писателей, даже как-то автоматически влиятелен, вне зависимости от перемен нашего резко континентального политического климата, и какого русского гения ни возьми, всякий, за одним-другим исключением трансцендентального характера, прошел если не через тюрьму, то через суму, всякого эта действительность терла, ломала и, как правило, до срока вгоняла в гроб.

Возьмем Василия Макаровича Шукшина: какими только посторонними делами не обременяла его действительность — и в колхозе-то он работал, и на флоте служил, и в автотехникуме учился, и в школе преподавал, и в фильмах снимался, и вот даже его отговорили поступать на сценарный факультет института кинематографии, а переадресовали на режиссерский, и он всю жизнь ставил квелое, дюжинное кино, и через горькое пьянство он прошел, этот силикоз для добытчиков радия из тысячи тонн словесной руды, и в больницах лежал, и все бесконечно мотался вдоль и поперек нашего государства, пока не уперся в то справедливое убеждение, что его единственное и естественное предназначение — это литература, что его место — это рабочий стол, что его инструмент — это шариковая авторучка и тетрадка за три копейки [1]. Понятное дело, не успел он прийти к этому убеждению, как надорвался и умер, отрабатывая барщину у тогдашнего киновельможи Бондарчука; одна жутковатая, издевательски-показательная деталь: в гробу он лежал рыжеволосым, выкрашенным под шолоховского бронебойщика-балагура. Ну и напоследок над закопанным уже писателем простодушно поглумился Комитет по Ленинским премиям в области литературы и искусства, второпях возвеличив его совсем не за то, за что его действительно следовало возвеличить, — получилось, в сущности, то же самое, вот как если бы Байрона провозгласили великим художником в связи с тем, что он хромал на левую ногу, или Менделееву поставили бы памятник за то, что он мастерил отличные чемоданы.

Это скорее всего недоразумение, что писатель по-горьковски должен пройти через свои университеты, как-то приобщиться к народной жизни, чтобы потом ему было о чем писать. На то он, собственно, и писатель, чтобы у него было о чем писать, чтобы у не-

---

[1] Шукшин черновики писал в ученических тетрадках за 3 копейки, а перебелял рассказы в так называемых общих — за 42. *(Здесь и далее примеч. автора.)*

го новое слово само по себе рождалось, независимо от превратностей судьбы, перемены мест, знания ремесел, успехов в работе и личной жизни. Труженику пера трепка от действительности и вправду необходима, как бензин для автомобиля, потому что в литературе он только опытом существует, а писателя действительность вымучивает и губит, если он, конечно, своевременно не отыдет от мира в какое-то автономное бытие; вообще это странно, даже необъяснимо, но всякая действительность настойчиво вытесняет гения из сбея, как нечто кардинально враждебное собственному устройству.

Хотя почему необъяснимо, очень даже объяснимо, отчего действительность была так жестока, скажем, к Сократу, Паскалю, Достоевскому, Бабелю, — дело в том, что гений есть отрицание современности. Такую незавидную роль он играет вопреки своей воле и вовсе не потому, что принадлежит будущему, и не потому, что он умнее и лучше прочих, а даже он, напротив, может быть малосимпатичным созданием и некоторым образом простаком, а потому, что гений — существо как бы иной природы и, так сказать, темной этимологии, относящееся больше к вечности, нежели к злобе дня, недаром великий Гегель называл его доверенным лицом мирового духа. Возьмем даже уровень бытовой: если поставить себя на место заурядного человека, живущего без малого физически и неизвестно в силу какой причины, то, разумеется, как минимум неудобно будет сосуществовать рядом с каким-нибудь опасным изобретателем квадратного колеса, которому нипочем обыкновенные человеческие заботы, или с каким-нибудь юродивым проницателем, видящим всех насквозь, как рентгеновский аппарат, который ничего не боится и никого, — понятно, что заурядному человеку, ужасающемуся непохожести на себя не меньше, чем экономической катастрофе, как минимум, захочется сплавить этих придурков к Ганнушкину, а еще лучше в Матросскую тишину; вот как иммунная система уничтожает чужеродные клетки, возникшие в организме, как стая черных воронов заклевывает ворона-альбиноса, так и человечество исподволь, окольно вытесняет из жизни гениев, и это отчасти понятно, даже простительноно, если исходить из природы вещей и логики заурядного человека. Это тем более понятно, что излюбленная идея рода людского есть единообразие, сформулированное Великой французской революцией в лозунге «Свобода, равенство, братство» — в российской редакции это будет свобода от всего, равенство в обездоленности и братство преимущественно по оружию — между тем природа до такой степени не терпит этого самого единообразия, что никогда не существовало двух людей с одинаковыми отпечатками пальцев; русский народ по этому поводу говорит: «Бог и леса не уровнял». Это тем более простительно, что, в сущности, не люди, а человечество, не действия, а действительность приносят гения себе в жертву. Ведь Сократ никому лично из состава ареопага, как говорится, не насолил, и его казнили за богохульство, и Паскаль мученически угас не потому, что он был Паскаль, — потому, что лошади понесли, и Достоевского взводили на эшафот не кровно задетые его «Униженными и оскорбленными», а те, кто полагал, что публичная декламация письма Белинского к Гоголю предосудительней грабежа на большой дороге, и Бабеля расстреляли за то, что он из праздного любопытства слишком сблизился с высшими чинами ОГПУ. Так что все претензии к диалектическому материализму, формирующему действительность, который враждебно третирует высшие достижения природы в отрасли человека.

Удивительно же другое: что в последнем пункте природа вещей вступает сама с собой в коренное противоречие; с одной стороны, она заданно рождает гениальное существо, посредством которого осуществляется ее воля, а с другой стороны, отягощает бытие гения окаянной действительностью, которую сама же и формирует, и, как правило, до срока сводит его в могилу. Примирение этих проводействующих векторов внутри одной силы, видимо, возможно только в следующей плоскости: существо, обреченное природой на гениальность, способно самореализоваться лишь в столкновении с безобразной действительностью — и чем безобразнее действительность, тем рельефнее прорезывается гениальность, недаром Россия дала миру такую многочисленную плеяду великих художников — и, стало быть, губительная действительность есть вполне штатная ситуация, и даже непременное условие становления гениальности, вроде кислорода для получения стали из чугуна, которое в наших пределах действует по принципу поговорки: «Русского побей — часы сделает». Надо полагать, что природа вещей и в могилу сводит писателя во благовременье, то есть немногим прежде того, как прекратится его реакция с безобразной действительностью, и он рискует на выходе выродиться в рантье, живущего на проценты от былого служения родимой литературе; впрочем, с гениями природа никогда таких жестоких шуток не допускала и позволяет себе назидательно подкузьмить только служителям той механической ереси, которую мы называем социалистическим реализмом. Потому что, как ни крути, а всякий писатель, то бишь гений, — это чадо самой природы, зачатое, выношенное, рожденное, воспитанное по какому-то горнему образцу, и, естественно, мать-природа стоит за него горой, то есть по-своему лелеет и опекает, но только безжалостно, как отцы учат плавать своих ребят.

Другое дело, что происхождение гения все же остается одной из самых глубоких тайн. Ведь не бывает так, чтобы на картофельной грядке вдруг выросла финиковая пальма, или из девятикопеечного яйца, да еще помещенного в холодильник, вдруг вывелась птица Феникс, а вот в глухом сибирском селении, среди бедных избушек, выстроенных по заветам древних славян, где родители матерно журят свое хулиганистое потомство и после шести часов вечера не найти ни одного трезвого мужика, ни с того ни с сего нарождается существо настолько изощренной организации, что, совпадая какими-то болевыми точками разума и души с оголенными точками... ну, проводника, что ли, между источником животворного электричества и его потребителем на земле, оно способно постигнуть некую суть, запечатленную в образе человека, и представить его в настоящем виде, который недоступен смертному большинству частью по врожденной слепоте, а частью из-за отсутствия интереса; что, вооруженное в сообразных масштабах навыком созидания живого из ничего —

даже не из глины, а просто из ничего, — это существо способно воссоздать любой фрагмент жизни, который будет больше похож на жизнь, нежели она
сама на себя похожа; что, наконец, через постижение некой сути это фантастическое существо безошибочно ставит диагноз больному нашему бытию —
все от человека, трансформирующего животворное
электричество на свой бесноватый лад, и беда не в
конституционной монархии или разгуле свободы слова, а непосредственно в Иванове, Петрове, Сидорове со всеми их вредными свычаями и обычаями, которые и свободу слова могут превратить в препирательство перед схваткой, и конституционную монархию оборудовать под Эдем. В общем, не скажешь
более того, что вот в 1929 году в алтайском селении
Сростки, в Крапивном переулке, дом № 31, по образу и подобию хомо сапиенс, родился гений, который
обогатил человеческую культуру; такое случается
иногда: вот в деревеньке Домреми родилась ненормальная девочка, и мир приобрел бессмертную героиню. Иными словами, — поскольку существует подозрение: есть вопросы, которым претят ответы, —
нужно оставить в покое вопрос о том, каким именно
образом произошел Шукшин из питательной среды
его рождения, детства, отрочества, юности и так далее. Ну отца у него неправедно посадили, так ведь
и у Жоры Коровина, который живет на 7-й линии
Васильевского острова, тоже отца посадили ни за
что ни про что, а он ночной сторож и мешками ворует сахар. Правда, есть слух, что матушка Василия Макаровича была изумительная рассказчица, то
есть выдумщица историей, и, может быть, именно
она заронила в его плодотворное сознание охоту к
конструированию миров... И все же это вторичное
обстоятельство, природа первичного остается от нас
по-прежнему сокровенной, даже если принять в расчет, что многие матушкины истории он потом превратил в рассказы. Да и какие, собственно, вторичные обстоятельства, пускай даже самого исполинского свойства, способны преобразовать деревенского
паренька в доверенное лицо мирового духа? Хочешь
не хочешь, приходится уповать на какую-то чудодейственную внутреннюю работу, изначально замыш

ленную природой на материале именно такого-то и такого-то деревенского паренька; вот как природа в чреве своем из простого металла сотворяет сокрушительные элементы вроде U^{238}, так она по своему капризу и гениев сотворяет. В доказательство можно предложить следующую шараду: страстотерпец Солженицын прошел все круги ада, включая остракизм, давно позабытый цивилизованными народами, и оставляет после себя многотомную критику безобразий, а граф Толстой всю жизнь сиднем просидел в своей Ясной Поляне, кушая спаржу да артишоки, и явил миру новое евангелие. То есть откуда что берется — это не объяснить. Вот откуда взялся Паша Холманский, он же Колокольников, один из самых животрепещущих героев нашей новейшей литературы, из чего прорезался «Алеша Бесконвойный», первый русский рассказ о свободе личности, как получился «Танцующий Шива», олицетворенная нервная система нашей беспутной жизни, или «Беседы при ясной луне» — ее странно-одушевленная подоплека... И ведь что любопытно: этого нельзя выдумать, нельзя пересказать с чьих-то слов, а можно только схватить в эфире и преобразовать в художественную прозу, пропустив через «черный ящик»[1] своей души. Словом, не объяснить, «из какого сора» явился шукшинский мир, эта скрупулезная анатомия русской жизни 60-х и начала 70-х годов, по которой грядущие поколения будут о нас судить; ведь не по Большой Советской Энциклопедии они будут о нас судить, и не по нудным эпопеям Героев Социалистического Труда, и не по беллетризированным прокламациям самиздатовцев, а по скрупулезной анатомии, совершенной Василием Шукшиным.

Уместен еще и такой вопрос: почему Шукшин — это последний гений? Неужто после Шукшина у нас так-таки и не было никого? Были, конечно; были проникновенные описатели внутренних миров, точнее, своего собственного, более или менее фальшиво резонировавшего с нервом реальной жизни, были

---

[1] Термин, существующий у физиков для обозначения того места цепи, где процесс не поддается исследованию, хотя и выходит на заведомый результат.

честные плакальщики по умирающему селу, нраво-
учители на вымученных примерах, изобличители, не
лишенные чувства слова, забавные анекдотчики, при-
лежные изобразители народного быта, но пороху
из них не выдумал ни один. Между тем неподдель-
ный гений есть как раз выдумщик пороха, то бишь
родитель какого-то нового бытия, то лишь он берет
старое, привычное бытие, выворачивает его наизнанку, обнаруживая подкладку, технику кроя, своеобразие
шва и органически перелицовывает его в новую
вещь, отвечающую сезону и исконному понятию о
прекрасном. В этом смысле гений, разумеется, несколько Саваоф, несколько бог-отец, тем более что
он тоже неограничен во времени и в пространстве.

А где ты их, спрашивается, наберешься, таких
умельцев, если, по всем приметам, их и рождается-то
всего ничего, если у нас даже настоящие портные
повывелись, как бизоны... Да еще то нужно принять
в расчет, что в среднем мы каждые семьдесят лет
оказываемся на краю культурной, государственной,
этнической или еще какой-нибудь катастрофы; естественно, что о каждом взлете российской словесности
в этих условиях думаешь, как о последнем, вот поневоле и впадешь в то опасливое убеждение, что гений
Шукшин — это последний гений. Но даже если он
и по счету последний гений, все равно неизглаголи-
мое спасибо, ибо природа оказала нам полное благо-
воление, послав напоследок гения Шукшина, который и явился во благовременье, и удалился во благовременье, в тот самый погожий осенний день, когда
они с Георгием Бурковым, проснувшись, позавтракали чем бог послал, выпили по немалому кофейнику
кофе и вышли на палубу дожидаться армейского
«козелка»...

БОГ СРЕДИ ЛЮДЕЙ, ИЛИ
ЗЕРКАЛО РУССКОЙ КОНТРРЕВОЛЮЦИИ

А ведь можно себе представить постановление о Бло-
ке от какого-нибудь сорок восьмого года, в котором
его клеймили бы как певца трактирной стойки, вре-
дительски марающего облик советского человека.
Живо можно себе вообразить и следующую картину:

скажем, 1918 год, тульская губчека, следователь сидит в круглых очках, а напротив него великий писатель земли русской...

Следователь:

— Что это вы себе позволяете, гражданин Толстой?! Тут, понимаете ли, разворачивается беспощадная классовая борьба, всякий сознательный элемент ополчается против гидры контрреволюции, которая спит и видит, как бы задушить диктатуру пролетариата, а вы опять — «Не могу молчать»!

Великий писатель земли русской:

— Извините, не понимаю я этого тарабарского языка. А впрочем, я еще не так опишу ваших башибузуков. Помилуйте, ведь это половецкие пляски какие-то, а не власть!

Даже не хочется себе представлять, какие оргвыводы могли бы последовать из этого разговора. То есть бог есть уже потому, что наши великие писатели вовремя умирают.

Еще было бы хорошо, если бы они именно писателями помирали, а не пророками, не прокурорами и водителями человечества, к чему между ними наблюдается стойкое тяготение, ибо эволюция русского писателя от гения художественного слова до Магомета своего времени, как правило, ни к чему хорошему не приводит. При особом настрое культурной российской публики, при повадках отечественных властей, при конструкции нашей народной, гражданской, семейной жизни, при складе таланта русского литератора, при характере нашей родимой литературы — из этого получается чуть ли не анекдот, то есть именно анекдот: «Пахать подано, ваше сиятельство!» — ну разве это не анекдот?

Можно попытаться хотя бы самым поверхностным образом проследить эту дерзкую эволюцию — от сочинителя до пророка. Любопытно, что первые потуги в этом направлении наблюдаются на ранних этапах жизни: Гоголь еще в отроческие годы предчувствовал «жребий необыкновенный», Достоевский еще кадетом поражал всех исключительным самомнением, а Лев Николаевич Толстой еще в бытность молоденьким артиллерийским офицером отличался таким глубоким предчувствием своей участи, что после первой же публикации («История моего детства» в журнале «Современник» за 1852 год) написал Некрасову вызывающе-ругательное письмо, пеняя ему на самовольную редактуру, которое при желании можно было принять и за форменную картель [1]. Между тем писатели обычного дарования на ранних этапах жизни все были ординарные шалопаи; правда, Гоголь в быту тоже был пересмешник и балагур, Достоевский — искатель мрачных наслаждений, а Толстой на пару с Тургеневым отдали обильную дань цыганам, шампанскому и любви, только для них это были обстоятельства непринципиального характера, проходные, вроде первого чуда Иисуса Христа, который превратил воду в вино на свадьбе.

Со временем то ощущение какой-то огромной животворящей силы, которой природа наделяет великих наших писателей, склонных к роли живого бога, вырастает в физическую способность создавать новые мироздания; ведь великая литература — это именно вновь созданные мироздания в отличие от изящной словесности, каковая по мере возможного отображает миры, существующие искони. Похоже на то, что именно эта физическая способность в конце концов и сбивает великого писателя с пути истинного, то бишь художественного пути: неземное величие его творческой силы, нечеловеческий размах ее таковы, что он уже чувствует право непосредственного влияния на несовершенного человека, и поэтому чем дальше, тем более настраивается на дидактическую дистанцию, где пунктом А может быть «Анна Каренина» или, скажем, второй том «Мертвых душ», а пунктом Б — «Фальшивый купон» или «Нужно любить Россию». На следующем этапе великий писатель и вовсе отвращается от чисто художественной работы, которая уже представляется ему несерьезной и малоинтересной игрой, постигнутой настолько, что проигрыш исключен, и его, конечно, тянет говорить с читателем без околичностей, напрямки, дескать, белое — белое, черное — черное, помимо всяких там гипербол, аллегорий, описаний природы и прочих художественных затей. Тогда на-

---

[1] Письменный вызов на дуэль.

стает черед обличительной публицистики, работающей под сухово-кобылинским девизом: «Богом, правдою и совестью оставленная Россия, — куда идешь ты в сопутствии твоих воров, грабителей, негодяев, скотов и бездельников?!» А там уж и до новой религии недалече.

Толстой непросто пришел к своему чистому христианству — через педагогическую деятельность, рационализацию помещичьего хозяйства, издание журнала и популярных брошюр, коннозаводство, разведение породистых свиней, болезни переходного возраста, «арзамасский ужас», неотступный страх перед смертью, жажду смерти, духовное единение с крестьянством, кондовое православие, отрицание церкви, кропотливую работу над евангельскими сказаниями — и вот в конце концов родилось «толстовство», которое первоначально исходило не из самого глубокомысленного заключения, возбужденного вопросом о разумности конечного бытия: раз люди ручного труда не боятся смерти, ибо они безусловно веруют в воздаяние вечной жизнью за временную жизнь, отягощенную работами и заботами, то, стало быть, все дело в ручном труде. Если прибегнуть к излюбленному приему Толстого упрощать идею до нелепости, до каркаса, то импульс веры его таков: жизнь разумна не потому, что она разумна, а потому, что разумной ее считают люди физического труда. Отрицание собственности, войн, государства и провозглашение сущностью чистого христианства равенства, братства и любви меж людьми, реализуемых через непротивление злу насилием, — это было уже потом. Коротко говоря, толстовская литература переродилась в толстовство по двум причинам: из-за необъятного ужаса перед смертью и потому, что его религиозно-этическим идеям пришлись не впору завязка, кульминация, развязка и прочие хитрости повествовательного искусства. Тут уж, как говорится, рукой подать до новой религии, по крайней мере до вольнодумства во Христе. А впрочем, это нормальная доля всякого выдающегося творца, у которого идеи значительно сложнее и богаче, нежели общеизвестные средства литературы. Недаром

Толстой не умел писать, то есть недаром он многие десятки раз перелопачивал свои тексты, так как накал его мысли значительно превосходил подчас чисто технические возможности языка.

Сколько это ни удивительно, но превращение художника в пророка у нас всегда бывает омрачено некоторыми побочными эффектами не самого симпатичного свойства, интоксикацией в своем роде. Дело в том, что богу так же трудно среди людей, как среди малолетних преступников доктору философии: Иисус Христос, по свидетельству Евангелий, скорее был грозен, чем благостен по отношению к иудеям, Гоголь, как только почувствовал себя «доверенным лицом мирового духа», в быту стал совершенно непереносим, Достоевский сделался гражданином-отшельником той планеты, которую сам же и изобрел. Что касается Льва Толстого, то он был прямым тираном в границах своей идеи, и тут вырисовывается такая закономерность: чем фундаментальней, продуктивней, путеводительней новая нравственная доктрина, тем в большей степени автор ее деспотизируется, так сказать; но при этом он одновременно становится и рабом этой своей доктрины, способным воспринимать мир исключительно через ее догматы и постулаты, и даже он отчасти становится мизантропом, готовым атаковать самые невинные человеческие радости, от радости физической близости до искусства. «Балет же, в котором полуобнаженные женщины делают сладострастные движения, переплетаются в разные чувственные гирлянды, есть прямо развратное представление» — это не Победоносцев писал, не Иоанн Кронштадтский, а творец дяди Ерошки, Наташи Ростовой и двух гусаров. Или: «Половая страсть, как бы она ни была обставлена, есть зло, страшное зло, с которым надо бороться, а не поощрять, как у нас. Слова Евангелия о том, что смотрящий на женщину с вожделением уже прелюбодействовал с нею, относятся не к одним чужим женам, а именно — и главное — к своей жене» — и это написал не столпник какой-нибудь, не аскет, а живой человек, постигший все прелести плотской любви, знавший множество разных женщин и наплодивший с полтора десятка детей, законных и незаконных. Но этот пункт еще можно понять, ибо речь идет о болезни роста: мрачный ригоризм, в который Толстой впал на старости лет, объясняется тем же, что и влюбчивость молодежи.

Особенно зашорен и до капризности неуступчив Лев Николаевич был в отношении венца своей религиозной доктрины — идеи непротивления злу насилием, то бишь даже не до капризности — до смешного. Однажды какой-то студент из Тулы, исповедовавший толстовство, прямодушно его спросил:

— А что, Лев Николаевич, если на меня набросится тигр? Вот так просто и отдаться ему на съедение?

Толстой ответил с самым серьезным видом:

— Да откуда же в нашей Тульской губернии взяться тиграм?!

— Ну а все-таки! Предположим, на меня нападает тигр...

— Да откуда же в нашей Тульской губернии взяться тиграм?!

— Ну а все-таки!

— Да откуда же в нашей Тульской губернии взяться тиграм?!

И так до полной невозможности продолжать теоретическую беседу.

Видимо, Лев Николаевич чувствовал-таки слабинку в своем учении, его неполную защищенность, но тем настойчивее он проталкивал его в жизнь. В отличие от чистых философов, мыслящих отвлеченно и в редчайших случаях проецировавших свои социальные теории на практику бытия, наш великий художественный мыслитель настойчиво прививал на российской почве свое новое христианство — так наши политики внедряют разные новшества и реформы: чуть придет на ум какая-то социально-экономическая идея, сейчас же в массы, невзирая ни на какие реальности, закономерности и противопоказания этнического порядка. Ведь он не только пропагандировал толстовство путем печатного слова, хотя уже и «слово его было властью», как сказано у Луки, но и сам пахал, косил, учил грамоте крестьянских детей, тачал сапоги, шорничал, прибирался у себя в комнате и принимал исключительно растительную пищу, отчего постоянно страдал желудком. И это живя среди изящно одетых полубездельников, любящих покушать и все такое прочее, владея огромными поместьями и миллионным состоянием, будучи, сдается, крупнейшим писателем в истории человечества, да еще существуя в условиях государственности, разве что приличной скотоводческим племенам. Товарищи по перу за него от чистого сердца переживали, зачем он не пишет художественное и выставляет себя на посмешище дуракам, окрестные крестьяне подозревали его в двуличии, дети косились, а супруга, Софья Андреевна, бывало, поначивала за обедом:

— Призываешь всех к опрощению, а сам спаржу кушаешь...

И вот тут мы упираемся в один драматический пункт: несмотря на мировую славу, богатство, отлично налаженный быт, Лев Николаевич, возможно, был несчастнейшим человекописателем своего времени, ибо он был мучеником идеи и своим духовнонравственным существом принадлежал вечногрядущему, как Спиноза или Паскаль. Самые твердые его последователи были из блаженных, обскурантов либо из простаков, с властями предержащими он рассорился насмерть, и его только через мировую славу не упекли, но обыски делали и тайных надзирателей приставляли, большинство домочадцев были его идеологическими противниками, например, Андрей Львович принципиально отправился на войну, а Лев Львович даже написал художественное опровержение на «Крейцерову сонату»; что же касается Софьи Андреевны, то она точно в пику своему великому мужу, отказавшемуся от всех прав собственности, нанимала кавказцев для охраны угодий от яснополянских крестьян, завела в Москве торговлю книгами Льва Толстого, позволяла себе интриги со знаменитостями и своими финансовыми претензиями вечно не давала ему житья. И дети и супруга отлично понимали, что Лев Николаевич гений, что гению извинительны любые причуды, хоть ходи он на голове, и что ему следовало во всем решительно потакать, но они понимали это чисто теоретически, потому что нужно быть сколько-нибудь Толстым, чтобы соеди-

нить теорию с практикой, какой бы причудливой эта
теория ни была, а они оказались Толстыми, можно
сказать, нечаянно. Наконец и умные люди стали с
усмешкой посматривать на Льва Николаевича, поскольку Шекспира он ни в грош не ставил, но зато
призывал литераторов учиться мыслить у юродивого
Сютаева, а писать — у яснополянских ребятишек,
сидевших за партами в его школе.

Но мало этого: цель и смысл его жизни, чистое
христианство, в народе скудно принялось и надолго
не прижилось, — распространившиеся было колонии
толстовцев распались еще до Великого Октября.
Кстати сказать, это не совсем ясно: традиционное
христианство пережило два тысячелетия, евангели-
сты, пятидесятники, молокане, духоборы, старообряд-
цы существуют по наши дни, а толстовская ересь
как-то не прижилась. Видимо, невосприимчивость
народа к чистому христианству в определенной степени была обусловлена неким аристократизмом самой религиозной идеи и сильным привкусом художе-
ственности в ее догмах, а это, как говорится, непонятно широким массам. Вместе с тем толстовство
вообще не было рассчитано на живого, ординарного,
слабого человека, то есть на огромное большинство.
Христос тем-то и был премудр, что выработал обще-
доступное нравственное учение, основанное, в сущности, на прощении, которое мог исповедовать, а мог
не исповедовать и раб и господин, и неуч и грамотей,
и стоик и шалопай, и умница и дурак. Толстовство
же налагало на человека без малого непосильную
схиму, потому что, во-первых, оно предполагало в
каждом неофите духовную подготовленность самого
Толстого, во-вторых, по некоторым кардинальным
пунктам оно входило в противоречие с человеческим
естеством, в-третьих, лишало свободы выбора и не
предусматривало спасения для отступников, в-четвертых, ставило своей целью не столько потустороннее блаженство, сколько царствие божие на земле.
Между тем величайшим мыслителем всех времен и
народов, видимо, будет тот, кто сумеет подвести под
общий, так сказать, всеразрешающий знаменатель
временное и вечное, силу и слабость, добро и зло.

Таким образом, Толстой сочинил вполне утопическую религию, интересную разве что для тончайшего жирового покрова человеческой гущи, так называемого культурного общества, ибо рабочему, крестьянину, нищему, солдату, ремесленнику некуда и незачем опрощаться, и не могут они пользоваться результатами чужого труда, и медицина для них практически недоступна, и в балете они не бывают, «где полуобнаженные женщины делают сладострастные движения», и любовь-то для них скорее отправление организма. К этому огромному народному большинству обращен единственно догмат непротивления злу насилием, но ведь на трезвый взгляд нашего положительного народа, который имел традицию насмерть забивать конокрадов, по большим праздникам устраивал массовые побоища, нередко впадал в жестокие межевые войны и топил в колодцах своих помещиков, учение о непротивлении злу насилием есть барская забава, и более ничего, вроде барометра или ланкастеровой школы взаимного обучения. Впрочем, и культурному обществу пришлось не совсем ко двору чистое христианство, потому что оно нашло в нем много антикультурного, обращенного вспять, замешанного на старческой озлобленности против кипучей жизни, что-то похожее на теперешний хомейнизм.

Но самое знаменательное — это то, что и основатель толстовства, собственно граф Толстой, оказался не в состоянии его неукоснительным образом отправлять. Какого пункта толстовского учения ни коснись, все у Льва Николаевича выходило наоборот, а если и не совсем наоборот, то, во всяком случае, не в скрупулезном соответствии с догматическим толстословием. Он отрицал собственность на землю и капитал, но так до самой смерти и остался миллионером и крупнейшим землевладельцем, поскольку фактически избавиться от движимого и недвижимого состояния ему помешала семья, мягкотелость, чадолюбие и еще многие превосходящие обстоятельства. Толстой исповедал непротивление злу насилием, однако он, глазом не моргнув, вызвал на дуэль Тургенева за то, что Иван Сергеевич «обманул» сестру Машу, и два часа прождал автора «Муму» с двумя заряженными дробовиками в условленном месте, потому что очень любил сестру. Толстой ратовал за отказ от роскоши, за опрощение быта, но сам всю свою жизнь прожил в графском поместье, потому что у него не хватало решимости бросить многочисленную семью. Толстой призывал отказаться от эксплуатации чужого труда, однако его обслуживали повара, садовники, конюхи и прочая челядь, неизбежная при многочисленной семье и графском укладе жизни. Толстой почитал любовь между людьми основной ипостатью бога и в то же время от души недолюбливал горожан, жандармов, царя, композитора Танеева и еще множество разных лиц. Наконец, Толстой как минимум половину жизни дезавуировал искусство и медицину, между тем при нем жили личные доктора, а искусство продолжало его питать, даже если это была отъявленная публицистика, поскольку и ее Толстой исполнял в строгом соответствии с правилами искусства. Вот, скажем, Сумароков или Николай Успенский, те, действительно, жили просто, в согласии со своими отпетыми убеждениями: Сумароков ежедневно посещал ближайший трактир, пересекая Кудринскую чуть ли не в ночной рубашке с аннинской лентой через плечо, а Успенский буквально умер под забором в окрестностях Смоленского рынка, где он накануне купил перочинный нож.

Коротко говоря, толстовство было религией, основанной Львом Толстым для самого Льва Толстого, которую основатель был не в состоянии отправлять. То есть он был именно не в состоянии ее отправлять, а нисколько не лукавил, не лицемерил, не фарисействовал и потому был вдвойне несчастнейшим человекописателем своего времени, тем более что многие склонялись к тому мнению, будто граф как раз лукавит, фарисействует, лицемерит. А дело-то было в том, что его утопическая религия никак не проецировалась на практику бытия. Уж на что Христос был последовательным трибуном своей всегуманистической идеи, и тот прибегал к хлысту — что уж тут говорить о сумбурном российском гении, который во исполнение своей веры пашет, косит, учит грамоте крестьянских детей, тачает сапоги, шорничает, прибирается у себя в комнате, принимает исключительно растительную пищу, отчего постоянно страдает желудок, а выходит у него максимум личный протест против общественных безобразий, что-то вроде голодовки профессора Хайдера... Словом, Толстой разделил трагедию бога, который бытует среди людей, трагедию Будды, Моисея, Христа, Магомета, Лютера; все они были законченные идеалисты в расхожем смысле этого термина, ибо верили в то, что путеводное слово в состоянии спасти мир, но обращено-то оно было к ЧЕЛОВЕКУ, а их не так уж много среди людей — все больше великовозрастные подростки, не вполне закончившие даже биохимический курс развития, которые воистину не ведают, что творят. Будда проповедовал мир в себе и сулил праведникам нирвану, Моисей дал грозный закон, по идее исключающий преступления против личности, Христос принес великое учение о любви как залоге вечного бытия, Магомет обещал праведникам райские кущи за миролюбие и терпимость, Лютер очистил веру от злобы церкви, в смысле и просто злобы и злобы дня, а что получилось на самом деле: буддисты до того довоевались между собой, что их голыми руками закабалили христолюбивые англичане, иудеи нынче чуть ли не самая агрессивная конгрегация, которой нипочем законодательство Моисея, нет на свете такого греха, какой за две тысячи лет не взяла бы на себя христианская церковь и все поколения истовых христиан, магометане со временем забыли завет пророка и выродились в узколобых ненавистников всех немагометан, а Лютер не успел навеки закрыть глаза, как его реформа вылилась в десятилетия дикой междоусобицы. И это при том, что все поименованные мессии как-никак учитывали возможности бедового человека, ориентируя его, в сущности, не столько на вечное блаженство загробной жизни, сколько на упорядочение земной, но человек благодаря своей слабости вышел, как говорится, из положения, переориентировав учение на свой лад: дескать, вечное блаженство подай сюда, но уж на грешной земле, «по бесконечной милости Твоей», мы всласть поизгаляемся друг над другом. В общем, многообещающая концепция воздаяния вечной жизнью за сколько-нибудь добродетельное времяпрепровождение на земле в огромном большинстве случаев пришлась не по нашему брату, бедовому человеку, как бывает не по Сеньке шапка, карьера не по достоинствам, технология не по культуре производственного труда. Отсюда единственное свидетельство в пользу воинствующего атеизма, стоящее хоть что-то: пророки никогда не уповали на естественную нравственную эволюцию человека, вполне допустимую уже потому, что животворный принцип нашего мироздания заключается в движении от сравнительно несовершенного к сравнительно совершенному, а неизменно ставили на революцию, на скачок, который закономерен для исторического развития, но в ходе накопления добродетели — исключен и, значит, перпендикулярен самой природе. Следовательно, слабый, дюжинный человек в принципе не способен исполнить учение божества, которое, пожалуй, требует невозможного, и религия остается для него лишь средством единения с братьями и сестрами по несчастью, источником надежды и утешения. Это, конечно, тоже кое-что, но понимать бога в столь усеченном виде — значит его почти вовсе не понимать. Между тем напрашивается такая формулировка: если мы с вами стоим на том, что бытие человека разумно и закономерно, а не бессмысленно и случайно, в чем изначально и расходятся люди верующие с атеистами, то Бог, или Природа, или Высшая Сила, или Что Угодно есть прежде всего такое организующее начало, которое выпестовало беспримерное в мироздании существо из глупой и бесчувственной обезьяны, с тем чтобы воплотить отвлеченную идею гармонии и добра в конкретном, живом, развивающемся материале; в пользу этого определения божества свидетельствует уже то, что осмысленная гармония и добро худо-бедно бытуют среди людей, по крайней мере, полтора миллиона лет, в то время как до рождения человека на земле не существовало ни осмысленной гармонии, ни добра. Другими словами, бог есть то, что в критически благоприятный момент и в критически благоприятных условиях самореализовалось через человека из такой же объективной, хотя и эфирной, реальности, как закон всемирного тяготения. Это, понятно, немного чудо, но разве сам человек не чудо? Разве не чудо любовь, искусство, разум, как бы отраженный разумностью вселенского обустройства? Разве не чудо самая наша жизнь, если взглянуть на нее глазами не человека из очереди, а неиспорченными, вроде только-только открывшимися глазами?.. Из этого вытекает, что исповедание Бога, или Природы, или Высшей Силы, или Чего Угодно есть посильное служение гармонии и добру, каковое служение скорее всего не обеспечивает бессмертия, этого, в общем-то, странного, даже бессмысленного дара в рассуждении неизъяснимого счастья земного существования, хотя и ограниченного во времени и в пространстве, но тем более дорогого, однако безусловно обеспечивает мирное, благополучное житие, которого не знает даже самое выгодное злодейство, а также непротивление злу насилием, все одно сопряженное со многими неудобствами, что и доказывает биография Льва Толстого. Ведь посильно, то есть по возможности деятельно, служить гармонии и добру — значит соответствовать цели самой Природы, почему она и берет своих верноподданных граждан под защиту и неусыпное попечение, в частности, закономерно освобождая их от грубых закономерностей и случайностей диалектического материализма, обрекающего нас на многие страдания и несчастья. Как Уголовный кодекс освобождает от наказаний законопослушных граждан, как у хозяйки, готовящей какой-то деликатес, ни при какой погоде не получится динамита, как пешеход никогда не попадет под автомобиль, если он в точности соблюдает правила уличного движения, как мечтателю, глядящему в небо, ни за что не свалится нá голову кирпич, так и верноподданному гражданину Природы нипочем естественные несчастья и отрицательно заряженные чудеса, ибо Природа ведет его по жизни как бы под локотки, невзирая на то, ходит он в церковь или не ходит, говеет или не признает никаких постов, не противится злу насилием или преимущественно занимается женщинами и вином — поскольку не в этом дело, а дело в том, христианствует ли он формально или же на деле служит гармонии и добру. Наконец, осознанная работа на цель Природы воспитывает в человеке особенный взгляд на жизнь, который потешно и в то же время довольно точно выразили французы в своей пословице: «Единственное настоящее несчастье — это собственная смерть».

Стало быть, естественное вероисповедание человека есть чистая радость, потому что оно необременительно, а также согласно с возможностями и предназначением человека, но литературное христианство, сочиненное Львом Толстым, — общественная нагрузка, замешанная на старческом ригоризме, противном всему живому, которое и сам автор оказался не в состоянии исполнять, и за пределами Ясной Поляны оно не получило сколько-нибудь заметного распространения, так как плохо сочеталось с реалиями русской жизни и не отвечало запросам так называемых широких народных масс. Более того: это огромное историческое счастье, что у нас накрепко толстовство не прижилось, иначе мы в лучшем случае скатились бы к эпохе Владимира Мономаха, как это произошло в Иране на свой фасон, а в худшем случае превратились бы во франко-англо-германский протекторат, вроде Китая времен заката маньчжурской династии, откуда вывозили бы в метрополии хлеб и нефть, а ввозили бы опиум и жевательную резинку. Все это навевает такое соображение: поскольку религиозный пророк — это такая же профессия, как медик, писатель, инженер, и поэтому подразумевает особый талант, особую подготовку и особую организацию созидательного ума, то все-таки было бы лучше, если бы «сапоги тачал сапожник, а пироги печи пирожник», то есть если бы развитием религий занимались бы богословы, а писатели занимались бы своим прямым делом — просвещением души, поскольку во всех прочих умственных отраслях, включая философию и политику, они почему-то всегда выступают в качестве озлобленных менторов, обиженных на действительность, правительство, народную нравственность, категорический императив и всю нашу Солнечную систему.

Но, с другой стороны, очевидно то, что вообще толстовское протестантство было встречено в русском обществе, во всяком случае, с пониманием, так как оно представляло собой некую суммарную реакцию на жестокость, бестолковость монархического режима, некультурность всяческого начальства, дерзкую капитализацию экономики и общественной жизни, константную народную бедность — словом, на нормальное всероссийское неустройство. Ведь Толстой вооружался не против Христа, а против государственных чиновников в рясах, извращающих его веру, не против промышленных городов, погрязших в рабском труде и пьянстве, а против растления рабочего класса средствами расширенного капиталистического воспроизводства, не против медицины как таковой, а против преподобной отечественной медицины, врачующей отдаленные следствия общественных неурядиц, не против искусства вообще, а против искусства, налаженного для бездельников и эстетов. В качестве же невольного политика — а в России художнику очень трудно не снизойти до политики, в чем, собственно, и беда, — Толстой пользовался особенной популярностью, и это немудрено, так как, по существу, он был эсером с уклоном в анархо-синдикализм, ибо не признавал частной собственности на землю, видел в крестьянине основную фигуру российского общества, протестовал против правительственного террора, призывал игнорировать государственные институты и, таким образом, разделял платформу самой широкой и влиятельной партии той эпохи. Ленин этой платформы не разделял, но справедливо увидел в Толстом «зеркало русской революции» — жаль только, что он в нем и зеркало русской контрреволюции в свое время не разглядел. А ведь Толстой и в этом альтернативном пункте оказался своего рода буревестником предбудущих потрясений. Дело в том, что народная воля, воспроизведенная в толстовской литературе, не совсем сочеталась со стратегией и тактикой большевизма, а та часть его учения, которую можно назвать созидательно-гуманистической, ну никак не гармонировала с практикой социалистической революции, и вовсе не тот народный слой пришел в семнадцатом году к политической власти, какой в свое время мог воспринять толстовское чистое христианство, особенно в отрасли братской любви и непротивления злу насилием. Правда, Толстой снисходительно отнесся к народному возмущению 1905 года и в кровавом насилии исключительно правительство укорял, но ведь в 1917 году функцию подавления взял на себя как бы народ в лице Красной гвардии и вождей того самого рабочего класса, который Толстой еще когда не одобрял за оторванность от природных корней, питающих личную нравственность, за глетворную, лубочную квазиобразованность и казарменные замашки. Нетрудно было предугадать, что этот народный слой уж больно лихо крутанет колесо истории, что он, конечно, справедливо, запрограммированно распорядится землями, заводами и даст мир извоевавшемуся русскому мужику, но при этом развернет неслыханный террор, не идущий ни в какое сравнение с масштабами николаевского насилия, тем более непростительный, непонятный, что обусловлен-то он будет не амбициями обиженных помещиков и не претензиями обобранных промышленников и торговцев, а междоусобицей революционных российских партий, — достаточно будет напомнить, что звонком к «красному террору» послужили пять выстрелов эсерки Фанни Каплан, бывшей подпольщицы и яростной инсургентки, впоследствии сожженной в бочке из-под бензина. Нетрудно было предугадать, что этот народный слой с ямщицким размахом поведет войну обязательно всех против всех, с непременными грабежами под уклончивым названием «реквизиций», с окончательным развалом промышленности и торговли и, как следствие этого, экономическим насилием над крестьянством. Нетрудно было предугадать соответственно январский расстрел рабочей демонстрации в 1918 году, которая пыталась защитить Учредительное собрание, поголовную перепись и уничтожение петроградского офицерства, возрождение института заложников, целые баржи пленных белогвардейцев, пускаемые на дно, закрытие всех небольшевистских газет и прочее в том же роде. И это все в стране, где в течение столетия обожествленная литература, в том числе и сочинения Льва Толстого, культивировала любовь к своему народу, сострадание к ближнему, свободную мысль, чистоту помыслов и деяний, высокий настрой души! И это при том, что с начала первой русской революции до смерти премьер-министра Столыпина было казнено что-то около тысячи отъявленных террористов и боевиков, а идейная оппозиция отделывалась юмористическими сроками, и то Лев Толстой написал страстную филиппику против правительства, которая была напечатана везде, кроме богоспасаемого Российского государства! Поэтому нетрудно было также предугадать, что последние истые толстовцы покорно помрут от голода или по чрезвычайкам, но юношество, воспитанное на Ростовых да на Болконских, потянется к Дутову да к Краснову. Коротко говоря, мир, воссозданный Львом Толстым, который вырос из глубочайшего понимания русского человека и русской жизни и на котором вскормились миллионы культурных людей, вошел в антагонистическое противоречие с Октябрем, так что предсказать грядущую гражданскую междоусобицу можно было не только исходя из неизбежного противодействия экспроприированных экспроприаторов, а просто даже по «Детству», «Отрочеству» и «Юности», не говоря уже про «Стыдно» и «Не убий».

Видимо, и сам Лев Толстой и питомцы обожествленной русской литературы смирились бы с законной, так сказать, революцией, как страдающие зубной болью мирятся с бормашиной, кабы ее развитие неукоснительно контролировала интеллигентная головка РКП(б), и кабы она сама то и дело не скатывалась к вполне сарматским приемам отправления власти, и кабы непосредственными ее проводниками не были разные Чепурные; ведь революции плодотворны и сравнительно безболезненны только тогда, когда они направлены против абстракций, например, против данных общественных отношений в сфере промышленного производства, и губительны, если они направлены против людей, даже когда те суть конкретные носители этих абстракций, однако именно к этому направлению и питают слабость разные Чепурные; но тут уж ничего не поделаешь, ибо революции — самая благодатная пора для всякого рода наполеончиков, проходимцев и дураков. Отсюда беспримерный разгул страстей, уродливые крайности, самовластье, подавление всего, что не вписывается в программу III Интернационала, а главное, кровь, кровь, кровь. Ну что можно было ожидать от Толстого, доживи он до Октября? — опять «Не могу молчать»...

О ГЕНИИ И ЗЛОДЕЙСТВЕ

Достоевского не любили. Его не любили женщины, каторжники, западники, студенты, III отделение, демократы, аристократы, славянофилы, наборщики, домовладельцы, издатели и писатели. Одни его не жаловали за блеклую внешность и обывательские повадки, другие за исполинское самомнение и вообще злокачественный характер, третьи за то, что он оболгал революционно настроенную молодежь, четвертые потому, что для почвенника он был слишком интеллигентен, пятые же просто считали его юродивым, без малого сумасшедшим. Но вот что интересно: это была какая-то внимательная, пристальная нелюбовь, некоторым образом смыкавшаяся с любовью.

Случай, надо признаться, из ряда вон выходящий для страны, покоренной изящной словесностью безвозвратно, а кроме того, остро филологический, ибо одним из сокровенных соотношений литературы следует полагать соотношение нравственности сочинений с нравственностью сочинителя, нравственностью, то есть, самой практической, бытовой. Упор на этом соотношении делается потому, что Александр Сергеевич Пушкин открыл вопрос: «А гений и злодейство — две вещи несовместные. Не правда ль?» — и создал крупную проблему на стыке этики и эстетики; с другой стороны, хотелось бы как-то ответить и на излюбленный вопрос нормального, дюжинного человека, способного в среду приютить бездомного оборванца, а в четверг украсть у соседа ложку, «А судьи кто?», который потому-то и так страстно его волнует. «Судьи» наши действительно народ был все больше каверзный, непростой. Первый российский писатель нового времени был женат на немке, интриговал и пил горькую, двое его современников и товарищей по перу очно и заглазно поливали друг друга площадной бранью, а еще один современник подносил императрице свои стихи, стоя на четвереньках. Правда, в XIX столетии, когда литература из филантропического промысла чести ради превратилась в служение высшим силам, хотя с легкой руки Кондратия Рылеева и стала приносить авторам некоторый доход, в такие крайности наши писатели не впадали, но все же характеры их оставались — как бы это выразиться поосторожнее — уж очень многосторонни. Пушкин безусловно «солнце нашей литературы», но однажды он полночи провел под кроватью у Фикельмон. Великий Гоголь был большой ретроград, да еще и капризный до такой степени, что им тяготились самые искренние поклонники. Гончарова знали как примерного семьянина и одновременно пылкого ненавистника всякого крупного дарования. Тургенев пришепетывал, отличался крайним высокомерием, первым лез к друзьям целоваться, но внезапно подставлял щеку, на вопрос о здоровье отвечал: «Вы что, доктор, чтобы спрашивать о здоровье?» — и при этом был так бесконечно добр, что раз чуть было не поступил на службу в ненавистную канцелярию, поскольку его пригласил приятель, которому было тягостно отказать. Лев Толстой дошел в опрощении до того, что сам сапоги тачал и вводил в столбняк Софью Андреевну матерными речами. Куприн как-то облил свою супругу одеколоном и подпалил.

Что же касается самого Федора Михайловича Достоевского, то тут дело обстоит особенно сложно, ибо человек он был не то что многосторонний, а такой, о котором Дмитрий Карамазов выразился: «Нет, широк, слишком даже широк человек, я бы сузил» — это устами своего персонажа Достоевский прежде всего про себя сказал. Даже внешность у него была... разнокалиберная, что ли, точно ее механически сложили из множества чуждых черт: он был весьма небольшого роста, но отличался тяжелой поступью бурлака, хил, но широк в плечах, необыкновенно, пугающе даже высоколоб, а руки у него были большие и натруженные, точно у молотобойца, лицо скуластое, невидное, что называется, простонародное, а темные глаза с разноцветными зрачками — покойно-пронзительные, как у ветхозаветного пророка, но только вроде бы повернутые в себя; плюс жидкие светло-рыжеватые волосы, просвечивающая бороденка и покойницкий цвет лица. То есть на редкость, настораживающе эта форма соответствовала содержанию, эта внешность вторила характеру, эта плоть отвечала духу — или наоборот — вот он даже носил дорогие фраки, которые сидели на нем мешком. По-просту говоря, Достоевский был человек тяжелый, что, впрочем, немудрено, если принять в расчет некоторые особо неблагоприятные обстоятельства его жизни. Начнем с того, что детство Федора Михайловича прошло в московской Мариинской больнице для бедных, где квартировал, служа доктором, его батюшка, среди отвратительных запахов, серых казенных халатов, нудных медицинских бесед, и даже местом ежедневных прогулок был здешний дворик, в котором обыкновенно проветривалась и болящая беднота. Отец его был такой тиран, что когда по русской привычке ложился после обеда, то заставлял кого-нибудь из детей отгонять от него веточкой комаров да мух — недаром под горячую руку его зарезали собственные крепостные. В военном Инженерном училище, где прошли самые романтические годы великого романиста, он столкнулся с теми же сарматскими нравами, которые и по сей день отличают отечественную казарму; это обстоятельство могло оказаться особенно зловредным по той причине, что Федор Михайлович необыкновенно рано осознал свое высокое назначение, возможно, что слишком рано, поскольку оно прорезывалось в нем болезненно, и Дмитрий Григорович, однокашник Достоевского по училищу, впоследствии вспоминал, что еще во времена первой молодости в том было нечто от просветленного старичка. Наконец, Достоевского совсем молодым водили на Семеновский плац к расстрелу, но великодушно помиловали и сослали в каторжные работы, за то, что он по пятницам посещал большого чудака Буташевича-Петрашевского и однажды декламировал письмо Белинского к Гоголю, написанное, как известно, по поводу «Выбранных мест из переписки с друзьями», к которому трудно было придраться даже докам из III отделения.

Как бы там ни было, то есть какими бы ни были первоисточники этого чрезвычайного человеческого характера, важно отметить то, что его главным образом составляли противоположные, едва ли не взаимоисключающие черты. С одной стороны, Федор Михайлович был до странного, противоестественно скромен, причем на манер вовсе не напускной, а точно он

слыхом не слыхивал о своей славе, понятия не имел
о подлинных размерах своего художественного дара и
не подозревал о мировом значении своей прозы —
хотя что тут такого странного, напротив, скромность
есть признак исключительного таланта, который отлично знает, что он всего-навсего орудие, проводник
и, в сущности, имеет основания гордиться своей персоной только в той степени, в какой он реализует
всевышний дар, иначе говоря, гордиться своей персоной у него столько же оснований, сколько у красавицы красотой — но, с другой стороны, у него случа-
лись припадки ненормального даже, болезненного самомнения: он требовал от Некрасова, чтобы его
вещи печатались на страницах «Современника» обязательно как гвоздь номера, выделенными каемкой, не
признавал в свой адрес никакой критики и закатывал
истерики Виссариону Григорьевичу Белинскому, —
дескать, зачем тот самозабвенно играет в преферанс,
вместо того, чтобы говорить с ним о «Бедных людях».
Он был равнодушен к внешним благам цивилизации,
сроду не кутил, скверно одевался, симпатизировал
простой пище, никогда не имел своего выезда, жил
в наемных квартирах, как нарочно, бедно обставленных, мрачных, сырых, именно достоевских, и в то же
время был отъявленным игроком, преимущественно в
рулетку, ничтоже сумняшеся спускал прожиточные
деньги, ставя в отчаянное положение Анну Григорьев-
ну Сниткину, вторую свою жену, а раз как-то, полу-
чив тысячу целковых неожиданного наследства, де-
вятьсот рублей проиграл тут же на бильярде, а сотню
подарил какому-то босяку на пропой души. В обществе он производил впечатление человека нелюди-
мого, угловатого, желчного, сильно заряженного
мизантропией, и при этом был влюбчив, как подросток, даже в зрелые свои годы, так что если бы принимались все его предложения, как говорится, руки
и сердца, то из матримониальной стороны жизни великого романиста вышел бы скверный именно анекдот. В литературном мире у него были одни враги,
во всяком случае, среди тогдашних корифеев нашей
литературы, и тем не менее он с нежностью относился к творчеству своих товарищей по перу. Он считал
войну несмываемым преступлением перед богом и

призывал правительство отнять у турок Константинополь.

Но это еще полбеды, потому что приятель Достоевского, литератор Николай Николаевич Страхов, о нем писал: «В сущности, впрочем, все его романы составляют самооправдание, доказывают, что в человеке могут ужиться с благородством всякие мерзости... Он был зол, завистлив, развратен, и он всю жизнь провел в таких волнениях, которые делали его жалким, и делали бы смешным, если бы он не был при этом так зол и так умен... Его тянуло к пакостям и он хвалился ими... В Швейцарии, при мне, он так помыкал слугой, что тот обиделся и выговорил ему... Это был истинно несчастный и дурной человек, который воображал себя счастливцем, героем, и нежно любил одного себя». Однако тот же Страхов писал в своих мемуарах: «Искренность и теплота так и светились в нем», и, стало быть, эти характеристики суть правда и неправда одновременно, как правда и неправда сказать о лете, что это когда тепло, поскольку летом бывает и весьма холодно. Правда у математика Лобачевского: параллельные прямые и пересекаются и не пересекаются — это в каком ракурсе посмотреть.

Итак, что же, собственно, за идея вытекает из многосложного характера Федора Михайловича Достоевского, какое надбытийное откровение сулит нам разность «Достоевский как великий певец духа человеческого минус Достоевский как человек», что там за знаком равенства? Да, кажется, ничего. Во-первых, снесемся со случайно подвернувшимся историческим примером, и станет ясно: нам решительно все равно, что князь Голенищев-Кутузов был крив и тучен, нам важно, что он разгромил войско Наполеона, а там будь он хоть строен, как кипарис, и всевидящ, как Нострадамус. Во-вторых, скажем, Николай Успенский был форменным негодяем, который и на Некрасова клеветал из-за двухрублевых недоразумений, и жену вогнал в гроб через неуемное свое пьянство, и Тургенева обокрал, однако же это был выдающийся русский писатель, оттого только временно подзабытый, даже не оцененный по справедливости, что не так много времени прошло после его безобразной смерти, что еще всевышний не отошел. А впрочем, нельзя сказать, чтобы личная нравственность писателя по отношению к нравственности его сочинений была бы то же самое, что бузина по отношению к киевскому дядьке, равно как и нельзя сказать, что будто бы бывают безнравственные писатели, но не бывает безнравственных сочинений, если только они талантливы, и в литературе аморальна одна бездарность; правильнее всего будет договориться, что художественный гений есть неизбежно и необходимо широкий человек, вобравший в себя все мыслимые качества, от способности к гнусному преступлению до способности из-за ничего принять крестные муки, но только скрепивший в себе все зло, как и полагается душевно здоровому существу, иначе он неспособен будет воссоздавать внутренние миры; хотя и предварительная это мысль, но в справедливости ее уже и сейчас убеждает то, что были у нас, были писатели нравственные до блаженности, да чтой-то ничего о них не слыхать.

Кстати заметить, Достоевский отчего-то тосковал по абсолютному человеку и даже на эту тему написал своего знаменитого «Идиота», задавшись единственной целью — вывести совершенное существо. Только недаром князь Лев Николаевич Мышкин вышел у него не столько Идиотом, выпадающим из жизни в силу нечеловеческой своей нравственности, сколько праздношатайкой с каллиграфическим дарованием, любителем отвлеченных бесед, каверзным альтруистом, не способным решительно ни на что, — вот его даже пришлось наделить огромным наследством, чтобы удержать во главе угла, чтобы продолжить действие вплоть до сцены над трупом Настасьи Филипповны, поскольку к концу первой части князь себя уже полностью исчерпал. Ганечка вон хоть и сомнительной нравственности человек, да человек дела, Парфен Рогожин хотя и зверь, да ревностный созидатель, и, дайте срок, они железных дорог понастроят по всей стране, накупят ренуаров с гогенами, училищ понаоткрывают для простонародья, а князь Мышкин всю жизнь прострадает в умном своем углу и, глядишь, кончит марксизмом в плехановской редакции, то есть марксизмом, может быть, с диктатурой пролетариата, но без аннексий и контрибуций... Нет, это уже будет слишком смелое продолжение «Идиота», чрезмерно приближенное к социально-политическим обстоятельствам своего времени, меж тем как Достоевский никогда не писал о том, что есть, что бывает, что может быть, словом, — не отражал; Достоевский — это неистовый выдумщик, который кроил бытие по своим лекалам и перешивал его как только заблагорассудится, Достоевский, если не грешно будет так выразиться, — это бог-внук, который всякий раз изобретал своего Адама, не имевшего аналога в действительной жизни, который сочинял характеры, неслыханные в быту, и выдумывал страсти, значительно превышавшие возможности реального человека. Что отсюда следует: что чем выше литература, тем она дальше от злобы дня, чем меньше соприкосновенья с реалиями своего времени, тем выше литература; забубенная наша филология, разумеется, не погладит по головке за такой вывод, но что же делать, коль это так. Разве что она посмотрит сквозь пальцы вот на какое дерзкое замечание: Достоевский отнюдь не великий знаток и проходчик людской души, а скорее, пожалуй, великий фантаст в области человека.

Теперь часть вторая... Насколько Федор Михайлович был противоречив как личность, настолько же он был и как писатель противоречив. Это еще сравнительно мелочь, что один период у него точно бриллиантом написан, а соседний мучителен и коряв, точно сон, предвещающий ОРЗ, что один его персонаж просто нежизнеспособен, как, например, Подросток, а другой, как, например, Смердяков, даром что он из наиболее фантастичных, животрепещет до такой степени, что с ним все время охота заговорить; куда принципиальней покажется такое противоречие: за художественной тканью его романов отчетливо видится повествователь, который выступает то как христианин, то как богоотступник — сдается, что в легенде об Инквизиторе церковники должны были услышать гораздо более разрушительный вызов господствующей христианской доктрине, нежели в религиозном учении Льва Толстого, и, в сущности, это странно, что не Достоевского отлучили от Церкви, а

Льва Толстого, — то как аристократ, то как умеренный либерал, то как славянофил, то как утонченный интеллигент. Последняя антонимическая группа особенно интересна.

Достоевский считается отпетым националистом, за которого, правда, не совестно перед цивилизованным миром, ибо его русофильские убеждения были не так слепы, дики и наивны, как у предшественников и последователей: предшественники, будучи огорченными константной бедственностью России, искали причину несчастий в реформах царя Петра и находили лекарство от всех пороков в возвращении к прадедушкиным кафтанам и жареным лебедям, последователи же, будучи огорченными константной бедственностью России, ищут причину несчастий в Октябрьском перевороте и находят лекарство от всех пороков в возвращении к трехцветному флагу добрфлота, гармошке и романовской тирании — так вот Федор Михайлович полагал, что задача настоящего русофила состоит не в том, чтобы раскассировать слегка европеизированную верхушку до плачевного положения азиатствующего большинства и воротить общество к пещерно-племенному устройству, а в том, чтобы на всех уровнях соединить гейдельбергскую образованность с пензенской самобытностью и, таким образом, аннулировать раскол нации на два лагеря, собрать в кулак все способное к поступательному развитию и двинуться в Царствие божее цивилизованно-русским шагом. Ничего не скажешь, заманчивая идея, и целое столетие понадобилось на то, чтобы задним умом дойти: да нету никакой ни пензенской, ни оксфордской самобытности, во всяком случае, того энергетического заряда, который обеспечивает прогресс, а есть европейский дух, объединяющий ряд народов, и если мы желаем социальной благопристойности, сытости и свободы, то нам следует основательно проникнуться этим духом, научиться копейку считать, выпивать в меру, думать о конкретном, например: чего это подорожали соленые огурцы — а если мы желаем по-прежнему, ковыряя пальцем в носу, томиться от всемирных несовершенств, то нас не спасет никакая гейдельбергская образованность. Но вот до того хворал Достоевский бедовой нашей Россией, что из провала петровской европеизации всей страны, из переимчивости и способности все понять, все простить, наконец, просто из того, что русская мысль не в состоянии ужиться с русской действительностью, вывел особую, неслыханно высокую миссию нашей родины: синтезировать, примирить в себе великие гуманистические идеи, тем самым явив новое качество общества и, главное, нового человека. Как сетовал в таких случаях Антон Павлович Чехов: песня старая, хотя далеко еще не допетая, иначе говоря, покуда наша мысль пребудет в контрах с нашей несчастной жизнью — а это, по всем вероятиям, их вечное состояние, однако не потому, что всегда будет отвратительна наша жизнь, но потому, что русскую мысль она будет вечно не удовлетворять — мы не отстанем от избранности России. Между тем, может быть, в том-то и заключается вся наша избранность, чтобы, ковыряя пальцем в носу, томиться от всемирных несовершенств. И в диковинной этой миссии на самом деле нет ничего обидного, способного обострить национальный комплекс неполноценности, потому что каждому свое — кто-то за всех компьютеры строит, кто-то моды выдумывает, кто-то высаживается на Луну, а кто-то томится от всемирных несовершенств. Более того даже: если землянам и есть за что нас по-настоящему уважать, так только за то, что мы в лучшем своем проявлении — это больная совесть Земли, добровольные ответчики за первородный грех, уязвленная душа, настроенная на всемирность. Но ведь то же самое и Достоевский говорил, исходя из сугубого патриотизма и невольно приходя к космополитизму, или, лучше сказать, всечеловечности: восприимчивость к пониманию чуждого народа, его души, его радости и печалей свойственна всему русскому народу; печали и радости, волнующие жизнь европейского человека, его тоска, его страданье для нас, для каждого из нас, русских людей, едва ли не дороже наших собственных печалей — вот что говорил в своей юбилейной пушкинской речи писатель, который неустанно издевался над западным образом жизни и позволял себе откровенные выпады против многих народов мира. Вот уж действительно диалектика в образе человеческом, единство и борьба противоположностей, дающие на редкость гармонический результат, ибо отечественность Достоевского была интеллигентна — за что его и недолюбливали славянофилы, а интеллигентность отличалась такой глубокой народностью, что недаром эта благодать считается чисто русской прерогативой.

Или другой пример: сочинения Достоевского шли вразрез с демократической традицией тогдашней литературы — за что его и недолюбливала революционно настроенная молодежь, которая с подачи тургеневского Базарова, чисто по-большевистски, ставила идею смазных сапог выше идеи бога — но в чем же, собственно, была недемократичность этой литературы? А в том, что Федор Михайлович понял столетия так за два до того, как это станет доступно всем: человеческое счастье гораздо сложнее, чем полагают господа социалисты, и вообще благословенна эволюция, органическое развитие общественных отношений, обеспеченное никак не сменой форм собственности на средства производства, но ужасающе медленным становлением человека, который в рамках любой государственности способен образовать сумасшедший дом, а революции губительны, хотя с ними и ничего не поделаешь, как, скажем, с землетрясениями, поскольку они только меняют вещи местами, не изменяя качество их природы, и потом требуются многие десятилетия, чтобы всякая вещь заняла приличествующее ей место, чтобы природа взяла свое. Отсюда литература, работающая на рост человечного в человеке, несоизмеримо благоугодней литературы, так или иначе призывающей к топору, ибо призывающий к топору от топора и погибнет, что в совершенстве доказал 1937-й сатанинский год. Отсюда и вывод почти святотатственный, с которым вряд ли согласится даже вяло выраженный прогрессист: всякая специальная политическая борьба против существующего порядка вещей, от терроризма до робкого диссидентства, есть в лучшем случае продукт детского недомыслия, а единственный, взаправду действенный, способ изжить социальное неустройство — это жить по совести и трудиться на совесть, тем самым нагнетая вокруг себя эволюционную ситуацию. Но тогда кто же у нас, спрашивается, выходит истинный демократ, то есть радетель о благе народном — Чернышевский с его

Рахметовым, Тургенев с его Базаровым или Достоевский с его «Бесами», задолго предвосхитивший бесов из окружения Иосифа Джугашвили... И опять у нас вроде бы непримиримые противоречия дают более или менее гармонический результат. А впрочем, такой был человек Федор Михайлович Достоевский, что монархистом он сделался, может быть, потому, что Пушкин был анархист, православным христианином потому, что Белинский был атеист, а Толстой сектант, русофилом же потому, что Герцен был не столько «русский дворянин», сколько «гражданин мира». Но именно благодаря этому нервному духу противоречия Достоевский и завершил образ русского интеллигента, наделив его многими драгоценными качествами из личного арсенала, в частности, оптимизмом безысходности, активной бездеятельностью, человеконенавистническим альтруизмом и еще тем грациозным качеством, что русский интеллигент действительно затрудняется жить, если, например, эфиопы не знают грамоте.

Только вот что же делать с отравлением-то этим богатством, с разностью «Достоевский как великий певец духа человеческого минус Достоевский как человек»? Разве что обопремся-ка на разнузданное воображение и нарисуем такую сцену: Санкт-Петербург, Васильевский остров, квартира Корвин-Круковских; званый вечер, чопорные столичные немцы, дамы в хрустящих платьях, цвета которых не разобрать из-за свечного, квелого освещения, какой-то гвардейский поручик, трогающий себя за левую эполету, а Федор Михайлович сидит, сгорбившись, в уголке, сердится и тоскует. Я подсаживаюсь к нему и, млея от почтения, говорю:

— Публика-то, — говорю, — такая, прости господи, чепуха.

— Совершенно с вами согласен, — отвечает Федор Михайлович и поднимает на меня спрашивающие глаза. — А вы-то, сударь, здесь по какому поводу?

— Из-за вас, дорогой Федор Михайлович, исключительно из-за вас. Вообразите, позарез требуется получить ответ вот на какой вопрос: гений и злодейство — две вещи несовместные, или как?

Достоевский насторожился и говорит:

— Не то что ответа, а и самого-то вопроса такого нет. Потому что «Пока не требует поэта / К священной жертве Аполлон, / В заботы суетного света / Он малодушно погружен» — ведь наш брат писатель хоть и сакральный сосуд, да тоже из простой глины. Вы, наверное, согласитесь, что я порядочный романист, а между тем, знаете, что я в молодости учудил?..

Окончание этой речи мне неохота передавать; одно только скажу: у-у, до чего широк человек, уж на что я Пьецух Вячеслав Алексеевич, а и я бы сузил.

ГОРЬКИЙ ГОРЬКИЙ

Будучи четырех лет от роду, Алексей Максимович Пешков заболел холерой, заразил ею отца, который за ним ходил, и тот скончался в расцвете лет. Впоследствии дела нашего Буревестника складывались более или менее по этому образцу: сомнительно, чтобы он считал политику занятием наиважнейшим и, главное, продуктивным в положении литератора, а между тем воевал с царем и делал фронду большевикам; он всю жизнь опекал юные дарования и ввел в литературу немало бестолковых людей, которые литературу-то и начали затирать; разумеется, у него и в уме не было распространить сталинскую тиранию на область изящной словесности, однако из его сочинений заинтересованные лица слепили социалистический реализм, отрицавший — вплоть до применения мер физического воздействия — все прочие художественные школы, и нечаянно встал во главе Союза писателей, собственно говоря, наркомата литературы; несомненно, что он был человеком порядочным и самых гуманистических убеждений, но все-таки это не помешало ему воспевать строительство Беломор-канала и сочинять оды ОГПУ.

Почему Алексей Максимович смолоду участвовал в революционном движении, это вполне понятно, — в царствование последнего султана Московского и всея Руси, когда разложение государственного организма стало уже медицинским фактом, не было в стране сколько-нибудь радетельно настроенного интеллигента, который сочувствовал бы режиму, и делать ему афронт считалось так же обыкновенно, как выпивать рюмку-другую перед обедом или же знать иностранные языки. Другой вопрос, отчего Алексей Максимович все-таки непосредственно боролся с романовской диктатурой, за что неоднократно сиживал в тюрьмах и высылался то в Ялту, то в Арзамас, тогда как Толстой, Чехов, Бунин, Куприн отнюдь не входили ни в какие революционные организации и работали на светлое будущее исключительно средствами художественной литературы — вот это, действительно, интригует, что всякий глубокий писатель по своим политическим убеждениям — социалист-эволюционер, то есть существо понимающее, коль не умом, так кожей, что люди со временем, конечно, придут к идеальному общежитию, но все упирается не в соотношение базиса и надстройки, а именно в человека, который до обидного медленно прогрессирует из поколения в поколение, ибо этот человек способен на дикие выходки в условиях реального социализма и на ангельские дела в условиях самого дремучего самовластья, во всяком случае, до неузнаваемости извратить спасительную идею — это для него ничего не стоит. Оттого-то всякий глубокий писатель озабочен развитием человечного в человеке и настороженно относится к революционным теориям, особенно если те круто замешаны на крови. А тут тебе «Песня о Соколе», «Песня о Буревестнике», работа в эсдековских подпольных организациях, многие тысячи литературных рублей, пожертвованных на браунинги, путешествие в Америку для сбора средств в пользу социалистической революции и множество прочих деяний чисто политического порядка. Правда, в скором времени Горький расплевался с большевиками, а в восемнадцатом году в газете «Новая жизнь» опубликовал серию статей под общим названием «Несвоевременные мысли», в которых дал жестокую характеристику Владимиру Ильичу: «Ленин «вождь» и — русский барин, не чуждый некоторых душевных свойств этого ушедшего в небытие сословия, а потому он считает себя вправе проделать с русским народом жестокий опыт, заранее обреченный на неудачу... Эта неизбежная трагедия не смущает Ленина, раба догмы...»; русскому народу: «Са-

мый грешный и грязный народ на земле, бестолковый в
добре и зле, опоенный водкой, изуродованный цинизмом насилия, безобразно жестокий и, в то же время, непонятно добродушный, — в конце всего — это
талантливый народ»; заодно русскому простонародью
черносотенного толка: «...в конце концов, какую бы
чепуху ни пороли антисемиты, они не любят еврея
только за то, что он явно лучше, ловчее, трудоспособнее их»; и самому Великому Октябрю: «...революция — и вся жизнь — превращается в сухую, арифметическую задачу распределения материальных
благ, задачу, решение которой требует слепой жестокости, потоков крови...» — вот такой неожиданный
поворот произошел с Буревестником, личным другом
Владимира Ильича, правоверным эсдеком-большевиком, который в свое время сочинил следующую инструкцию демонстрантам: «Пускать в ход револьверы, кинжалы и собственные зубы, лишь бы произвести большой переполох среди полиции... — иначе
уличные демонстрации не имеют смысла». Что же
следует из этого поворота? А то из него следует, что,
во всяком случае, художнику хорошо было бы держаться в стороне от политических пертурбаций своей
эпохи, потому что нет в природе такого революционного или контрреволюционного учения, которое безусловно отвечало бы извечному, высшему чаянью человека, и ни одно из них вообще никак не соотносилось
с задачами и сутью художественного творчества, а
если и соотносилось, то как Менделеев с самогоноварением, иначе творец рискует попасть в неловкое
положение, в каком оказался Горький: начинал он
классическим социал-демократом, затем встал на
платформу большевиков, затем занялся богостроительством, затем превратился в либерального демократа, а кончил благодушным сталинистом, от души
воспевавшим так называемое социалистическое строительство, ни сном ни духом не угадав, что на самом
деле в «Союзе Советов» — Горький почему-то настойчиво называл наше пореволюционное отечество
«Союзом Советов», вряд ли имея в виду также и поселковые, — что на самом деле в стране идет строительство той же самой тюрьмы народов, только на
новый лад. Конечно, его политические метания мож-

но бы и развитием, поисками назвать, кабы он не
кончил благодушным сталинистом, от души воспевавшим так называемое социалистическое строительство; стоять бы ему всю жизнь на какой-нибудь не-
сложной художественной идее, вроде «Человек — это
звучит гордо», и он вошел бы в нашу литературу не
как горький путаник, а как беспочвенный гуманист.
Впрочем, тут, кажется, не вина Алексея Максимовича, но беда, ибо он по призванию был беспокойным
правдоискателем, нервным идеалистом, Солженицыным своего времени, только что чувствительным и не-
злым, то есть он сначала был протестант, а потом
художник.

Вообще значение писателя Горького сильно пре-
увеличено. Он начинал свою литературную деятельность как восторженно-грозный романтик с баллада-
ми в белых стихах и прозе, исполненными подростко-
вого пафоса, замешанными на аллегории, отдающей в
восемнадцатое столетие, построенными на материале
из жизни животных и босяков, частенько выходящи-
ми на простецкие сентенции, вроде «Рожденный пол-
зать летать не может». Даже его молодые рассказы
о странствиях по Руси, — мнится, лучшее из всего
горьковского наследия — суть отлично написанные
путевые очерки, и не более того, так же далекие от
прозы по существу, как статьи Чернышевского от
классической философии, если, разумеется, понимать
под художественной прозой не способ восхищенного
или возмущенного отражения действительности, а
средство воспроизведения действительности в преоб-
раженно-концентрированном ее виде, которое сродни
приготовлению каши из топора, причем преображен-
но-концентрированная действительность у глубокого
писателя всегда соотносится с действительностью, от-
раженной у ходока, как рай с санаторием, патологоа-
натом с мясником и, наоборот, бытовое воровство с
первоначальным накоплением капитала. Простак, не
чуждый поэтического понимания мира, например, напишет, что любовь — не вздохи на скамейке и не прогулки при луне, а у гения получится «зубная боль в
сердце». Или другой пример, позаимствованный у
Чехова: очеркист просто-напросто опишет филате-
листа, который решил собрать миллион почтовых ма-

рок и собрал-таки этот миллион, между тем жизнь
пролетела мимо; а у серьезного прозаика выйдет фи-
лателист, поставивший перед собой цель собрать
миллион почтовых марок, который собрал-таки этот
миллион, в один прекрасный день выстелил марками
пол своей комнаты, лег на них и застрелился из дам-
ского пистолета... Правда, впоследствии Горький понял, что принцип литературы гораздо мудреней принципа зеркального отражения, и продолжил свой путь
уже как сочинитель бытовых романов с классовой
подоплекой и нравоучительных пьес, точно специально рассчитанных на школьные хрестоматии, да в
том-то все и дело, что, кажется, это понимание не
выросло органически вместе с ним, а представляло
собой продукт благоприобретенный, почерпнутый из
книг, которые Буревестник поглощал в таком неимо-
верном количестве, что было бы даже странно, если
бы он не воспринял некоторые внутренние законы
высокой прозы. То-то он говаривал про себя: «Я —
профессиональный читатель, влюбленный в литературу» — то-то от его сочинений местами веет какой-то
арифметичностью, то-то они очевидно заданы, наце-
лены на определенный этический результат, который
частенько можно предугадать, то-то означенный результат достигается слишком технологично, без этого
блуждания и неожиданных взрывов мысли, характер-
ных для носителей искры Божьей, то-то легко сформулировать его пьесы и эпопеи... Одним словом,
сдается, что дарование Горького — во многом книж-
ное, вычитанное, поверенное рассудком и помножен-
ное на исключительную работоспособность, недаром
он был твердо уверен в том, что гений на 90% —
труд. О наработанности, так сказать, горьковского
таланта дополнительно свидетельствует еще то, что
он отличался весьма недалеким, по крайней мере, не-
ровным вкусом, иначе откуда бы взяться его «Весен-
ним мелодиям», где, по расшифровке биографа Груз-
дева, птицы рассуждают о свободе, и чиж поет това-
рищам случайно услышанную им «Песню о Буревестнике», откуда бы взяться всем этим «свинцовым мер-
зостям», «горячему туману взаимной вражды»,
«застывшему однообразию речей», «хаосу скользких,
жабьих слов», «звенящей меди романтизма», которые

одинаково трудно объяснить оголтелой начитанностью и незаконченным начальным образованием, но просто объяснить тем, что прилежный ремесленник-эпигон всегда себя выдаст, либо пририсовав девичьи глаза русскому богатырю, либо испортив композицию лишней кепкой, либо определив жанр своего труда как посильные размышления... Кончил же свой литературный путь Алексей Максимович совсем слабо — очерками самого газетного свойства, исполненными в стилистике райкомовского звена, где попадаются и «передовые единицы трудящихся масс» и «глупость — чаще всего результат классового насилия буржуазии», нуднейшим Климом Самгиным и сценическими откликами на политические процессы; так, на процесс «Промпартии» Алексей Максимович отозвался пьесой «Сомов и другие», где, по тому же Груздеву, действует «Троеруков, «учитель пения», вредитель морального порядка, Богомолов, старый инженер, мелкий взяточник, готовящий советской молодежи «столыпинские галстуки», Лидия, жена Сомова, которая потеряла связь с жизнью», и еще целый ряд механических персонажей.

Тем более удивительна его небывалая популярность, скоропалительная слава всероссийская, европейская, а после и мировая, свалившаяся на Алексея Максимовича бог весть по какой причине: и проходу то ему не давали в публичных местах, так что он даже покрикивал на поклонников, и впрягались в его экипаж финские почитатели, и Марк Твен говорил ему комплименты, и целыми экипажами ходили глазеть на него залетные моряки, и гения Бунина он затмил, и даже как бы поблек в сиянии горьковской славы гигант Толстой. На деле понять это общественное заблуждение не так трудно: вообще отечественный читатель частенько обманывался и сотворял себе кумиров из ничего, взять хотя бы поэта Надсона, по которому одно время сходила с ума Россия; во-вторых, Горький подкупил демократически настроенную публику своим босяцким происхождением, вернее, публика была приятно поражена — вот, дескать, министр Державин писал, камер-юнкер Пушкин писал, граф Толстой писал, а этот из хамов и тоже пишет; в-третьих, стране, уставшей от самовластья,

прежде всего приглянулся явно революционный уклон
горьковских сочинений, и тут уж русскому читателю
было не до художественных достоинств, а так он,
наверное, рассуждал: если против царя пишет, то,
стало быть, хорошо. О западном читателе речи нет,
ибо в начале века он за глаза верил в русскую культуру и в русский рубль.

Странная все-таки это фигура — Горький, все-то в
нем было несоразмерно: слава не по таланту, мини-
атюрная ступня и неслышная, вкрадчивая поступь с
носка на каблук не по значительному росту в 182 сантиметра, васильковые глаза не по чувашскому лицу,
английские сигареты с ментолом и «линкольн», который ему Сталин подарил, не по нижегородскому ока-
нью, людоедские лозунги, как-то: «Если враг не сдается, его уничтожают», не по редкой плаксивости —
ведь Алексей Максимович в преклонные лета чуть
что, сразу в слезы, с горя ли, с радости, но чаще от
умиления; а впрочем, в России над плаксивостью не
приходится издеваться, это у нас, должно быть, нормальное свойство психики, потому что радости кот
наплакал, а горя невпроворот...

Тем не менее горьковская слава, как говорится, факт, хотя и настораживающий не в пользу сред-
нестатистического интеллигента начала века, ибо
принципиальнейшее сочинение Алексея Максимовича — роман «Мать», который он написал еще будучи
молодым, вроде бы должен был автора совершенно
разоблачить. Вот если бы в наше строгое время нашелся остроумный и злой шутник, каковой не поле-
нился бы перестучать роман на машинке, обозначил
бы рукопись посторонней фамилией, а хоть бы он и
Пешковым подписался, прислал бы рукопись в какую-нибудь редакцию, и попала бы она к прилежно-
му рецензенту, но отчасти потерявшему ориентацию
во времени из-за вредной своей профессии, — этот
шутник, возможно, получил бы такой ответ:

«Уважаемый тов. Пешков!

Ваш роман «Мать» не лишен некоторых достоинств, например, он написан на животрепещущую тему и весьма грамотным языком. Вместе с тем рукописи свойственны значительные недостатки, которые

мешают нам принять Ваше произведение к публикации. Самый значительный из них заключается в том, что Ваш роман малохудожествен, что публицистический момент в нем преобладает над эстетическим. И даже Вы частенько сбиваетесь на газету, чему есть масса свидетельств в тексте, но я приведу только один пример: «— Так! — отвечал он твердо и крепко. И рассказывал ей о людях, которые, желая добра народу, сеяли в нем правду, а за это враги жизни ловили их, как зверей, и сажали в тюрьмы...» Не знаю, согласитесь ли Вы со мной, но тут налицо стилистика передовицы из какого-нибудь крайне левого, антикоммунистического издания, а никак не отрывок из художественной прозы. Кстати сказать, не совсем понятен какой-то жгучий Ваш интерес к диссидентским заговорам и интригам, к жестокому политиканству неглубоких людей, из тех, что в свое время поставили страну на грань экономической катастрофы, а теперь сеют хаос и втравливают народы в междоусобицу. Вот если бы Вы их раскритиковали в пух и прах, тогда да, а то Вы расписываете эту публику в довольно радужные тона. С другой стороны, не совсем понятно, почему в жизни рабочего человека Вы видите только дикие нравы, беспробудное пьянство, тяжелый, безрадостный труд и бедность, ведь есть и светлые стороны в жизни простого советского человека, зачем же настолько сгущать краски?

Однако следует отметить и некоторые частные удачи Вашего произведения, которые позволяют надеяться, что еще не все для Вас потеряно, например: Ваш герой Павел Власов только потому ушел в политическую борьбу, что его организм водки не принимал, — вот это находка, вот это жизненно и свежо!

Ну и напоследок кое-какие мелочи из области литературной техники, ремесла. Уж очень в Вас буйствуют соки молодости, и отсюда такие невозможно пышные обороты, как «десятки жирных, квадратных глаз» (это про обыкновенные фабричные окна-то), «фабрика выплевывала людей из своих каменных недр», «маслянистый воздух машин высосал из мускулов людей силу» — все это, извините, нетонко, вымученно, и вообще в таких случаях Пушкин сетовалде, почему не пишет просто — лошадь. Далее... Довольно никчемными и пустыми у Вас получаются диалоги; хотя диссиденты и злокачественная, неумная публика, все же сомнительно, чтобы нормальный человек кричал за чаем «Да здравствует рабочая Италия!»; многие персонажи у Вас выглядят какими-то моделями, до того они неживые...» — ну и так далее, в том же духе.

Самое интересное то, что несмотря на забавную нелепость такой рецензии, она бы ушла не так далеко от правды, ведь действительно «Мать» — вещь прямолинейная, скучная, какая-то заказная, подозрительно похожая на раскрашенную фотографию, и только такие угрюмые человеколюбцы, как профессионалы-большевики, которым чувство прекрасного было в принципе не дано, могли по наивности избрать ее своим литературно-политическим манифестом. И вот опять у Горького получилось не совсем то, к чему он стремился, сочиняя бедную свою «Мать»; он, видимо, полагал просто-напросто отобразить, каким образом и почему простолюдин уходит в революцию с головой, а вышло целое схоластическое учение, получившее странное название — «социалистический реализм», которым долгое время пытались подавить живую литературу.

Почему «социалистический» — это ясно, не ясно, почему, собственно, реализм. Если по Горькому, таковой заключается в «гордом и радостном пафосе», вытекающем из «фактов социалистического опыта», то мы, принимая в расчет горький опыт так называемого социалистического строительства, неизбежно приходим к мысли, что новое художественное направление было не чем иным, как строго избирательным романтизмом госкапиталистического периода, или, коротко говоря, «госкапиталистическим романтизмом», которому из чисто политических видов полагалось выдавать желаемое за действительное и по мере возможного вытеснять из культуры даже и кротко-демократическую словесность, отображающую жизнь во всей ее полноте. По сути дела, большевикам вовсе не нужна была художественная литература, а нужно было нечто похожее на нее, отнюдь не питательное, но радующее глаз, муляж, чучело, заспиртованная роза. Не исключено, что большевики искренне верили в возможность рожденья пролетарского искусства от энтузиазма трудящихся масс и лирической мечты Анатолия Васильевича Луначарского, хотя пролетарское искусство — категория настолько же несуразная, как и пролетарская медицина, но пока то да сё, они соглашались на художественные промыслы, обслуживающие тактические, причем именно тактические, задачи построения сугубо тоталитарного государства. И вот что особенно интересно: как же так вышло, что к злостному этому делу приложил руку человек безусловно мудрый и честный, писатель посвоему одаренный и понимавший надпартийную сущность литературы? и как это он стал посаженым отцом на бракосочетании русской словесности с государственным аппаратом, в результате которого родился Союз писателей СССР, дитя не по годам строгое и смурное? и зачем он лично развенчал Аполлона до положения мальчика на посылках при Иосифе I Всех Времен и Народов; а заодно и при малограмотных членах Политбюро?

Так надо полагать, что Алексей Максимович, равно как и многие миллионы непростых и простых людей, был очарован властью великопетровского образца. Ведь эта власть не только подняла в семнадцатом году российскую голь на демонтаж тысячелетней цивилизации, в восемнадцатом году прикончила гласность, а в двадцать втором выслала из страны цвет философии и физически уничтожила последнюю оппозиционную партию, но также сумела вдохновить наш народ на беззаветное строительство справедливейшего по идее общественного устройства, выстояла против нашествия двунадесяти языков, возвела в чин хозяина жизни простого работника, миллионы людей научила читать и писать — даром что, в частности, ради марксистского катехизиса и доносов — замесила могучую индустрию, но, может быть, главное, воспламенила людей той ненаглядной верой, что они суть именинники исторического процесса. Зная же особенность нашего национального характера, изреченную Пушкиным в следующих строках: «Ах, обмануть меня не трудно, / Я сам обманываться рад» — можно предположить, что Алексей Максимович охот-

но поддался тому очарованию силы, масштаба и но-
визны, перед которым не устояли многие гении и все
двести миллионов наших бабушек и дедушек, тем
более что в Западной Европе, поди, ему было скучно, а у нас то понос, то золотуха, то пятое, то деся-
тое, то врачи-убийцы, то электрификация всей страны. И даже до такой степени Горький спасовал перед
сталинской диктатурой, что чистосердечно воспринял
символ кремлевской веры и сам забубенный больше-
вистский вокабуляр. Десяти лет не прошло, как Алексей Максимович ругательски ругал Ленина за злост-
ные опыты над Россией, а уже он бичевал мягкоте-
лую интеллигенцию и ее «кочку зрения», восхищался
темпами сноса Иверской часовни, укорял в мещанст-
ве Канта, Толстого и Достоевского, самым искренним
образом изливался, что-де «настроение радости и
гордости вызвало у меня открытие Беломоро-Балтий-
ского канала... Не преувеличивая, мы имеем право
сказать, что десятки тысяч людей перевоспитаны.
Есть чему радоваться, не правда ли?.. Люди из ГПУ
умеют перестраивать людей». Затем он всерьез начал
пестовать пролетарскую литературу и за уши тащил
в нее сочинителей от станка, которых он науськивал
на «гордый и радостный пафос», вытекающий из
«фактов социалистического опыта, и те впоследствии
дали прикурить разным там Нобелевским лауреатам
из отщепенцев, и при этом еще сердился, что за двадцать лет господства соцреализма советская литература так и не дала образ женщины-администратора,
однако сам заходил в тупик, когда молодые прозаики, сбитые с толку диковинными эстетическими уста-
новками, тащили ему рассказы о том, как старики
негра усыновили, или как пожилой рабочий пошел
покупать диван, но в нем заговорила пролетарская
совесть, и он приобрел для своего завода мешок це-
мента; затем он принялся издавать казенную «Историю заводов и фабрик», затем попытался было рас-
патронить серьезную литературу от Дос-Пассоса до
Пильняка и, наконец, горячо отстаивал право на ненависть к тем несчастным, кого Сталин подставил в
качестве вредителей и убийц.

Откровенно говоря, претензии эти собраны с бору
по сосенке и Горькому не в укор; все мы, грешные

русские люди, подвержены очарованию сильной властью, и разве Пушкин не восторгался Николаем I Палкиным, разве Белинский не написал «Бородинскую годовщину», а Герцен не умилился реформам Александра II Освободителя, и разве сами мы, внуки и правнуки Великого Октября, попадись нам на глаза портрет усатого дядьки с лучистым взглядом, не думаем про себя, дескать, конечно, зверь был Иосиф Виссарионович, но родной; как говорил великий Френсис Бэкон, севший в тюрьму за взятки, — это не мое преступление, а преступление моего века. В сущности, Горький не был ни хитрецом, ни злодеем, ни ментором, впавшим в детство, а был он нормальный русский идеалист, склонный додумывать жизнь в радостном направлении, начиная с того момента, где она принимает нежелательные черты. Вот как бывают горькие пьяницы, нарочно затуманивающие око своей души, так и Горький был горьким художником, бурным общественным деятелем, беззаветно преданным отечественной культуре, заманчивым собеседником, верным товарищем, милым, добродушным, взбалмошным мужиком, то есть он был хороший человек, да только литературе-то от этого не холодно и не жарко.

НАГОРНАЯ ПРОПОВЕДЬ
И РОССИЯ

Я человек не религиозный. Я человек верующий, причем верующий довольно неясно и широко. Я, например, не в состоянии представить себе Создателя этаким вселенским судией, надзирающим за каждым моим поступком; Бог для меня есть скорее таинственное единство дыханий мира, из какового единства вытекают непреложные законы или, может быть, только правила бытия. К тому же в моем пантеоне еще и отечество, и светлое будущее, и могучий человеческий интеллект, то есть я, похоже, обыкновенная мятущаяся натура, слишком невольник логически настроенного ума, которому, впрочем, не чужд идеалистический, по крайней мере, возвышенный образ мыслей. Но божественное происхождение человека для меня очевидно, как дважды два. Да ведь этому имеются веские, даже неопровержимые доказательства, и среди них первое — собственно человек, явление надприродное, фантастическое, попросту сказать, чудо, если принять в расчет кое-какие метафизические его свойства, к примеру, совесть, которая не могла быть воспитана ни временем, ни опытом, ни трудом. Другое доказательство: мы все — христиане, независимо от того, веруем или нет, потому уже христиане, что с кровью предков и молоком матери переняли своего рода моральный код, в той или иной мере определяющий наши помыслы и дела. Коли облик горя человеческого вызывает в вас сострадание, коли вы способны любить ни за что ни про что, и рука у вас не поднимается ударить ближнего по лицу, коли вам симпатичнее несчастная боярыня Морозова, нежели маршал Жуков, коли вы не злопамятны и умеете непритворно прощать людей, то вы — прямой христианин, будь вы хоть дока в области научного атеизма, то есть хотите вы этого или нет. Ведь, собственно, верующий не тот, кто считает себя верующим и аккуратно бывает в церкви, верующий, иначе говоря, знающий Бога и претворяющий в жизни Его законы, — это нормальная психика, как минимум отвращающая от намеренного злодейства, не принимающая его, как желудок гвозди не принимает, а там хоть носите нательный крестик, хоть не носите, это и людям все равно, и Господу все равно. Да вот какая обидная незадача: мало того, что сумасшедших гораздо больше, чем принято полагать, и гораздо шире, чем принято полагать, диапазон душевных заболеваний, еще и психически нормальные люди такие путаники, сумасброды, что около 750 года от основания Рима бог Саваоф был вынужден послать на землю своего Сына, чтобы тот надоумил нас, что можно, чего нельзя. И вот в один прекрасный день, отдаленный от нас двумя примерно тысячелетиями, Иисус Христос, великий наш брат по всечеловеческому Отцу, бродивший в Галилейской земле, поднялся на гору, сел и сказал народу:

— Блаженны нищие духом, ибо их есть Царствие Небесное...

Этими загадочными словами открывается Нагорная проповедь Учителя нашего Иисуса Христа, в которой содержатся все неизменные правила бытия, в которой и путь, и спасение, и жизнь для того, кто ищет пути, спасения, чистой жизни, кто понимает, что он не просто машина по переработке калорийного вещества.

Если верить Нестору-летописцу, рассказавшему о путешествии Андрея Первозванного к докиевским берегам, учение Спасителя весьма скоро стало известно нашим далеким предкам, еще при жизни тех людей, которые сопутствовали Христу, но утвердилось почти тысячу лет спустя, когда первые Рюриковичи насильственно окрестили славянское население. Однако христианство как-то сразу впиталось в кровь, вполне овладело душой русского человека, и еще сам Владимир Креститель, недавний бражник, безобразник, братоубийца, державший несколько сот наложниц, говорил своим баронам, требовавшим казни бандитов с большой дороги, — дескать, боюсь греха. С одной стороны, это вовсе немудрено, что христианство воцарилось на Руси столь скоро и практически без борьбы, в то время как и в Римской империи и в Западной Европе на это потребовались столетия, поскольку немного найдется народов в мире, чей национальный характер до такой степени отвечал бы чаяниям Христа, но, с другой стороны, немного найдется стран, где так трудно, накладно, невыгодно быть христианином, как на нашей святой Руси; а впрочем, в том-то и волшебность жизнедеятельности по Христу, что где легко, там вдруг и трудно, а где трудно, там, глядь, легко. Ну действительно: где еще открывается столько возможностей пожертвовать, пострадать, помилосердствовать и простить, сколько открывается их у нас, если иметь в виду наше нескончаемое военное состояние, наших бесконечных иродов, каиаф? Где еще так скверно обстоит дело с сокровищами, из тех, что «ржа и моль истребляют, и воры подкарауливают и крадут», если иметь в виду исконную нашу бедность? где еще так легко получить по обеим щекам зараз, население так склонно жить по принципу «птиц небесных», и скопилась столь значительная популяция свиней, перед которыми не следует метать бисер, наконец, где еще отмечалось такое нашествие пророков, если иметь в виду русскую пословицу «Что ни мужик, то вера, что ни баба, то толк» и прямо-таки страсть к последнему слову немецкой мысли... И, между прочим, у нас до самого последнего времени называли «несчастными» уголовников, и всегда мы благодушествовали в первые дни вторжений, точно надеялись разойтись с неприятелем полюбовно, и Октябрьский переворот вышел, пожалуй, наиболее бескровным в истории революций.

Но вот что по-своему удивительно: тысячи лет русский народ исповедует христианство, а до сих пор мы существуем так, словно многие кардинальные пункты Нагорной проповеди для нас тайна, по крайней мере, свежая новость, ну, что ни слово Христово, то чистое откровение.

Откровение 1-е:

«Блаженны нищие духом, ибо их есть Царствие Небесное. Блаженны плачущие, ибо они утешатся. Блаженны кроткие, ибо они наследуют землю. Блаженны алчущие и жаждущие правды, ибо они насытятся... Вы — соль земли».

По мне, первые установки Нагорной проповеди суть
не так слова утешения для бедных, обиженных и го-
нимых, сколько иерархия ценностей, своего рода
ориентир. Вот у иудеев тот богоизбран, кто беспре-
кословно блюдет субботу и никогда не забывает, что
«око за око и зуб за зуб», протестанты спасаются
буржуазными, то есть, по-нашему говоря, мещан-
скими добродетелями, а по вредной российской жизни, которая сродни вредному производству, в сирот-
ской нашей земле, где и быт злокачественный, и
доктрины злокачественные, и злокачественны пища,
вода и воздух, где высшее достижение народной мысли заключено в пословице «Виноват волк, что корову съел, виновата и корова, что в лес забрела», — не
соль ли Русской земли, не кардинальная ли фигура,
именно нищий духом, то есть плачущий, кроткий,
алчущий и жаждущий истины, милостивый, чистый
сердцем, миротворец, изгнанный за правду, к кото-
му, собственно, и обращается Иисус Христос, любов-
но отличая страдальцев от сильных духом, от тех,
кто переселяет народы, поворачивает реки вспять, в
одночасье строит новые, безнадежные и бессмыслен-
ные миры. Скажем, американцам, две тысячи лет
спустя после великого заклания на кресте, решительно непонятно, что же это такое: «Проще верблюду
пролезть сквозь игольное ушко, нежели богатому
войти в Царствие Небесное», — а у нас понятно, потому что на Руси правдой не разбогатеешь, потому
что мы, конечно, вправе «собирать себе сокровища на
земле», но, во-первых, их у нас почему-то постоянно
«ржа и моль истребляют», во-вторых, последовательно «воры подкарауливают и крадут», в-третьих, государство испокон веков обирает до нитки, в-четвертых, даже тертые, умудренные жизнью люди стоят
на том, что не в деньгах счастье; в чем именно оно
состоит, это нам по-прежнему невдомек, но что не
в деньгах — уж это точно. А кто у нас популярней-
шие сказочные герои: Илья Муромец, сиднем проси-
девший на печи тридцать лет и три года, прежде чем
стать легендарным богатырем; солдат, умеющий ва-
рить кашу из топора; мастер Левша, подковавший
аглицкую блоху, а потом ненароком, то есть спьяну,
умерший в кутузке от переохлаждения организма;

братец Иванушка, невинная жертва чисто русского любопытства, который попил из копытца и козленочком стал, намекнув нам из былинного далека, дескать, и любопытство должно знать меру, и всяческую жажду следует умерять, к чему мы теперь задним умом пришли, через опыт социалистической революции. А кто у нас излюбленные литературные персонажи: отнюдь не Базаров, слишком уж деловито организованная личность, хотя Тургенев и заставил его погибнуть самоотверженно-нелепо, вполне по национальному образцу, и уж, понятно, не чернышевская Вера Павловна с ее социальными сновидениями, а смирный до ненормальности, возвышенный Идиот, юродивый из «Бориса Годунова», пронзительнейшая фигура в нашей словесности. Петруша Гринев, пострадавший решительно ни за что, чеховский злоумышленник, исполненный природного здравого смысла, который у нас всегда идет вразрез с государственной необходимостью, иначе говоря, всячески униженные и всячески оскорбленные. А то обратимся к родной истории: память народная стойко хранит невинно убиенных Бориса и Глеба, а об их погубителе Святополке Окаянном знают только специалисты, и не Антонов-Овсеенко нас трогает за живое, а небрежно расстрелянный Гумилев, также о террористе Каляеве лишь то и известно, что есть улица его имени, и вот нас умиляют жены декабристов, но никак не волнуют жены большевиков.

Из этого, разумеется, не следует, что выгоднее, насущнее, богоугодней быть бедным и больным, нежели богатым и здоровым, это уж как жизнь сложится, равно и не следует, что мы принципиально не одобряем состоятельных людей, пышащих здоровьем и не вдающихся в высокую философию, хотя ревностного отношения к чужому легкомыслию, благополучию и достатку не изымешь из свода народных черт, а все дело в том, что такова иерархия наших ценностей, такими уж мы, русские, уродились, жалостливыми, смиренными, взыскующими отвлеченных истин, во всяком случае, не видящими ничего худого в положении униженного и оскорбленного, уж больно это у нас привычно, обыкновенно, и даже умеющими извлекать из такового положения странного вида радость, которая частенько воспаряет до чувства избранности, до гордыни. К тому же мы заражены вирусом справедливости, уравнительным, что ли, зудом, так что Октябрьская революция, ставившая своей целью незамедлительное строительство Царствия Божия на земле, с той только поправкой на апостола Павла, что «Не трудящийся да не яст», могла победить в России, в одной России и нигде, кроме России, поскольку она всегда понимала христианское вероучение как руководство к действию, а не как факультативную дисциплину. При этом возникает одно еретическое соображение: знаете ли, удивительно, что в жилах Иисуса Христа циркулировала еврейская кровь, все-таки заряженная практическим интересом, а не забубенная русская кровушка, цена которой две копейки за баррель, которая, вопреки мнению наших медиков, наполовину состоит из желчи, слез, жидкой лени и малинового сиропа. Плох ли, хорош ли этот анализ крови, но он во многом определяет наши особые отношения с Сыном Божьим, что же до отвратительных черт русского человека, то тут единственно на милость Господню приходится уповать, на снисхождение к той реалии, что вот как история с географией привили еврейскому народу поразительную живучесть, так эта самая история с географией воспитала в нас отвратительные черты; правда, это очевидное заблуждение, будто мы народ нахрапистый и отчаянные вояки, на самом деле нас бил каждый кому не лень, от половцев до японцев, а если мы вчистую и перебарывали противника, то не иначе как в последнюю, Великую Отечественную войну, отдав десяток российских воинов за одного немца и три четверти исконной территории на разор; нелюбовными же, даже злыми, даже жестокими до зверинства мы бываем преимущественно оттого, что жизнь наша жестоко неустроена, тяжела, и, поди, какие-нибудь андоррцы давно перерезали бы друг друга, так что и самого имени бы андоррского не осталось, устрой им хоть на пару лет российскую свистопляску, а мы как-то существуем в таких условиях, и вроде бы живы, и вроде бы ничего.

Другой вопрос — чем же именно блаженны эти самые нищие духом, кроткие, алчущие и жаждущие, горько обиженные историей с географией, политической экономией, учением о диктатуре пролетариата, в каком смысле они утешатся, насытятся, помилованы будут, ведь вроде бы тут налицо наказание, а не благо? Первое, что приходит на мысль: да просто христианское учение изначально и конечно обращено к страдальцам в силу человеческого и социального неустройства, только они суть дети Господни, на которых распространяется любовь и всяческая опека, чем они, собственно, и блаженны, а до благополучного меньшинства Богу, наверное, нет никакого дела, хотя бы по той причине, что полное благосостояние отрицает человечное в человеке, ибо нельзя быть совершенно счастливым, покуда вершится зло и многое непонятно, так что и они для Бога не существуют, и для них Бога нет, ни материально, ни идеально, как если бы Его не было вообще. Второе, что приходит на мысль: в частности, христианство есть путь превращения человека по форме в человека по существу, а благополучие консервативно в отличие от страдания, каковое братолюбиво, продуктивно, полезно, как рыбий жир, который хотя и гадость, а способствует укреплению организма, да и сказано у Сенеки: «Благ процветания следует желать, благами же бедствий следует восхищаться»; кроме того, замечено — кто знает, почем фунт лиха, ближнему его и грана не пожелает, если он, конечно, не душевнобольной, вообще горе да беда — знаменитые воспитатели человечества, о чем спросите хоть у ленинградских блокадников, так ли это, а смятение духа, вызванное состраданием всемирному нестроению, особенно коли сам ты благополучен, — первый признак утонченного существа. Правда, Короленко утверждал, будто человек рожден для счастья, как птица для полета, но что-то сомнителен этот лозунг; не на тяжкие ли испытания он рожден, как сказано у Екклезиаста, чтобы, точно искра, сгорая, устремляться в небо, не для того ли он рожден, чтобы познать жизнь во всей ее полноте, все претерпеть, все преодолеть и дослужиться до чина действительного, полного человека. Это, наверное, и есть счастье, только едва ли то, которое Короленко имел в виду, ведь и вор по-своему счастлив, потому что у него захватывающая жизнь, но истинно счастлив тот, кто прожил жизнь органично ее сути, кто в полной мере разделил тяготы человечества и своего собственного народа, между тем физически наша жизнь покуда в лучшем случае суета сует, а в худшем — сплошное горе. Так разве мы в итоге не утешимся, не насытимся, если примем от жизни все, и тяжкое и благое, если, несмотря ни на что, пройдем завещанный путь от соображающей особи до собственно человека, которому открываются неизмеримые возможности духовного наслаждения и даже новые, сокровенные радости плотского бытия... Словом, горе — покуда норма.

И последнее, что приходит на ум: если в нас есть хоть на чайную ложку вероспособности и мы веруем в то, что суть и цель существования по Христу есть постепенное, посильное освобождение от зверинства, то именно нищие, плачущие, кроткие, алчущие и жаждущие — соль земли, потому что именно их страданиями совершается искупление, это самое освобождение от зверинства, именно через их горе-злосчастье человечество приближается духом к Отцу Небесному. Конечно, болезненная это операция, да что же делать, занозу из пальца вытащить — и то больно.

Откровение 2-е:

«Не думайте, что Я пришел нарушить закон или пророков: не нарушить пришел Я, но исполнить».

Эту оговорку Христос потому сделал в Нагорной проповеди, что учение его сильно разнится с законом, данным Моисеем через откровение Божие в стародавние, ветхозаветные времена. По убогости нашей обо многом мы можем только догадываться, но, кажется, Учитель этим хотел сказать, что он отнюдь не перечеркивает Скрижали, а развивает вероучение сообразно новым возможностям человека.

Ведь как человек родился? Не труд его выпестовал, потому что и бобер трудится, не материальные и социальные потребности стада развили его до степени хомо сапиенс, потому что и слоны существуют стадно, а не исключено, что он так родился: Господь

Бог — он же Высшая Сила, плюс природа, плюс диалектический материализм, плюс таблица Менделеева и так далее — избрал в кругу земной фауны существо, наиболее способное к поступательному развитию, может быть, бесконечному, и, сделав малую подвижку в его возможностях, обрек это существо на приобретение разума и души, в единстве которых загодя были запрограммированы самосознание, слезы радости, высокие порывы и многие привязанности, каковые представляются весьма странными с точки зрения целесообразности и инстинкта. Возьмем хотя бы любовь к отчизне; ведь в нашем случае это любовь иррациональная, ибо она незаслуженная, безотчетная, почти всеобщая и слепая; ведь наша любовь к России прежде всего любовь безответная — мы ее обожаем, как мать, жену и последнюю любовницу вместе взятых, а она нас, похоже, терпеть не может: кормит абы как, заставляет трудиться за здорово живешь, спаивает, гноит в лагерях за неосторожно высказанное словцо, считает по десять душ за одного иноземного гренадера, вообще помыкает нами, точно завоевательница, а не мать. Да такую родину дóлжно страшиться и ненавидеть, и, поди, россияне давно бы с ней расплевались, будь они рациональные чада производительного труда.

И вот когда Создатель вдохнул в человека душу, наш прапращур еще был до такой степени дик, так он вдруг, по историческим меркам в одночасье выделился из фауны, что это даже сверхъестественно, как он к ней немедленно обратно не приобщился. Видимо, на первых порах, когда еще и соблазнов было мало, и людей было мало, и они не нуждались ни в какой организации, за исключением родовой, им было вполне достаточно той меры духовности и того нравственного заряда, которые они получили с дыханием Отца всего сущего на земле; животным ведь достаточно простого инстинкта для самоорганизации, для устроения более или менее упорядоченного бытия, отразившегося в нашей пословице «Ворон ворону глаза не выклюет», — так на первых порах было и у людей, только на пару порядков выше. Однако с течением времени человечество подросло и вышло за рамки саморегулируемой первоначальности, до того

18 Вячеслав Пьецух

человечество доразвивалось, что жалкое его знание вступило в противоречие с самой идеей человека как высшего и вечного существа — об этом иносказательно повествует предание об изгнании из рая Адама с Евой — и тогда-то Бог устами пророка Моисея сообщил людям новое значение, собственно говоря, всеобъемлющую конституцию, отвечающую иным условиям жизни и несусветно расширившимся возможностям его чад; отсюда «Не убий», «Не укра́ди», «Почитай отца своего и мать свою», а также «Око за око и зуб за зуб». Однако со временем и установления Моисея стали тесны буйно растущему человеку, и вот на излете античности, когда уже вовсю работала духовная мысль, когда многие из людей были подготовлены к восприятию высших гуманистических идеалов силами Платона, Аристотеля, Диогена, Проперция и многия иже с ними, — пришел Иисус Христос.

Не исключено, что через пару тысячелетий Бог опять воплотится в каком-то смертно-бессмертном сыне, чтобы углубить и расширить наше понимание своей миссии, ведь недаром же обещано еще одно пришествие, Страшный суд... Конечно, исчерпывающую нравственную установку нам можно было бы дать и сразу, да разве археоптерикса натаскаешь парить орлом, разве попугая выучишь арифметике, только самообличению «Попка дурак», и сколько же должно миновать столетий, прежде чем наш попугай поймет, что это самообличение незаслуженно и обидно.

Откровение 3-е:

«Итак, кто нарушит одну из заповедей сих малейших и научит так людей, тот малейшим наречется в Царствии Небесном; а кто сотворит и научит, тот великим наречется в Царствии Небесном».

Тут Христос говорит напрямую, без обиняков, что за неправедные дела всем нам предстоит таинственная расплата.

Таинственная, собственно, вот по какой причине: мы кое-что знаем о жизни и ничего о смерти, поэто-

му, что такое «малейшим наречется» и «великим наречется» у Бога — это даже при наличии самого
дерзкого воображения нам не дано понять; в рай и
в ад, какими их представляли наши прабабушки, что-
то не верится, по совести говоря, но в темное наше
время, когда колдуны с телеэкранов пользуют тысячи заикающихся и плешивых, когда астрологи с
хиромантами стали такими же властителями наших
дум, какими в прошлом столетии были Чернышевский и Добролюбов, женщины там и сям вступают в
интимную связь с инопланетянами, а милиция серьезно занимается привидениями, — иной раз подумаешь: а почему бы и нет?.. Ну, положим, не геенна ог-
ненная ждет нас в отместку за несчетные наши преступления и проступки, но полная, скажем, смерть, либо, как у Достоевского, навсегда маленькая серенькая
клетушка, полная тараканов, либо что-нибудь еще бесконечно гнусное — это вполне возможно. В том же
случае, если мы более или менее пристойно, челове-
колюбиво прожили свое время, то нам предстоит какое-то новое, отвлеченное бытие, а то и воссоединение
с мировой душой, о котором помышлял чеховский
Треплев в «Чайке», или полная смерть — и это вполне возможно, то есть почему бы и нет, подумаешь
иной раз. А в другой раз подумаешь: господи, до чего же покойно жилось в прежнюю, глубоко атеисти-
ческую эпоху, когда было ясно как божий день, что
нет никакой души, что за преступления у нас отвечают только по народному суду, случайно и дураки,
что религия — опиум для народа, что жизнь дается
однажды и прожить ее надо так, чтобы не было
больно за бесцельно прожитые годы, что бог сидит
в Кремле и его даже можно увидеть два раза в году — 1 Мая и в годовщину Великого Октября. Иное
дело теперь: уж если в нашем отечестве, оказывается,
все может быть, вплоть до референдумов и автомат-
ной стрельбы среди бела дня, то загробная жизнь
представляется не такой уж и фантастичной.

Но почему-то настойчивее всего донимает следующая идея: поскольку и в земной жизни все мы суть
граждане Царствия Небесного, но только как бы в
эмбриональном виде, может быть, мы и в этой жизни, то есть даже в первую очередь на земле, полу-

18*

чаем по заслугам за наши благодеяния и проступки? Бог скорее всего никого не наказывает, это было бы слишком мелко для Начала всех начал и Причины всех причин, Он либо хранит через доверенные законы, самого, может быть, физического замеса, либо оставляет на произвол судьбы, как оставляет без попечения отец бессмысленное свое чадо, говоря: «Живи, сукин сын, как знаешь», и тут уж и человек, и народ, и целое государство поступают в распоряжение слепого случая или, лучше сказать, грубого материалистического подзакона, и с ними может произойти все что угодно, от автомобильной катастрофы до вражеского нашествия. По крайней мере, тогда понятно, почему плохо кончили Нерон и Наполеон, отчего Сталин был несчастнейшим человеком, бесконечно мучимым манией преследования, одиночеством и семейством, да только по-прежнему непонятно, отчего Ивана Денисовича-то Бог оставил? за что он, бедолага, горе мыкал по лагерям? — а за то, надо полагать, что нет такого общенародного преступления, к которому каждый из нас руку не приложил: и «красным террором» мы себя запятнали, и коллективизацией, и тридцать седьмым годом, и пятилеткой качества, а в первую очередь мы тем опростоволосились, что накачали себе на шею три поколения злых долдонов, которые мешали нам трудиться и процветать, и, если, не приведи господи, завтра у нас грянет всеобщий голод, то и это нам по заслугам, — кто не работает, тот не ест.

Но, с другой стороны, успокаивает та догадка, что, может быть, вся наша Россия назовется великой в Царствии Небесном уже за то, что она страдалица без примера, сплошь населенная нищими, плачущими, кроткими и так далее, что все мы, отъявленно русские люди, за исключением недорослей и придурков, живущих физиологическим интересом, суть те же столпники, молчальники, веригоносцы, отшельники от цивилизованности, праведники исторически, поневоле, а нашим русским святителям сама Богородица являлась — чего уж больше.

Откровение 4-е:

«Вы слышали, что сказано древними:
не убий, кто же убьет, подлежит суду.
А Я говорю вам, что и всякий,
гневающийся на брата своего, подлежит
суду...»

Хочется верить, что прямоходящие существа, способные на убийство себе подобных, так же редки среди людей, как и гермафродиты, хотя история войн вроде бы доказывает обратное. Но ведь войны, какие они ни будь, что так называемые справедливые, что захватнические, — это всеобщее временное помешательство, массовое осатанение, повальное отречение от Бога и Его морали, спасительной во всех случаях, так что институт войсковых священников есть, конечно, прямое оскорбление христианства. Одним словом, лях с ними, с войнами, они не по теме, ибо в те поры, когда народы воюют, на радость агностикам Бога нет, ну разве что со временем мы перешагнем через войны, как сравнительно недавно перешагнули через каннибализм. Все равно незамутненному разуму очевидно: психически нормальный человек не способен на убийство себе подобного, как он, например, не способен ходить на манер мухи по потолку. Причем эта величественная неспособность дана нам непосредственно Богом, она рождается вместе с нами, она закодирована в нас наравне с инстинктом самосохранения. Посмотрите на бессмысленного младенца: он может отобрать игрушку у товарища своих игр, ударить и укусить, но в горло зубами он не вцепится никогда; дети до определенного возраста, до тех пор пока их слабое сознание не начинает определять жестокое бытие, во многих случаях стирающее в душе Бога, даже не способны ударить товарища по лицу, настолько в них сильно Божественное начало. Стало быть, убийца есть аномалия, жертва глубокого психического нездоровья, и общество, как от опасных сумасшедших, обязано себя от таких особей ограждать.

Итак, исполнить заповедь «Не убий», переданную людям еще через Моисея, для нормального человека вовсе немудрено, да вот полторы тысячи лет спустя пришел Христос и сказал: не то что не убий, а и гне-

ваться на ближнего не моги. Это, понятно, уже непросто, хотя выгода от незлобливости налицо, ибо
дальше сказано у Христа: «Мирись с соперником
твоим скорее, пока ты еще на пути с ним, чтобы со-
перник не отдал тебя судье, а судья не отдал бы тебя слуге и не ввергли тебя в темницу» — потому непросто, что и сами мы сплошь и рядом публика
вспыльчивая, и ближние наши то и дело, как говорится, нарываются на скандал. Вольно голландцам
целыми днями говорить друг другу деликатности и
вежливо улыбаться, когда им молоко на дом приносят, а по нашей зловредной жизни легкое ли дело не
гневаться на пьяных, дорожников, дворников, кассиров, вахтеров, политиков, таксистов, спекулянтов, сантехников, почтальонов, официантов и всяческое начальство? Ох, как трудно на них не гневаться, на
обирающих нас и помыкающих нами, на ленивых и
бестолковых, разве что можно попробовать как-то
все время держать себя начеку, то есть все время помнить, что злые обидчики, досаждающие нам на
каждом шагу, люди прежде всего несчастные, не понимающие своей должности на земле, что задолго до
того, как мы научаемся говорить, мы научаемся улыбаться, и второй наш чисто человеческий навык есть
поцелуй, что в ранние годы мы живем преимущественно нежностью и любовью — к матери, к стар-
шей сестре и котенку, к дереву за окном, что, по
крайней мере, снисходительность и терпимость гораздо органичнее человеку, чем чувство протеста
против несправедливости, что строптивая личность —
это от свободы, чтобы ей пусто было, а горние наши
качества от Отца.

Кстати, о свободе... Вот мы, грешные люди, постоянно жалуемся на то, что узко ограничена наша
воля, то ли природными возможностями, то ли внеш-
ними обстоятельствами, то ли в законодательном порядке, а между тем мы свободны абсолютно и даже
слишком, до такой вредной степени, что можем вы-
бирать между Богом и слепым случаем, между
жизнью и смертью, добром и злом, свободой и несво-
бодой, так что донельзя был прав Достоевский, ска-
зав устами Дмитрия Карамазова: «Нет, широк,
слишком даже широк человек, я бы сузил». Но тут

уж ничего не поделаешь, ибо по любви к величайшему из своих творений Бог наделил нас прежде всего свободой, свойственной только Ему и нам, и тем самым загодя, так сказать, авансом, приблизил человечество до себя. Нам бы хоть быт свой благоустроить, воспользовавшись незаслуженным этим даром, поскольку мы вольны организовать свою жизнь как только взбредет на ум, выбрать себе место жительства, угодное занятие, незлую жену, ближайшее окружение — да ведь лень... Да еще человек-то, по словам того же Достоевского, «двуногое существо и неблагодарное», которое способно самым превратным образом использовать дар свободы и, следовательно, несчастье, несправедливость, всякое нестроение имеют место в жизни вовсе не потому, что Бога нет, а потому, что есть немало таких людей, у кого Бога нет, да еще Он пребывает-то с нами через основную свою ипостась — вольного, всемогущего человека.

В сущности, самым свободным актом, истинно приближающим нас к Отцу, был бы отказ от свободы действий, принятие добровольного ярма терпимости и любви, но, боюсь, на такой грациозный выбор среднестатистический человек будет способен еще не скоро. Покуда живем по пословице: «Вольному воля, спасенному рай», то есть не живем, а, можно сказать, болеем.

Откровение 5-е:

«Вы слышали, что сказано древними: не прелюбодействуй. А Я говорю вам, что всякий, кто смотрит на женщину с вожделением, уже прелюбодействовал с нею в сердце своем».

В этом пункте мы, что называется, — пас, поскольку тут Божественное вступает в трудно преодолимое противоречие с биологией. Ведь что бы ни выдумывали бесполые моралисты, известного рода энергии в мужчинах заложено гораздо больше необходимого, достаточного для продолжения рода, и это не зря, потому что на нас лежит военное бремя, да и по мирной поре мы, как правило, уходим раньше своих подруг, вообще русский человек имеет дурную манеру гибнуть в расцвете сил. С другой стороны, нужно принять в расчет, что нет в жизни большего наслаждения, чем то, которое дарит прекрасный пол. Наконец, для мужчины «отметиться» значит еще и выразить бессознательный протест против конечности бытия. А впрочем, может быть, тут нам от Христа предостережение, не запрет: дескать, по возможности держите, ребята, себя в руках, потому что кругом соблазны, а через них жизнь полнится болезнями, драмами, всякой смутой. Да вот только любой здоровый русак скажет на это: «Тепло любить, так и дым терпеть» — и нечего возразить.

Однако не исключено, что в далеком будущем человечество придет к действительной моногамии, снимающей многие изнурительные проблемы, ведь мы только две тысячи лет внимаем Христу, ведь христианство навырост скроено, и это сейчас оно — вопрос веры, а потом — оптимальный способ существования, а потом — единственно возможный способ существования — как дышать. Видимо, у Создателя был неширокий выбор: либо сотворить человека развивающимся, медленно прогрессирующим до возможной степени совершенства, либо не сотворить, потому что, наверное, и у Бога ничто не берется из ничего, но нуклеиновая кислота из слова, вирус из нуклеиновой кислоты, флора из вируса, фауна из флоры, а там уже и до кроманьонского человека недалеко.

Как бы там ни было, следовать Иисусу Христу в части воздержания от известных соблазнов русскому человеку особенно тяжело; в иных некоторых землях, где с красавицами пожиже, не сложно остаться полным христианином в любовном пункте, а у нас ведь каждая вторая — форменная царица, да еще она, сестра наша бесценная, так воспитана русской жизнью, что накормит-напоит, спать положит и потом еще пятачок выделит на метро.

«Еще слышали вы, что сказано древними:
Откровение 6-е:

не преступай клятвы, но исполняй
пред Господом клятвы твои. А Я говорю

> вам: не клянись вовсе... Но да будет слово
> ваше: да, да; нет, нет; а что сверх этого,
> то от лукавого».

И действительно, что стоят беспечные наши клятвы,
если мы подчас физически не в состоянии их исполнить, если сами объекты клятв тускнеют либо вообще испаряются без следа? Вспомним наше первое,
«торжественное обещание»: «...жить, учиться и бороться, как завещал великий Ленин, как учит Коммунистическая партия» — ну что теперь с этим делать, когда по кротости ума или же простой лено-
сти ты и школу-то кончил с грехом пополам, коли
оказывается, что жить Ульянов-Ленин совсем никак
не завещал, бороться — прежде всего означает ненавидеть, кого укажут, и деятельно поддерживать
узкую группу необразованных, недалеких функцио-
неров, последовательно заводящих страну в тупик,
и Коммунистическая партия давно ничему не учит,
а все только прикидывает, как бы ей уцелеть... Так
что торжественно обещавшим на одно теперь приходится уповать: может быть, простится нам пламен-
ная эта клятва, и по детскому недомыслию, и по ду-
рости взрослых опекунов, и еще потому, что мало
кто из нас тогда покривил душой, обещая быть преданным общественным идеалам, ибо мы свято верили в то, что нам выпало несказанное счастье родиться в самой справедливой стране на свете, что
«Россия — родина слонов», что кругом нас враги,
которые только и думают, как бы подкузьмить,
и что со дня на день следует ожидать пришествия
коммунизма. Да и то сказать: за годы... вот даже и
не скажешь, чего именно, ну, пускай будет по-прежнему — социалистического строительства, — мы об-
росли не одними несмываемыми грехами, жизнь
еще и усугубила в нас традиционный русский идеализм, доведя его до градуса практического, дея-
тельного романтизма, мы выросли людьми, совершенно не ориентирующимися в материальных цен-
ностях бытия, способными воспламеняться и даже
существовать самыми отвлеченными идеалами; да и
не могли мы другими вырасти, потому что семьдесят
лет и три года непосредственно строили рай земной, как наши легендарные прародители строили

свою Вавилонскую башню, чтобы проникнуть на небеса, даром что в обоих случаях это была затея утешительная, но зряшная, и так идея земного рая въелась в блаженную нашу кровь, что у нас уже невозможна кардинальная капитализация экономики, и сегодня как раз те беспочвенные мечтатели, какими в начале века были большевики, кто ратует за дикий, первобытный капитализм. Так что не напрасно мы семьдесят лет и три года созидали из воздуха бриллиантово-яхонтовую мечту и через это пострадали за всю земную цивилизацию, как за весь род людской пострадал Христос, ибо должен же был кто-то доказать холодным немецким профессорам, что налаживать коммунистические отношения в XX столетии не ко времени и невместно, ибо должен же существовать на земле хоть один народ, который с ненормальным упорством ставит духовное впереди технического прогресса.

Стало быть, скорее всего нам сойдет с рук «Торжественное обещание юного пионера», как и прочие нелепые наши клятвы, потому что, предлагая не клясться вовсе, Христос, кажется, намекает на бесконечную снисходительность, милость Божью к нашим общественно-политическим заблуждениям и грехам, ведь знает же Он, что за овощ русский блажной характер и в каких условиях мы живем... Ведь, сдается, известно же Отцу нашему, что слаб и взбалмошен человек, причем слаб общественно необходимо, то есть богоугодно, да еще чем он культурнее, тем слабее.

Откровение 7-е:

«Вы слышали, что сказано: око за око и зуб за зуб. А Я говорю вам: не противься злому. Но кто ударит тебя в правую щеку твою, обрати к нему и другую...»

Эти слова Христа испокон веков понимались людом как завет смирения перед лицом праведного и неправедного насилия, включая подоходный налог и всевластие капитала, всеобщую воинскую повинность и неограниченную монархию, полицейский произвол

и вражеское нашествие, за что, кстати сказать, на
христианство и ополчились два последних поколения
русских революционеров; тем не менее после того,
как большевики отменили Бога, функцию этой заповеди взяли на себя, не считая инстинкта самосохранения, ОГПУ и так называемый «треугольник».

Между тем заповедь непротивления злу не со-
блюдалась, в сущности, никем и, в сущности, никогда, начиная с апостола Симона-Петра, который при
аресте Учителя отрубил ухо какому-то первосвящен-
ницкому рабу. Да и сама христианская Церковь, как
всем известно, сроду не подставляла обидчикам свои
щеки, а даже напротив, жестоко расправлялась с
еретиками, подвергала гонениям гордо мыслящих
одиночек, вдохновляла ничем не спровоцированные
походы; и христианнейшие вроде бы государи «за
сена клок» ввергали свои народы в кровопролитие,
и сами святители русской Церкви часто оказывались
в отступниках, с точки зрения непротивленческой заповеди Христа, например, патриарх Тихон, отлично
знавший, что несть власти, кроме как от Бога, сочинял прокламации против большевиков. Словом,
человечество откровенно презрело завет Христа «не
противься злому», который Лев Толстой считал фун-
даментальной и высшей истиной христианства, точно его и не было никогда, — и вот спрашивается:
а, собственно, почему? Потому ли, что Христос пренебрег зверинским нашим началом и потребовал невозможного? потому ли, что мы все же гораздо хуже, чем о нас мыслят на небесах, как это вообще
частенько бывает между родителями и детьми? потому ли, что мы Христа не так поняли — и это тоже
вполне возможно.

Даже скорее всего, что мы не так поняли непротивленческую заповедь Иисуса Христа, иначе получается глас вопиющего в пустыне, иначе получается
непреодолимая бездна между Богом и человеком,
иначе получается, что Спаситель впустую принял
крестные свои муки, а это не может быть, «потому
что этого не может быть никогда». И еще потому
этого быть не может, что культурному человеку не-
вероятно трудно ударить кого бы то ни было по лицу, легче подставить другую щеку, и его нужно до-

вести до ослепления, до ярости бабуина, короче говоря, до нечеловеческого состояния, чтобы он поднял руку на ближнего своего. Во всяком случае, непротивление злому вполне в русском народном характере: не мы ли от века так покорны своей судьбе, начальству, превратностям политического характера, что *противленец* Рылеев восклицал за полчаса до выхода на Сенатскую площадь: «Ах, как славно мы погибнем!», что Октябрьскую революцию безропотно приняло большинство хозяев и прислужников капитала, что в пору репрессий середины тридцатых годов, кажется, один Гай отстреливался при аресте — и эта патриотическая или, напротив, непатриотическая наметка тем оказывается рельефней, что, положим, горячему французу слова поперечного не скажи, он, чуть что, за ружье и на баррикады, хотя, с другой стороны, заметим для справедливости, именно Запад выдумал парламентскую республику, в сущности, христианнейший политический институт, позволяющий бескровно решать многие государственные проблемы.

Так как же нам понимать Христа, заповедовавшего подставлять и левую щеку ударившему по правой, не особенно удаляясь от жестоких реалий нашего бытия? Может быть, так следует понимать: когда мы распаляемся на обидчика, это, как ни крутите, в нас животное говорит, и если ты человек, то есть если ты в состоянии не ответить гадостью на гадость, — не отвечай; смирившись с заслуженной или незаслуженной оплеухой, ты только уменьшаешь количество зла, живущего на земле, а домашнее животное в образе человеческом не способно тебя унизить и оскорбить, как тебя не способна унизить и оскорбить птичка, наделавшая на шляпу, ибо за тобой огромное нравственное, чуть ли даже не физическое превосходство, ты истинно сын Божий, высшее существо; в счастливых случаях непротивление злому может иметь педагогическое значение, поскольку зло подвержено воспитанию неподобным, и если насилие множит насилие, то смирение перед ним частенько сбивает с толку, смущает, расстраивает иерархию ценностей, которую исповедует особь сильная и тупая. Одним словом, не противиться злому на уровне личности — не такая уж и нагрузка, это мы, как говорится, в состоянии потянуть.

Иное дело — общественный уровень, политические высоты. Если тебя обобрал грабитель, то это можно еще спустить, черт с ним, пускай подавится, все равно часто ворованное не впрок, что и доказывает статистика раскрываемости преступлений, все равно психически нормальному человеку тяжелее избить грабителя, чем проститься с кровным своим добром, но ведь он, собака такая, и впредь станет грабить, насиловать, убивать, и в этом смысле не противиться злому означает ему потворствовать, даже по-своему вдохновлять человекоподобных на новые преступления... Или вот вам, пожалуйста: войны, нашествия, тиранические режимы — тут-то как быть, чем спасаться, каким манером соблюсти непротивленческую заповедь Христа и одновременно остаться живу? Толстой вон призывал не оказывать сопротивления даже кровожадным зулусам, если они вторгнутся в Тульскую губернию, — но это, конечно, слишком, потому что за твоею спиной дом, мать, жена, дети, любовницы — ну как их не защитить?! Так побоку, что ли, на этом уровне смирительное слово Иисуса Христа? Выходит, что да, то есть покуда человечеством руководят тщеславные идиоты, покуда даже незлые люди противоборствуют меж собой по принципу «если не ты убьешь, то тебя убьют», покуда жизнь и смерть миллионов людей зависят от одного-единственного желчного пузыря, одним словом, до тех пор, пока общественно-политическая организация человечества напоминает большой сумасшедший дом, нам не указ Иисус Христос; смириться с этой данностью тяжело, однако необходимо, поскольку политика — рудимент, едва ли не последний пережиток архаической эпохи в истории человечества, когда клык и коготь решали все.

Ни богу-Отцу, ни богу-Сыну не поставишь в укор это печальное нестроение, ибо Отец сотворил нас свободными, а Сын... а Сын, между прочим, говоря «не противься злому», обращается не к массам, не к политикам, не к военным, но исключительно к личности одухотворенной и развитой, каковую он предвкушает в каждом, полагая, что две тысячи лет —

это, как вы хотите, срок. Разумеется, еще не одна тысяча лет потребуется для того, чтобы возобладали люди Божьи среди людей, и это нисколько не удивительно, а удивительно как раз то, что их сейчас не так много, как следовало ожидать; оттого это все-таки удивляет, что Учитель снисходительно позволил нам отдавать кесарю кесарево, яко собаке кость, что непротивление злому на общественном уровне есть позиция органическая и разумная, что нам к терпежу-то не привыкать: разве не терпели мы личное рабство до 1861 года, зная, что бунт против него у нас обыкновенно заканчивается Болотной площадью да Сибирью, разве не терпели мы экономическое рабство, словно предчувствуя 9 января, разве не терпели мы сталинскую тиранию, по справедливости полагая, что кремлевскому богдыхану ничего не стоит вырезать полстраны, и строптивых его преемников, дававших срока за лирические стихи? Терпели, по восточной пословице «Спокойно сиди на пороге дома, и твоего врага пронесут мимо тебя», и ведь, так сказать, высидели свое: где оно теперь, рабство личное, рабство экономическое, гвардейский полковник Николай Александрович Романов, абрек Джугашвили и неполноценные птенцы из его гнезда? — именно что их пронесли мимо нас «на свалку истории», помимо наших чаяний и усилий, поскольку они сами себя изжили в соответствии с каким-то автоматически действующим законом, которому нельзя ни споспешествовать, ни противостоять. Тогда, может быть, нам так следует понимать непротивленческую заповедь Христа в приложении к политическому моменту: как женщине нельзя родить на четвертом месяце беременности, как нельзя испечь пирога, покуда опара не подойдет, так до поры и в общественно-политической области ничего нельзя насильственно изменить, все будет выходить «шило на мыло», а посему, господа национал-монархисты, большевики, диссиденты и прочие *противленцы*, — не противьтесь злому, ибо занятие это праздное и себе дороже; призывая нас не противиться злому, Иисус не столько призывает нас не противиться злому, сколько, наверное, намекает, что в случае положительной реакции на завет, нам обеспечена более или менее безбедная жизнь, что счастья, понятно, нет, «но есть покой и воля», иными словами, достойное духовное бытие и свобода от дурацко-кровавых игр.

Откровение 8-е:

«Вы слышали, что сказано: люби ближнего твоего и ненавидь врага твоего. А Я говорю вам: любите врагов ваших...»

Учитель трезво оценивает наши возможности в части любви к врагам и, наставляя нас — «благословляйте проклинающих вас, благотворите ненавидящим вас и молитесь за обижающих вас и гонящих вас», — добавляет: «да будете сынами Отца вашего Небесного» и тем самым дает понять, что исполнение этой невероятной заповеди сопряжено с известным насилием над природой, самовоспитанием, целеустремленной деятельностью души по искоренению вполне законного ненавистничества, с кропотливым созиданием в себе неадекватного отношения к кровопийцам и противоестественной реакции на обиду, то есть наличием таких надчеловеческих, высших качеств, которые могут быть свойственны только Богу. А так как заповедь «любите врагов ваших», по мне, центральная заповедь христианства, особенно чувствительно выражающая его суть и ставящая отеческую веру особняком, ибо ничего нет подобного в прочих верах — в сущности, все есть, кроме любви к врагам, — поскольку быть настоящим христианином не так-то просто, быть безусловным христианином — это еще и труд. Может быть, даже во-первых труд: не противиться злому, что не чуждо также буддистам, индусам и синтоистам, удобно, выгодно иной раз, но полюбить врага, пишущего доносы, говорящего про вас гадости за глаза, умыкающего возлюбленных, подсиживающего, подставляющего под удар, а главное, ненавидящего вас всеми силами своей психики, — это, как вы хотите, подвиг, это не каждому дано, такое под силу именно и только в полном смысле христианину. Тут-то, наверное, и проходит водораздел между человеком, исповедующим Символ веры, который и кушать-то не сядет без того, чтобы не перекреститься, но и живет по

принципу «Не согрешишь — не покаешься, не покаешься — не спасешься» и, в сущности, относится к
Христу как к знакомому милиционеру, и христианином в полном смысле этого слова, который, меньше
всего думая о воздаянье на небесах, живет, как полагается сыну Божьему, в частности, благоволит за-
клятым своим врагам. Да и что такое, собственно,
любить врагов наших? Наверное, нелицемерно прощать обиды, а это у нас в крови, наверное, просто
снисходить к общим слабостям человеческим, зная,
что и сам ты не без греха, что хомо сапиенс — существо переходящее, неустоявшееся, как бы подве-
шенное во времени между фауной и Отцом Небес-
ным, что в нем еще настолько много от человекооб-
разной обезьяны, что было бы странно, если бы он
не писал доносы, — и это, видимо, нам по силам,
потому что мы обыкновенно весьма скромного мнения о себе и всегда готовы сменить гнев на милость
уже по неисчислимым своим грехам; да и не за здорово живешь спрашивается с нас такое неистовое
насилие над собой, ибо сказано у Христа: «Не суди-
те, да не судимы будете... как хотите, чтобы с вами
поступали люди, так поступайте и вы с ними, ибо в
этом пророчества и закон». Но все равно это тяжкий труд, непритворно любить или хотя бы хладнокровно относиться к своим врагам, так что христианин — прежде всего трудяга.

В помощь ему дано такое, например, знание: от-
роду незлопамятный, отходчивый мы народ; это любовь может быть продолжительной, даже и бесконечной — боготворим же мы из поколения в поколение
добро, Александра Сергеевича Пушкина, самоё все-
несчастную нашу Русь — а ненависть дело непроч-
ное, ненадежное: уж на что немцы в прошлую войну
понаделали у нас бед, и то нашей ненависти к ним
хватило на пятилетку, и эльзасец Дантес давно вызывает в русском читателе недоумение, а не злобу,
так, спрашивается, чего сердиться и ненавидеть, если все равно это не навсегда? если, с другой стороны, человек преходящий вообще так устроен, что
сегодня он напишет донос, а завтра отошлет голо-
дающим курдам свою получку?..

Спору нет: злое ненавидеть, конечно, легче, органичнее, чем любить, но ведь на то мы и люди, на то мы и дети Божьи, на то мы и созданы по Его образу и подобию, чтобы подниматься при необходимости над органикой и творить настоящие, чуть ли не библейские чудеса. Коли сегодня «благотворить ненавидящим вас», мановением руки поднимать со смертного одра безнадежно больного, душою говорить с Богом, заходиться от счастья при виде божественно скроенного лица — доступно еще немногим, то, глядишь, завтра это будет возможно для большинства, ведь некоторые заповеди Иисуса Христа, казавшиеся недостижимым идеалом его современникам, сегодня довольно распространенная благодать; для примера возьмем заветы «когда творишь милостыню, не труби перед собою», «когда поститесь, не будьте унылы, как лицемеры» — не правило ли это нынче для всякого человека со вкусом и чувством меры.

Зайдем с другого бока и как бы издалека: вот почему жизнь нам представляется бесцветной и мимолетной? — да потому, что мы минутой не дорожим, в полгода раз осознаем свое драгоценное бытие во времени и в пространстве, а то и никогда вовсе не сознаем, на манер инсектов; вот кабы мы постоянно помнили, что все мы, живущие, суть счастливые избранники, ибо свободно могли бы и не родиться, то жизнь казалась бы прекрасной и очень долгой, несмотря на все российские тяготы и вопреки пословице «Делу — время, потехе — час», поскольку простейший вид счастья заключается в осознании бытия. То же самое относится и к любовной заповеди Христа: надо все время помнить, и в горе, и в радости, и в быту, что ты, во-первых, не Иван Иванович Иванов, отец семейства и кладовщик, а во-вторых, ты чадо Божие, сверхъестественно произошедшее существо, способное творить чудо. Посему и вести себя надо соответственно, так, как заповедано Отцом, в частности, любить врагов наших, тем более что Бог частенько покидает наиболее стойких, последовательных из них на волю милиции, несчастного случая и безвременного инфаркта. Ну как их не пожалеть?

Откровение 9-е:

«Не собирайте себе сокровищ на земле, где моль и ржа истребляют, и где воры подкарауливают и крадут...»

Этот завет сравнительно легко у нас исполним. В державах благополучных, где, как говорится, господствует капитал, где частная собственность святее папы римского, где земные сокровища представляют собой содержание жизни и ее цель, где воры, конечно, тоже подкарауливают и крадут, но все же не так отъявленно, как у нас, Иисуса Христа, снизойди он снова и обратись к народам с романтической этой заповедью, обязательно распяли бы вдругорядь за святотатство. А в России не собирать себе сокровищ на земле — даже не правило, не национальная традиция, передаваемая из поколения в поколение, это у нас в крови, как послеобеденная истома. Да только не оттого, что мы такими хорошими народились, а оттого, что наша история словно нарочно прививала нам тысячу с лишним лет легкомысленное отношение к собственности, как будто целенаправленно воспитывала нас истыми христианами в части земных сокровищ усилиями варягов с хазарами, половцев с печенегами, монголов с крымчаками, поляков с немцами, которые последовательно приучали русский народ хладнокровно расставаться с плодами каторжного труда, по крайней мере, относиться к имуществу без этого священного трепета, равнодушно; а трехсотлетнее рабство от единокровных помещиков, которым принадлежало все, вплоть до твоей дочери и жены? а пореформенная община, которой не принадлежала разве что твоя буйная голова? а Союз Советских Социалистических Республик, своеобразно решивший имущественную проблему, который и самоё голову твою ни во что не ставил?.. Короче говоря, неоткуда было взяться у нас собственническому чувству, вот почему нам и своего добра не так жалко и на чужое в высшей степени наплевать.

Или еще такая особенность русской жизни — древлее беззаконие, безалаберность государственного масштаба, каковая испокон веков побуждала соотечественника думать более о душе. И действительно —

копишь себе денежки на капиталистическое строительство, и вдруг царю Ивану не приглянулась твоя улыбка, а то завел ты рыбные промыслы, чтобы подкармливать воблой мирное население, и вдруг Алексей Тишайший ввел соляной налог, а то — это уже будет ближе к родной эпохе — задумал ты жениться на миллионе, вдруг на тебе: Октябрьский переворот...

Ну и о ворах, которые подкарауливают и крадут: ни в какой другой земле мира склонность к разного рода экспроприациям не получила такого распространения, как у нас; ведь у нас даже безукоризненной порядочности человек не считает за грех увести с работы пачку писчей бумаги или кило гвоздей, государство живо почти исключительно грабежом, хлев поджечь радетельному соседу — это ты выходишь борец за социальную справедливость, книгу украсть — составная интеллигентности, рублевый долг не отдать — признак широты душевной, от налога увернуться — доблесть, партнера надуть на сто тысяч — показатель высокоорганизованного ума. А мы еще плачемся, что земля наша велика и обильна, а порядка в ней нет; да откуда ему взяться-то, этому самому порядку, если все мы, от царя до псаря, одним миром мазаны, если в формуле русской жизни первыми стоят беззаконие, дурость и воровство?!

Но то-то и оно, что «Не знаешь, где найдешь, а где потеряешь», что, оказывается, вредный романтизм в отношении к собственности, воспитанный в нас историей, и Богу угоден, потому что, не дорожа земными сокровищами, мы выходим Его самые верные ученики, и для нас удобен, ибо нам ничего не стоит быть в этом пункте прилежными последователями Христа. То-то и оно, что, будучи отлучены от собственнического чувства, мы в той или иной мере сосредоточились на духовном способе бытия — просто ничего другого не остается — на сокровищах идеального ряда, так что недаром высшая бытовая философия у нас сконцентрировалась в следующем рассуждении: «Ну, хорошо: будет у нас товаров невпроворот, на «кадиллаках» станем ездить, от Кардэна одеваться, всеми благами цивилизации пользоваться — ну и что?» Неудобьпонятное это рассуждение, диковинное для всякого европейски настроенного ума, отчасти указывает, конечно, на иррациональность русского способа бытия, но отчасти разве не намек тут на проникновенность, не способность ли видеть острее и дальше обычного таится в этом смутительном «ну и что»? И сквозь призму его не понятней ли нам, отчего это выступление Эмиля Золя в защиту бедного Дрейфуса — причудливый эпизод в истории западноевропейской литературы, отчего миллионер Лев Толстой без малого морил себя голодом, а потом плюнул на все и отправился кочевать.

Возможно, над нами в пору и потешаться, да только, как пораскинешь умом, становится очевидно: если ты оголтелый материалист и жизнь для тебя — кратковременная пирушка, то вольному воля, пожалуй, и собирай себе сокровища на земле, но если ты сколько-нибудь серьезно расположенное существо, если твои потребности простираются далее злобы дня, если ты намного сложнее гиппопотама, то земные сокровища тебя не могут удовлетворить, по крайней мере, полностью не могут удовлетворить.

Откровение 10-е:

«Посему говорю вам: не заботьтесь для души вашей, что вам есть и что пить... Взгляните на птиц небесных: они не сеют, не жнут, не собирают в житницы; и Отец ваш Небесный питает их».

То есть в этом пункте Нагорной проповеди Христос сообщает нам, что собирать сокровища на земле — даже и лишнее, как золото золотить, ибо тот минимум их, который необходим для поддержания нашей жизни, заранее собран и разумно распределен. На самом-то деле: положа руку на сердце, из опыта исторического и личного исходя, станем ли мы отрицать, что примерно с Владимира Мономаха мы фактически не трудились, то есть трудились, конечно, однако не в скрупулезном соответствии с содержанием этого изнурительного глагола, и тем не менее ели-пили, даже иногда вдоволь, и даже в первые пореволюционные годы, когда в России, кажется, вообще никто не работал, то же самое ели-пили, и, стало быть, у нас помереть от голода практически невозможно, хоть ты совсем палец о палец не ударяй.

Да еще русские говорят: «Голый, что святой, беды не боится», имея в виду и то, что голому терять нечего, и то, что святому ясно — не там настоящее горе, где наготу прикрыть нечем, это у нас привычная, вполне национальная неувязка, что вообще горе — этап, обстоятельство, причем обстоятельство проходное и предваряющее иное качество бытия, что-то вроде керосина, которым почти моментально излечивается бронхит, и то, что голый со святым знают: все устроится по мере возможного хорошо, как бы сегодня ни было худо, что «Будет день, будет и пища» — во всяком случае, спросите у наших бичей, бомжей и прочей гулящей публики, так ли это, и вам ответят, что именно так и есть; ну прямо по Христу: просите, и дано будет вам, ищите, и обрящете, стучите, и отворят...

И вообще недаром — повторяюсь — в России победила социалистическая революция, провалившаяся в Германии, Венгрии и Финляндии, особенно если принять ее за неосознанную попытку реализации некоторых евангельских положений, поскольку у нас издавна давали о себе знать практически-христианские настроения, поскольку это, собственно, старинная славянская мечта, воспитанная нашими воинственными соседями, чтобы не сеять, не жать и тем не менее сыту быть, совершенно отвечающая завету Иисуса Христа, и вот в восемнадцатом году точно с неба свалилось обетованное Сыном Божьим: обиженные и гонимые переселились из подвалов в профессорские пятикомнатные квартиры, все поголовно получили продовольственные пайки, одеждой кое-какой обзавелись в распределителях, и даже бог — государство, взявшее на себя ответственность за манну небесную для народа, через несколько чинов произвело тех, кто был ничем, в господствующее сословие, в соль земли. Правда, в скором времени оказалось, что как-то трудиться все же необходимо, что даже «Кто не работает, тот не ест», но было поздно — отрава скоропалительного счастья проникла в поры, и вот уже сколько десятилетий мы, можно сказать, сеем и жнем для отвода глаз. Таким образом, это не социалистическая идея виновата, что мы сидим на Христовом минимуме, необходимом для поддержания нашей жизни, а известные народные склонности, лютые идеалисты — большевики, которые полезли поперед Бога в рай, и человек преходящий, еще не научившийся трудиться иначе, как из-под палки.

Да только с Богом-то не поспоришь: и на Западе, где Он распределяет материальные блага через экономический интерес, и у нас, где Он их непосредственно распределяет, там и сям пробиваются ростки реального коммунизма. Если его сформулировать примитивно, исходя из правила — сильный худобедно содержит слабого, то получится, что это «Кто не работает, тоже ест»; и вот в Америке нужно крепко постараться, чтобы уйти из жизни вследствие истощения организма, и в России очень трудно с голоду помереть.

Самое интересное, что из всех этих странных противоречий складывается истина, заповеданная Христом: не пекитесь о хлебе насущном, который в любом случае дастся днесь, не заботьтесь о дне завтрашнем, который устроится сам собой, то есть не отвлекайтесь от своего высшего назначения, думайте о душе.

Откровение 11-е:

«Не бросайте святыни псам и не мечите бисера перед свиньями...»

Мир вообще принадлежит дуракам, наша отчизна, во всяком случае. Это положение даже не требует иллюстраций, а если и требует, то одной: нет народа и нет правительства на земле, которые стремились бы к третьей мировой бойне, и тем не менее человечество накопило такую массу оружия, что им легко можно выжечь значительную часть околосолнечного пространства. Дальше уж, как говорится, некуда, перед этой иллюстрацией бледнеет и двойной план по мясу, и антиалкогольная кампания восемьдесят пятого года, и вильнюсский термидор.

Но самое прискорбное — это то, что самодержавие дураков покуда необоримо, что на смену одним, которых мы сметаем ценою крови, за редчайшим исключением, приходят иные, то же самое, дураки, бывает, чуть покладистей, сообразительней, а бывает, наоборот, ибо человек тонкий и развитой сторонится политики, как проказы; ведь политика, что бы там ни говорили, есть как бы созидательная работа, призрак полезной деятельности, мираж — мировая история творится у станков и за письменными столами, а политики лишь с важным видом констатируют, узаконивают свершившееся, и вот если бы лошадь могла издавать указы, и если бы она сочинила указ о том, что все прочие лошади обязаны питаться овсом и сеном, то это была бы исчерпывающая аллегория на политику вообще, а если бы лошадь могла издавать указы, и если бы она сочинила указ о том, что все прочие лошади обязаны питаться гайками и болтами, то это была бы исчерпывающая аллегория на политику российского образца.

Так что же остается нам, бедолагам, вольным и подневольным работникам на историю, простым смертным, которые известны разве что соседям по этажу, — и бисера не метать? Булыжник, бывшее грозное оружие пролетариата, идеологические склоки, разные наивные массовые действа, вроде манифестаций, — это все решительно не про нас, наше орудие — чувство собственного достоинства, которое, может быть, пострашнее демонстраций и баррикад, поскольку оно свойственно только истинным хозяевам жизни, ее творцам, каковые всегда мало шумели и суетились, но спокойно делали свое дело.

Сам Иисус Христос, учивший способных к учению и не вступавший в пустые препирательства с членами синедриона, да еще из чувства долга не захотевший сойти со своего мученического креста, указал нам путь истинный и достойный. Спору нет, путь этот по нашей жизни труден, витиеват и требует полного осознания человеческой своей сути, да ведь только простейшие организмы не знают выбора, а если бы и знали, то не имеют сил пойти по избранному пути, но мы-то и выбор знаем и в принципе силы есть, чтобы исполнить завет Христов: «Входите тесными вратами, потому что широки врата и пространен путь, ведущие в погибель, и многие идут ими; потому что тесны врата и узок путь, ведущие в жизнь, и немногие находят их».

Откровение 12-е:

«Берегитесь лжепророков, которые
приходят к вам в овечьей шкуре,
а внутри суть волки хищные.
По плодам их узнаете их».

Когда две тысячи лет тому назад, при Тиберии-
кесаре, сын назаретского плотника Иисус Христос
проповедовал свое учение израильтянам, трудно было
предугадать, что по прошествии времени в Европе
возникнет нация, для которой еще Моисеева заповедь:
«Не сотвори себе кумира» будет насущнее даже заповеди: «Не убий». Эта нация — мы, русские люди,
сравнительно неофиты и слишком уж восточные последователи Христа, легко нарушавшие все его заповеди, и, в частности, потому, что не умели блюсти
относящуюся к пророкам. Действительно: ни в один
грех мы впадали столь часто и столь охотно, как в
грех сотворения кумиров под видом учений, разного
рода диссидентов, домыслов и вождей. Еще активнее
мы могли бы противостоять Христу разве что в пункте спиртных напитков, да, слава богу, против пьянства в Евангелиях — без малого ничего.

Вот западные христиане как создали себе допол-
нительного кумира — деньги, так с тех пор и стоят
на том, словно завороженные, а у нас то берегини с
упырями, то Перун с Макошью, то христианство в
никейской редакции, то христианство греко-россий-
ского образца, то протопоп Аввакум Петров, то окно
в Европу, то республиканизм, то славянофильство,
то Лев Толстой... И ладно бы мы верили в эти кумиры цивилизованно, с прохладцей, а то ведь мы в них
верили так неистово, так строптиво, что наша вера
становилась материальной и вправду, силой, способ-
ной творить, действительно, чудеса. Положим, тот же
протопоп Аввакум, безусловно протобольшевик по
своей натуре, невзлюбил патриарха Никона и в силу
единственно той причины, что русский характер подразумевает мятеж вообще, бунт, как говорится, на
ровном месте, с того хотя бы что российская жизнь
испокон веков отрицает личность, повел десятки людей в изгнание, подземные тюрьмы и на костер из-за
двукратной аллилуйи и хождения посолонь. Ну что,
казалось бы, Создателю в том, как священник ходит

вокруг престола, с востока на запад или с запада на восток, может быть, Ему даже не важно, веруем мы в Него или не веруем, а важны только наши помыслы и дела, так нет: до сих пор существует множество людей, смеющих называть себя христианами, которые, как для домашних животных, держат специальную, черную посуду для христиан же, несколько иначе исповедующих Христа... И что в результате? — в результате чисто русские чудеса: море крови, пролитой при Тишайшем даже не «за сена клок», а за здорово живешь, решительно ни за что, ненавистничество с другой стороны, вызванное ничтожными техническими разногласиями, короче говоря, нарушение всех прочих Христовых заповедей из-за нарушения заповеди, так сказать, антикумирной и бунта ради.

Но самое злокачественное во всем этом оказывается то, что и воздвигающие кумира и низвергающие его равно вовлекаются в преступление и соблазн. Возьмем для примера новое христианство, сочиненное Львом Толстым... Что сущность нравственного учения, изложенного в Новом завете, есть посильная любовь к ближнему, легче всего реализуемая через непротивление злу насилием, — это бесспорно для всякого, кто мыслит по-христиански. Что при Рюриковичах и при Романовых-Голштейн-Готторпских русский клир, точно в пику Учителю, попекал более сильных и здоровых, нежели слабых и больных, — это тоже бесспорно для всякого, кто имеет понятие об истории. Что вряд ли есть персональное загробное бытие — и это скорей всего. Что именно те из людей угодней, соответственней замыслу Создателя и учению Иисуса Христа, кто трудится как ломовая лошадь, носит скверную одежду, не ходит в оперу, не знается с женщинами, кушает вегетарианское и гнушается медициной, — это уже сомнительно, потому что христианство скорее радостно и светло, чем угрюмо и дидактично — но, поднатужившись, понять можно. Другого нельзя понять: зачем нужно было трубить на весь мир об этих простых открытиях, доступных любому организованному уму, не лучше ли было промолчать? Ведь тотчас набежали мятущиеся души, не знающие, как себя проявить, составили чуть ли не политическую партию толстовцев и пошли мыкать горе по тюрьмам, по Америкам да по ссылкам за непредусмотрительно высказанное словцо. Ведь знал же Лев Николаевич, с каким народом имеет дело, с тем самым народом, который в охотку идет на эшафот за двукратную аллилуйю... Предположим, мыслитель N владеет такой искрометной мыслью, что мир перевернется, если он ее ненароком произнесет, но только мыслитель N ее ни за что не произнесет, коли он человек с понятием о гордыне и придерживается антикумирной заповеди Христа, поскольку человечество в целом еще дитя, поскольку среди людей огромное большинство так и не выходит из мальчикового состояния, поскольку лучшая часть народа сломя голову понесется воплощать эту мысль в делах, причем воплощать немедленно, во что бы то ни стало и вопреки фундаментальным законам физики, поскольку род людской и помимо искрометных мыслей, заданно, движется от синантропа по направлению к ангелу во плоти. Но что было, то было: Толстой основал толстовство, и русская Церковь, которая при Победоносцеве ставила себя ниже государства и выше Бога, которая возводила в праведники темных погромщиков и воинствующих обскурантов, приняла на себя тяжкий грех, провозгласив анафему величайшему писателю и человеку, истинно просвещенному христианской мыслью. Вот уж действительно: «Виноват волк, что корову съел, виновата и корова, что в лес забрела».

Стало быть, суть не в том, что кумиры под видом пророков, учений, диссидентов, домыслов и вождей сами по себе никуда не годятся, и что злодеи те, кто их сотворяет на погибель себе и прочим, а в том, что слаб еще человек, что он способен извратить до неузнаваемости самую благостную доктрину. Уж на что, кажется человеколюбива социалистическая идея, а между тем у нас ее умудрились воплотить в монархии восточного образца и в бедности, оскорбляющей достоинства европейца. Вероятно, на это отпетый большевик скажет: дескать, социализировать Россию невозможно было помимо жесточайшего классового насилия, — но помилуйте, во-первых, зачем же жесточайшего, если речь идет о контроле огромного большинства трудящихся над крохотной социей паразитов?; во-вторых, к чему вообще дополнительное насилие, когда и естественного хватает, когда мир коряво и будто нехотя развивается по закону Божьему, который воинствующие атеисты могут и диалектикой называть — это свободно, ибо разница тут чисто терминологическая, — убийственно медленно продвигаясь от сравнительно несовершенного к сравнительно совершенному, что затруднительно отрицать, ибо в обозримом минувшем мире худо-бедно прошел определенный путь от царя Ирода до Улофа Пальме, от ассирийской стратегии до Европарламента, от антропофагии до «зеленых»; наконец, насилие над природой вещей всегда и непременно приводит к плачевному результату: мы вот превратили природу из храма в мастерскую и в результате получили экологическую трагедию, задумали построить реальный социализм, а получили экономическую разруху — нашим бы вождям по-прежнему у варягов учиться, которые строили бог весть что, а построили реальный социализм. То есть в том-то все и дело, что мир развивается независимо от воли теоретиков и трибунов, а как человек с рождения до мужественных кондиций, хочет он того или нет, опираясь, точно на генетический код, на заповеди Иисуса Христа, в которых и путь, и спасение, и жизнь, а все прочее от лукавого. Ну не выдумало человечество ничего проще и умнее того, что в течение получаса сказал Христос! И не выдумает никогда.

В этом смысле кумиры и сами по себе, действительно, не годятся, и сотворяющие их суть злодеи себе и прочим, потому что человечество не выдумало ничего проще и умнее того, что в течение получаса сказал Христос. Все же новоявленные кумиры, за редкими исключениями, как на постаменте, стоят на том, что они представляют истину безусловную и последнюю, недаром начинают с того, что свергают прежние божества. Во всяком случае, ох недаром Ульянов-Ленин ополчился на христианство, которое он на дух не выносил прежде всего за спасительную идею примирения с действительностью, какой бы оголтелой эта действительность ни была, ибо задачи свержения самодержавия и строительства убого-коммунистического государства требовали совершенно нового человеческого материала, способного соединить в себе умственную невинность младенца, дерзость первопроходца и полную свободу от моральных установлений, несвойственную даже и дикарям. В свою очередь, недаром опыт семнадцатого года у нас потерпел фиаско и, вместо общества всеобщего благоденствия, вдруг сложился IV Рим, хотя объективно Октябрьская революция далеко продвинула социально-экономическую организацию человечества — вот уж действительно Бог велик! — поскольку строители, свободные от заповедей Христа, не могут построить ничего путного, сколько-нибудь органического, разве только IV Рим, который стоит на букинистических догмах, всеобщем страхе и непорядочности как способе бытия. Все-таки удивительная это публика, политики, созидающие кумиров, ибо, как говорится, коню понятно: да, тупое, злостное самодержавие, осуществляемое древним родом и парой сотен превосходно образованных сановников, — это из рук вон плохо, но самодержавие сапожника — это гораздо хуже, а оно при неэволюционном, организованном развитии неизбежно, как завтрашнее число. Неужели так трудно сообразить: мы больны оттого, что растем, мужаем, что у нас зубки режутся, и если мы решим непременно выздороветь к ближайшему понедельнику, например, ценой удаления всех зубов, то это будет сумасшествие, а никак не революционная теория, не гениальное предвидение и не созидательное учение, которому суждено пережить Солнечную систему.

Откровения, рассыпанные в Нагорной проповеди Христа, суть до такой степени откровения, истины вроде бы очевидные и в то же время непостижимые, ибо они плохо сообразуются с практикой бытия, что, как ты ни мудрствуй, все остается безбрежным пространство непознанного, неподвластного нашему мятущемуся уму: впрочем, вера на то и вера, что многое принимаешь кожей, а не умом, и еще, собственно, неизвестно, какой из этих рецепторов чувствительней к абсолюту. Тем не менее кажется: христианство — не уголовный кодекс и, наверное, не в первую очередь средство достижения вечного бытия, а искусство жить безболезненно и безвредно, искусство сосуществования с тем, что мы покуда не в состоянии изменить.

В нашем, российском случае это искусство было бы особенно на руку, так как, мнится, неистребимы многие темные стороны нашей жизни и русского человека, например, деспотическая наклонность, господствующая ограниченность, безалаберность, леность, бедность как норма жизни, по крайней мере, они трудноистребимы, по крайней мере, мы их не избудем в ближайшие триста лет. И что толку вопрошать «когда же конец этому бардаку?», или «неужели мы будем вечно в пасынках у Европы?», потому что, возможно, никогда не будет ему конца и навечно мы в пасынках у Европы, судя по тому, что и во времена древлянского князя Мала шел у нас брат на брата, а немцы, сиречь, варяги в лице Рюрика и его потомков, учили нас уму-разуму, и при Иване IV Грозном рекой текла русская кровушка от родной десницы, а немцы, преимущественно швейцарцы да англичане, учили нас цивилизованно воевать, и в начале царствования Петра, когда Россия дошла до ручки, немцы, то есть собственно немцы, внедряли у нас свою моду, лексику, стратегию с тактикой, мореходство, промышленность и науку, и в начале текущего века, когда, как при Мале, брат опять встал на брата, немцы заочно учили нас строить Царство Божие на земле, и в настоящее время, не требующее отдельной характеристики, все кому не лень, вплоть до корейцев, учат нас управлять экономикой и с выгодой торговать.

Почему в нашей земле от веку господствует внутреннее настроение, и наука, главным образом, приходит со стороны, — это вопрос десятый, нам бы сейчас, сообразясь с историческим опытом, задаться таким вопросом: а, может быть, не о том болит у нас голова, не о том мы заботимся, о чем след?; ну, не дал нам Бог заметных успехов в области менеджмента, парламентаризма, юриспруденции, ну и что?!; ведь есть же у нас великая музыка, великая литература, великий подвиг человека — русский интеллигент, хоть он землепашествуй, хоть бичуй, в котором сконцентрировались многие чаяния Христа... Или еще такой многообещающий парадокс: если наш соотечественник — дурного норова человек, то подобного мерзавца не сыщешь на всей планете, а если он — даже нормально порядочный человек, по общерусскому образцу, то для наблюдателя он высок до недоумения, как Жанна д'Арк, дзэнбуддист и Шопенгауэр вместе взятые. Тогда, может быть, не зря нас трепала история, может быть, не напрасно судьба обнесла нашу землю успехами внешней цивилизации, недаром же история да судьба воспитали Россию особенно расположенной к христианскому способу бытия, и тут нам от Создателя как бы величественный намек, дескать, пить-есть — это, конечно, надо, но не в коммерции дело, а именно что кадры решают все. Хоть тут и забубенная гипотеза налицо, а все может быть, ибо в Боге ничего нет невозможного, как в любви.

СОДЕРЖАНИЕ

Пьецух В. А.

П96   Циклы. Рассказы / Оформление худож. Е. Поликашина. — М.: РИК «Культура», 1991. — 304 с.

ISBN 5-8334-0002-3

В книгу известного московского прозаика В. Пьецуха вошли рассказы, изображающие современные нравы и объединенные автором в циклы «Басни в прозе», «Я и прочее», «Чехов с нами», а также «Рассуждения о писателях».

П $\dfrac{4702010206—002}{Б59(22)—91}$ —Без объявл.   ББК 84Р7

Вячеслав Алексеевич
ПЬЕЦУХ

ЦИКЛЫ

Редактор *Е. Шкловский*
Художественный редактор *А. Верцайзер*
Технические редакторы *Л. Иванова, Н. Белякова*
Корректор *В. Назарова*

Сдано в набор 12.08.91.   Подписано в печать 28.10.91.
Формат 84×108¹/₃₂. Бумага офс. № 2. Гарнитура «Литературная». Печать офсетная. Усл. печ. л. 19. Усл. кр.-отт. 15,91. Уч.-изд. л. 15,91. Тираж 50 000 экз. Изд. № 100. Заказ 1234.

РИК «Культура». 121835, Москва, Арбат, 35.

Типография Акционерного общества «Молодая гвардия».
Адрес АО: 103030, Москва, Сущевская, 21.

ISBN 5-8334-0002-3